Pensamento social brasileiro

CONSELHO EDITORIAL
Ana Paula Torres Megiani
Eunice Ostrensky
Haroldo Ceravolo Sereza
Joana Monteleone
Maria Luiza Ferreira de Oliveira
Ruy Braga

Ricardo Luiz de Souza

Pensamento social brasileiro
de Euclides da Cunha a Oswald de Andrade

Copyright © 2018 Ricardo Luiz de Souza.

Grafia atualizada segundo o Acordo Ortográfico da Língua Portuguesa de 1990, que entrou em vigor no Brasil em 2009.

Edição: Haroldo Ceravolo Sereza
Editor assistente: Cristina Terada Tamada
Projeto gráfico, diagramação e capa: Jean Ricardo Freitas
Assistente acadêmica: Bruna Marques
Editora de projetos digitais: Marilia Chaves
Revisão: Alexandra Colantini
Imagens da capa: *Independência do Brasil*, por Moreaux; *Grito do Ipiranga*, por Pedro Américo; Pixabay: Ilustration for Brasil, Bahia; *Primeira Missa no Brasil*, por Victor Meirelles.

Esta obra foi publicada com apoio da Fapemig.

CIP-BRASIL. CATALOGAÇÃO-NA-FONTE
SINDICATO NACIONAL DOS EDITORES DE LIVROS, RJ

S718P

Souza, Ricardo Luiz de
Pensamento social brasileiro : de Euclides da Cunha a Oswald de Andrade / Ricardo Luiz de Souza. -- 1. ed. -- São Paulo : Alameda, 246 p.: il. ; 21 cm

Inclui bibliografia e índice
ISBN 978-85-7939-462-1

1. Sociologia. 2. Características nacionais brasileiras. I. Título.

17-41206   CDD: 306
           CDU: 316.72

ALAMEDA CASA EDITORIAL
Rua 13 de Maio, 353 – Bela Vista
CEP 01327-000 – São Paulo, SP
Tel. (11) 3012-2403
www.alamedaeditorial.com.br

Para nossa turma:
Rubens e Vanilza
Mário e Dalva,
Toninho e Carla
Ronald e Maria Helena
Luiz e Juliana
Nádia e Mauro

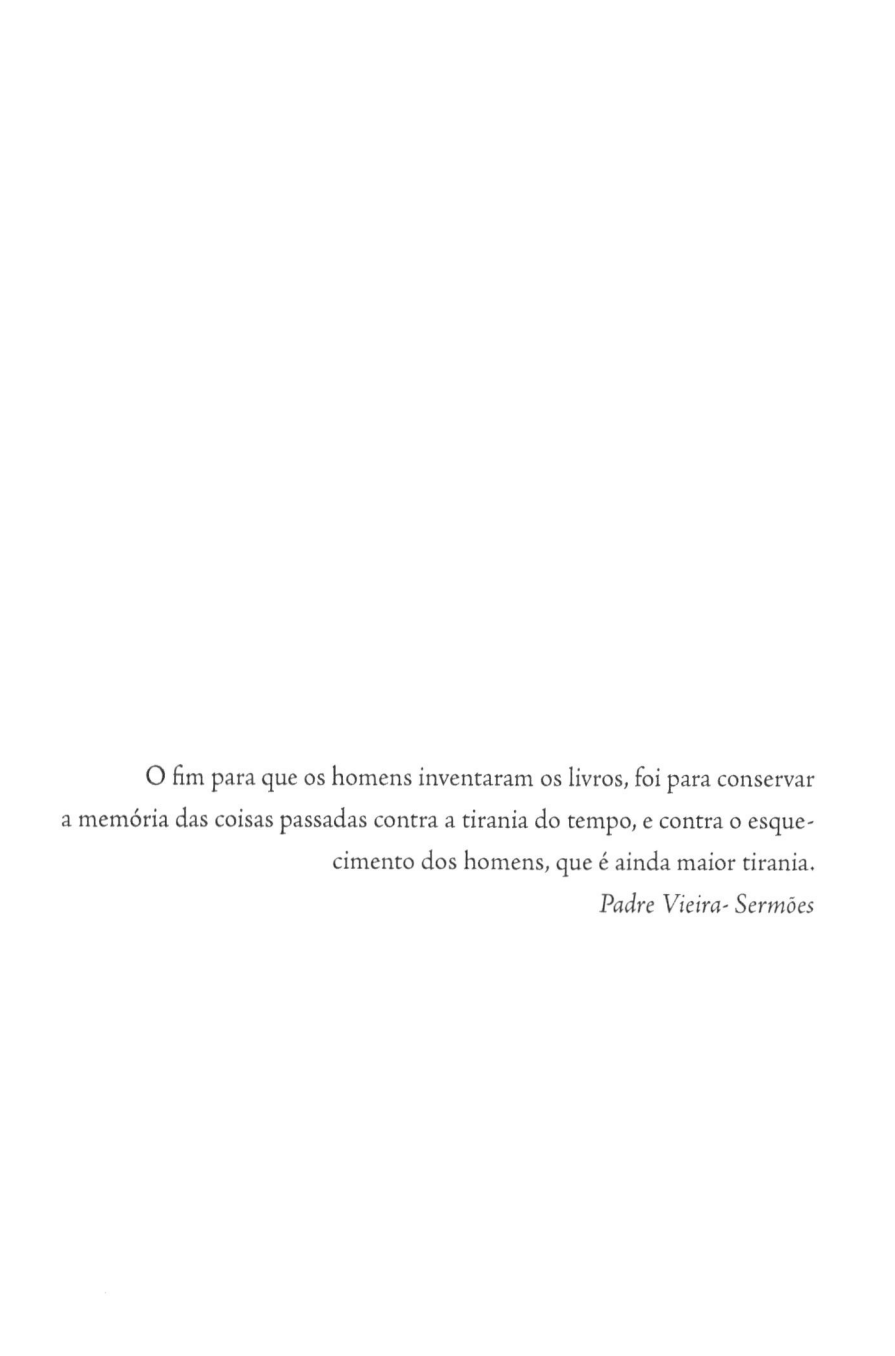

O fim para que os homens inventaram os livros, foi para conservar a memória das coisas passadas contra a tirania do tempo, e contra o esquecimento dos homens, que é ainda maior tirania.
Padre Vieira- Sermões

Sumário

Introdução 15

Capítulo 1 19
Sertão, método: Euclides da Cunha e a cultura brasileira

Capítulo 2 55
Abandonando a Europa: Araripe Júnior e a identidade nacional

Capítulo 3 77
A tradição ambígua: Manoel Bomfim e Capistrano de Abreu, historiadores

Capítulo 4 109
Nacionalismo e autoritarismo em Alberto Torres

Capítulo 5 131
Lima Barreto e a perspectiva do subúrbio

Capítulo 6 167
Explicando o fracasso: Monteiro Lobato e a identidade nacional

Capítulo 7 195
Ruptura e incorporação: a utopia antropofágica de Oswald de Andrade

Conclusão 215

Referências 219

Prefácio

A CIVILIZAÇÃO BRASILEIRA ESTÁ DESTINADA AO FRACASSO?

A publicação desse livro de Ricardo Luiz de Souza "*Pensamento social brasileiro: de Euclides da Cunha a Oswald de Andrade*" é, "infelizmente", bastante oportuna. A releitura dos clássicos do pensamento social brasileiro é sempre oportuna e importante, mas, agora, em 2015, tornou-se uma urgência. Com o fracasso do projeto de integração social, econômica, política e cultural das populações brasileiras "desconhecidas, bárbaras, sertanejas, suburbanas, mestiças, esquecidas", liderado pelos governos do Partido dos Trabalhadores, a questão que se coloca é: "nós, brasileiros, temos condições de construir uma Nação-Estado próspera, democrática, justa e igualitária? Nós teríamos "caráter nacional" para uma obra tão gigantesca?" Ora, diria o leitor, por que a dúvida? Ora, eu diria, porque temos saltado de esperanças--fracassos sucessivos e, provavelmente, se tivermos ainda alguma esperança, irá se tornar um novo fracasso. Se conhecemos bem a História do Brasil, mesmo se democratas mais radicais consigam chegar ao poder já podemos antever que, talvez, mais uma esperança irá acabar em corrupção e incompetência, em traição aos ideais que os levaram ao poder.

Esse triste tema da destinação ao fracasso da civilização brasileira é que reúne os autores selecionados por Souza. Esse livro faz uma história do pensamento histórico-social brasileiro pessimista, presente nas obras de grandes intelectuais da primeira metade do século XX. É como se Souza nos lembrasse: "embora deterministas, racistas, eles de algum modo já sabiam!".

Euclides da Cunha (Rio de Janeiro, 1866/1909), em *"Os Sertões"*, era pessimista, embora tenha tido alguma esperança com a força do sertanejo. Mas, no final, não acreditava em sua capacidade de autosuperação, pois o descrevia como "pobre, preguiçoso, fanático, degenerado, retrógrado, bárbaro, dominado pelo clima tropical, pelas secas, supersticioso, primitivo, inferior", representado pela sua síntese, o enlouquecido Antônio Conselheiro. No sertão e na floresta, Cunha via uma "nação estilhaçada", sem unidade étnica e nacional, submetida por um Estado que só era capaz de abordá-la com a polícia e o exército, em vez de protegê-la e elevá-la à cidadania. Ele previa o fracasso da nação por inação. Mas, republicano, tinha esperança no surgimento de uma "outra República".

Araripe Júnior (Ceará, 1848/1911) também era pessimista: os europeus, aqui, sofreram uma "obnubilação brasílica", ié, esqueceram o que sabiam para se adaptarem ao meio tropical e primitivo e regrediram. Para ele, o clima tropical era o grande obstáculo para que o Brasil se tornasse uma grande nação. Os brasileiros são impetuosos, mas, manipuláveis, tornam-se agressivos e destruidores. Ele também descrevia o sertanejo de forma sombria.

Manoel Bomfim (Sergipe, 1868/1932) o autor mais revolucionário do pensamento histórico-social brasileiro, porque não se inspirou em autores estrangeiros, era pessimista. Para ele, os portugueses eram parasitas da Colônia brasileira e infectaram as elites brasileiras com esse parasitismo. O que os dirigentes brasileiros aprenderam com o Estado português foi tratar a população com extorsão, espoliação, opressão, embrutecimento, corrupção, crueldade. Quanto mais conservadores, mais corruptos. O próprio Estado brasileiro era o inimigo da Nação.

Alberto Torres (Rio de Janeiro, 1865/1917) era o único "otimista", defendia o governo forte para organizar uma sociedade em decomposição. O Estado autoritário era a única via para a justiça social, porque a sociedade brasileira é incompatível com a ordem democrático-liberal dos EUA. O

Estado forte faria a integração geográfica, étnica e nacional. Será que Torres não percebeu que o problema era o "Estado forte", que era ele a causa de todos os males, desde a Colônia?

Lima Barreto (Rio de Janeiro, 1881/1922), um mulato, pobre, suburbano, alcoólatra, autodidata, também era pessimista. Era amargo e sarcástico com o esquecimento que lhe dedicavam, mas, para ele, a missão da literatura é denunciar as injustiças do seu tempo. E foi o que fez em vários de seus belos livros. Barreto defendia a criação de uma memória dos vencidos para se opor à memória oficial dos vencedores. Para ele, a tradição dos ricos é a espoliação e o roubo, e os pobres não hesitam em abandonar a ética, pois também querem a riqueza. Era um outsider que denunciava a modernização injusta e excludente. A República era uma farsa, o capitalismo um regime de miséria e espoliação, as elites cínicas saqueavam o país.

Monteiro Lobato (São Paulo, 1882/1948), apesar de ser um empresário, um escritor e editor de sucesso, era pessimista: "a sina desse país é a descida". E o fator que levava o país ao fracasso era a mestiçagem e a desnutrição. A civilização brasileira se sustentava sobre a miséria de Jecas Tatus desamparados e desesperados. Para ele, "o Brasil é uma pobre coisa enorme, que terá um triste destino. Falhamos como povo, como raça, moral, intelectual e fisicamente". Lobato sonhava com o sucesso da república norte-americana. Poderíamos imitá-los?

Oswald de Andrade (São Paulo, 1890/1954) era o retrato do fracasso brasileiro: faliu! Descendente de uma família de cafeicultores, perdeu tudo em 1929. Desesperado, empresário e artista, inventou a "antropofagia modernista", que sugeria que devíamos "deglutir e metabolizar a cultura europeia, interiorizar o que é estrangeiro, para nos tornarmos "outro" caráter nacional". Sua utopia era uma sociedade planificada, com progresso material, ócio e cultura. Era preciso deglutir tudo que vinha de fora e o que era desconhecido de dentro, em busca de uma cultura própria, que nos levasse à "modernidade".

Os sete autores aqui reunidos, pessimistas, lamentavam a inautenticidade da cultura brasileira: "bacharelismo, academicismo, elitismo, mimetismo, livresca, artificial, importadora de ideias, incapaz de uma análise objetiva da realidade social, inerte, sonolenta, estéril, diplomada, oficial, sociologia ariana, institucionalizada". Todos desejavam uma "cultura brasileira", que pensasse a realidade brasileira em seus próprios termos. Por isso, viam na educação a solução. Mas, logo voltavam ao pessimismo original, pois a educação da população não seria um programa das elites, que apenas queriam continuar em seu papel dominador, com os seus privilégios mantidos e expandidos. A utopia de todos, via educação, era a "modernidade". O sonho de todos era a entrada do país na "modernidade". Mas, o que seria isso? Será que "essa modernidade" que pressentiam e desejavam já seria a da integração ao mercado globalizado, dos "choques de gestão", dos cortes de investimentos, da "racionalização", da austeridade, do desmantelamento do Estado do Bem Estar Social? Essa "modernidade" seria o caminho ideal para a "cidadania plena" ou consolidaria o caminho do pessimismo radical que leva à falência com a "política da austeridade"? Haveria alguma razão para sermos "otimistas" com a chegada dessa "modernidade"? Podemos ainda construir um horizonte de expectativa otimista? Acho que podemos sugerir a Souza que, em seu próximo livro, nos traga o antídoto desse, reunindo as ideias e projetos dos grandes autores brasileiros otimistas. Existirá algum?

José Carlos Reis
Departamento de História/UFMG

Introdução

Meu objetivo é estudar alguns aspectos básicos e diretrizes do pensamento social brasileiro elaborado nas primeiras décadas do século XX a partir de um conjunto de autores fundamentais no processo de interpretação do Brasil delineado no período. Tomarei como ponto de partida, portanto, tais autores, mas partirei, também, de personagens que, a partir de suas obras, tornaram-se emblemáticos. São eles Antonio Conselheiro, Policarpo Quaresma e Jeca Tatú: um personagem histórico que se transformou em personagem literário, dois personagens literários que ganharam status de mitos da nacionalidade.

É possível, a partir deles, traçar alguns aspectos básicos e algumas linhas gerais no período histórico a ser estudado no presente texto. Trata-se de um período que pode ser identificado com a República Velha, embora as obras a serem estudadas tenham sido publicadas, também, antes e depois dela, ou seja, antes da Proclamação e depois da Revolução de Trinta, em alguns casos, já nas décadas de 1940 e 1950. Mas, em sua maioria, foram publicadas entre 1889 e 1930, e os autores que as escreveram identificaram-se e foram identificados com as temáticas e com os movimentos culturais dominantes neste período. Foram, em síntese, os intérpretes do Brasil identificados com esta época, assim como os personagens acima mencionados a simbolizaram.

Antonio Conselheiro ficou como o representante do atraso e do fanatismo, de um Brasil sertanejo hostil ao progresso e aos valores da modernidade, e que deveria ser eliminado ou incorporado à civilização para que esta, enfim, pudesse reinar em todo o território brasileiro. Mas ficou também, por outro lado, como um símbolo da exclusão social e da opressão, como o representante de uma massa de sertanejos sem chance e sem voz no processo histórico brasileiro, cujos direitos deveriam ser urgente e plenamente reconhecidos e, principalmente, que deveriam ser educados para ingressar no caminho da cidadania plena. Euclides da Cunha, por exemplo, o viu a partir de ambas a perspectivas.

Policarpo Quaresma tornou-se o representante de um patriotismo obtuso, de um nacionalismo extremado, incapaz de perceber as misérias que o cercam e incapaz de oferecer soluções consistentes para as mesmas. Um nacionalismo que teria encontrado adeptos do integralismo ao comunismo, e cuja superação seria indispensável para a adequada compreensão da realidade nacional. Mas tornou-se, também, o símbolo de um idealismo capaz de contrastar com as mesquinharias da vida política, contestá-las e refutá-las. Uma espécie de Quixote nacional, válido a partir mesmo de sua derrota. Tornou-se uma espécie de representante de seu próprio autor, cuja exclusão em relação às elites intelectuais de seu tempo passou a ser vista como um atestado de incompetência e alienação destas elites, cujo enfim desprezado e esquecido representante foi Coelho Neto. A dicotomia Lima Barreto-Coelho Neto que o próprio Barreto se esmerou em traçar tornou-se, então, paradigmática na cultura brasileira.

Jeca Tatu é o símbolo da inércia rural, imerso em sua miséria, à beira de uma estrada que deveria conduzi-lo à modernidade. É o símbolo de um Brasil que deve ser deixado para trás e substituído pela paisagem urbana, industrializada, ocidentalizada. Mas, uma vez que tal modernidade se impõe, o Jeca transforma-se no habitante de um certo paraíso perdido, e sua lerdeza transforma-se em astúcia. Migrando para a cidade, Macunaíma, seu descendente nascido na taba, consegue, sempre, enganar a todos. E o próprio Monteiro Lobato apercebe-se, por fim, das contradições de seu personagem, e a maneira como ele o encara – mais vítima que culpado, por fim – explica sua obra e aprofunda suas contradições.

De 1889 a 1930, partimos da construção de uma República cuja prática política e cujo imaginário oscilam entre o bacharel urbano e o coronel dos grotões, entre a adoção de um liberalismo viciado por uma desconfiança inata em relação à participação popular e uma crítica à política dominante e à ideologia liberal que a justifica e encobre. E chegamos a uma revolução que – feita em nome de uma Aliança Liberal – iria desaguar em uma política autoritária, cujos fundamentos já haviam sido delineados pelos críticos do liberalismo atuantes no período anterior. Tal processo político reflete-se, como não poderia deixar de ser, no pensamento social do período e, portanto, na obra dos autores a serem aqui estudados.

E elabora-se, durante a República Velha, a construção de uma longa, persistente discussão sobre a identidade nacional, discussão esta que teve, nestes autores, seus principais representantes. Euclides da Cunha, Lima Barreto e Monteiro Lobato criaram os personagens em questão, com Euclides transformando um personagem histórico em um símbolo da nacionalidade, mais ainda que em um pesonagem literário. Serão estudados como representantes emblemáticos da interpretação do Brasil delineada no período, mas o elenco a ser trabalhado inclui, ainda, Araripe Júnior, Alberto Torres, Manuel Bomfim e Oswald de Andrade. Porque cada um deles foi escolhido?

Araripe Júnior representa a tentativa de definição dos fatores que tornaram possível a construção de uma nacionalidade brasileira. Representa uma certa vertente nacionalista, expressa, em seu caso, principalmente em termos literários, ao passo que Alberto Torres – outro representante dessa vertente – delineou-a principalmente em termos políticos. Fazendo isso, ele transformou-se em autor seminal, tido como mentor por ideólogos do autoritarismo e do estadonovismo, sendo Oliveira Vianna, talvez, seu discípulo mais importante e influente. Mas disseminou sua influência, também, por uma certa esquerda nacionalista, sendo reconhecido por Nelson Werneck Sodré, entre outros, como pensador exemplar.

Já Manuel Bomfim ficou, entre todos eles, como o revolucionário, embora tal fama incorra em certos equívocos sobre os quais pretendo debruçar-me. De qualquer forma, foi ele o autor que pensou de forma mais profunda e ampla o processo de transformação a ser seguido pela sociedade brasileira, processo este que implicaria em uma ruptura efetiva e em uma negação radical do poder exercido pelas classes dominantes. Talvez por isto tenha sido ele o autor, entre todos os aqui estudados, que mais tempo tenha permanecido no limbo. E Oswald de Andrade, igualmente, também postulou a necessidade de uma revolução, inicialmente caraíba, depois comunista e, por fim, matriarcal, mas sempre utópica. Talvez por ser utópico, contudo, seu pensamento soube perceber contradições e aspectos fundamentais da realidade de seu tempo e do processo histórico brasileiro.

Capítulo 1

Sertão, método: Euclides da Cunha e a cultura brasileira

Sertão, Canudos, Amazônia: uma construção estilhaçada

Tomarei três perguntas como pontos de partida: o que é o sertão, quem é o sertanejo para Euclides da Cunha e o que Canudos representou para o autor? Não há uma resposta precisa para a primeira questão. O sertão surgiu em contraposição ao litoral e define o ermo, o não civilizado. Já o litoral, segundo Florestan Fernandes (1979, p. 123), "designa mais um certo tipo de formação social e cultural do que a orla marítima com a porção de terra a ela associada". É uma expressão, portanto, utilizada tanto no sentido cultural quanto geográfico. E também o sertão é vago. Ao defini-lo, Câmara Cascudo realça precisamente seu caráter indefinido, impreciso, relacionando-o ao ciclo do gado e salientando sua fixação maior no Norte e Nordeste. Sertão, para Cascudo (1984, p. 710), "é interior (...). As tentativas para caracterizá-lo são mais convencionais que reais".

O termo sertão foi, segundo Bieber (1990, p. 6), utilizado pelos portugueses ao mesmo tempo na Europa, na África e no Brasil. E "tradição sertaneja" é como Lima (2001, p. 59) chama o "conjunto de saberes que, alternando-se ao longo do tempo, podem ser reportados ao início da exploração portuguesa na África, notadamente à dos espaços afastados do litoral, os chamados, desde o século XV e já em África, sertões".

Um poeta do século XVIII como Cláudio Manoel (*apud* PROENÇA FILHO, 1996, p. 111) menciona "os sertões, que inda às feras mal povoado". E

Gnerre (2005, p. 93) menciona a presença, já em textos do século XVIII, da "idéia de que a barbárie não mais poderia servir para fins civilizatórios, e de que as principais armas dos colonizadores deveriam ser os planos racionais de desenvolvimento". A expressão já era, portanto, conhecida no período colonial, tanto que em 22 de julho de 1776 é publicada uma Carta Régia "ordenando vivessem em povoados os vadios e criminosos que andavam errantes nos sertões repartindo-se entre eles as terras adjacentes" (DOCUMENTOS INTERESSANTES, Vol. LIV, 1932, p. 129).

O sertão já surge, então, como o território a ser civilizado, onde predomina a violência a ser domada, com a dicotomia estabelecida nesse período estendendo-se além dele. Assim, Mattos (1994, p. 33) estabelece uma distinção vigente no Império entre litoral e sertão, na qual o primeiro é associado à civilização e às regiões de agricultura mercantil-escravista e o segundo relaciona-se à barbárie e às demais regiões.

O sertão sempre foi visto como o outro lugar perante a civilização; espaço a ser temido, explorado, conquistado. Peixoto (2004, p. 44-8) define como objetivo dos esforços cartográficos desenvolvidos no século XIX explorar e preencher os vazios territoriais no mapa brasileiro e inseri-los em um território demarcado pela centralidade política, diferenciando o inexplorado do vazio intermitente e projetando, sobre ambos, a idéia de pertencimento. Já Coser (2005, p. 240) assinala:

> No pensamento político do século XIX uma parcela considerável dos habitantes do sertão não está influenciada pelos efeitos do trabalho; essa massa de habitantes como não está submetida a uma influência econômica regular, sofre a influência de ódios e paixões descontroladas.

Mesmo entre os moradores do que os habitantes do Sul chamariam indistintamente de sertão, tal hierarquia encontra-se presente, como Cunha Matos (2004, p. 150), em viagem feita no século XIX, constata: "A gente da Comarca de Goiás supõe que os habitantes da Comarca do Norte são menos instruídos e mais selvagens: chamam-lhe 'sertanejos'". O sertão é pensado, em síntese, em termos de oposição e, referindo-se às capitanias do Norte no período colonial, Silva (2006, p. 43) acentua que "a idéia de sertão existia no imaginário dessa sociedade desde o século XVI, construída a partir de uma oposição entre as regiões colonizadas do litoral da América Portuguesa e aquelas não inseridas na jurisdição metropolitana".

Se o sertão é o oposto da civilização, seu habitante é visto, com freqüência, de forma negativa, e Graciliano Ramos (1976, p. 130) ressalta e critica o olhar depreciativo comumente lançado sobre ele: "Se o sertanejo é pobre, é porque tem preguiça de plantar; se emigra, é porque nasceu com vocação para vagabundo". A identidade por ele representada foi vista, pois, como uma identidade a ser suprimida a partir de sua integração à civilização, definida como padrão homogêneo e superior, de forma que, nos discursos sobre a formação da nação elaborados no decorrer da Primeira República, segundo Rabello e Souza (2006, p. 127) "a negação da legitimidade da cultura regional e a exclusão das diversidades culturais tiveram por fundamento constante a urgência de construção de uma identidade nacional homogênea e irredutível, incapaz de ser pluralizada".

A construção dessa homogeneidade foi um projeto que tinha como fundamento preencher o espaço territorial tido como vazio e hostil e, referindo-se às colônias agrícolas idealizadas durante o Estado Novo, Ponciano (2001, p. 96) ressalta que elas "foram planejadas para terem cidades-indústria potencialmente lançadas no vazio". Mas não foi, por outro lado, um projeto isento de contradições expressas em diversos episódios e momentos históricos. Assim, a colonização do Mato Grosso nas primeiras décadas do século XX gerou, segundo Castro (2006, p. 179), um contraste entre desejo de preservação e ânsia de colonização:

> Reconhecia-se a inexorabilidade da transformação e mesmo da destruição de tão admiradas paisagens tropicais, destinadas a ceder lugar, cedo ou tarde, a cultivos agrícolas, cidades,

ferrovias, estradas, pontes, canais e tantas outras expressões do domínio do homem sobre a natureza.

Encontramos, por fim, na obra de Couto de Magalhães, sertanista que se aventurou pelo Brasil Central na segunda metade do século XIX, uma expressão fiel deste projeto e das contradições a ele inerentes; projeto e contradições cuja relação com o pensamento euclideano é nítida.

Magalhães (1974, p. 76) questiona: "Quando é que se verá o homem arrancar da posse das feras e das tribos selvagens dos índios tanta riqueza que jaz aí sepultada". Em sua obra o índio é visto apenas como o selvagem que ocupa a terra que o autor deseja ver civilizada e semeada de "florescentes cidades". E da mesma forma, viajando por um Araguaia ainda desabitado, o autor (p. 132) divaga: "Como não fora belo, dizia comigo, ver sobre estas margens tão plainas, erguerem-se, espelhando-se nas águas, belas fazendas, igrejas, edificações de toda sorte"? Logo depois, porém, um homem que havia sido mordido por uma cobra e estava repousando embaixo de uma árvore é visto por um grupo de mulheres, e um morador da região alerta o autor que pessoas nesta situação pioram e morrem quando isso ocorre. Magalhães não dá importância ao fato até que o estado clínico do paciente apresenta, de fato, uma piora considerável, o que o leva a afirmar: "Um fato dessa natureza é próprio para pôr em dúvida o entendimento" (p. 133). Imbuído de sua missão civilizadora, Magalhães vacila ante o que seria uma simples superstição, fica em dúvida. O civilizador perde seu monolitismo, deixa-se impregnar pela cultura que considera inferior.

Mas, à exceção de oscilações como esta, o ponto de vista do autor é sempre civilizador. O que mais tarde seria estudado como folclore ele define apenas como "erros grosseiros". E, referindo-se ao uso de talismãs por parte de moradores da região, assevera:

> Estes e muitos erros grosseiros, com os quais os viajantes estrangeiros compõem novelas a nosso respeito, pintando-nos como uma nação semibárbara e estúpida, não existiriam,

se nosso clero tratasse da educação moral das ovelhas com mais cuidado que o existente hoje (p. 151).

Toda a solução é posta por ele, enfim, em termos de povoamento, com o rio sendo visto como uma via civilizadora, "porque é daí que algum dia se há de ramificar o comércio para grande parte do Brasil, como do coração, o sangue para as artérias e veias de todo o corpo" (p. 165). Assim como para Euclides, para Couto de Magalhães a modernidade deve vir de fora, impregnando o sertão e o sertanejo.

E chegando, por fim, a Euclides, surge a pergunta: quem é o sertanejo para ele? Foi, na perspectiva euclideana, um ser que se adaptou a seu meio e foi moldado por ele, vivendo em sua função, o que explica sua sobrevivência e especificidade, ou, segundo Rezende (2001, p. 210), "capaz de adaptar-se aos meios mais hostis, o sertanejo moldava sua mentalidade a partir de características naturais do meio no qual vivia, e tornava-se hostil a mudanças".

De fato, para Euclides da Cunha (1984, p. 81), "o homem dos sertões – pelo que esboçamos – mais do que qualquer outro está em função da terra". É em relação ao sertanejo, principalmente, que a influência do meio se torna mais nítida. Ao mesmo tempo, o sertanejo descende de bandeirantes, ou seja, de gente do Sul, em um processo assim descrito pelo autor:

> Os homens do Sul irradiam pelo país inteiro. Abordam as raias extremas do Equador (...). Fora do litoral, em que se refletia a decadência da metrópole e todos os vícios de uma nacionalidade em decomposição insanável, aqueles sertanistas, avantajando-se às terras extremas de Pernambuco ao Amazonas, semelhavam uma outra raça, no arrojo temerário e resistência aos reveses (p. 62).

Do bandeirante nasce o sertanejo: é o descendente daquele que permanece insulado no interior e guarda suas características, o que leva ao embaralhamento dos conceitos de atraso e modernidade presentes em toda a obra do autor, com o litoral representando a decadência perante virtudes primordiais que permanecem intactas no sertão. E fazendo isso, o autor retoma a mitologia bandeirante. Para Euclides (1975a, p.71), o "bandeirante foi brutal, inexorável, mas lógico. Foi o super-homem do deserto".

Segundo Costa Lima (1997, p. 39),"para Euclides, era inquestionável o caráter negativo dos cruzamentos; o mestiço traz diminuída a capacidade intelectual do ascendente superior e restrita a capacidade física do ascendente inferior". Euclides define, contudo, o sertanejo como um mestiço, mas não como um degenerado. É um mestiço no qual a contribuição indígena sobrepõe-se à negra, já que "o elemento africano de algum modo estacou nos vastos canaviais da costa, agrilhoado à terra e determinando cruzamentos de todo diverso do que se fazia no recesso das capitanias" (1984, p. 66) e, na hierarquia racial proposta pelo autor, o índio é superior ao negro.

Sílvio Romero (1977, p. 33) já acentuara o caráter fundamental da miscigenação na formação nacional. Para ele, o brasileiro é mestiço, originando-se do português, do africano, do indígena, ou seja, "o genuíno nacional é o descendente destas origens". A miscigenação define e constitui, portanto, o brasileiro tal como visto por ele, adquirindo, igualmente, importância fundamental na explicação do Brasil elaborada por Euclides, mas, em sua obra, assistimos como que uma volta a um certo indianismo expressamente negado por Romero. Enquanto este ignora praticamente o índio como agente da nacionalidade, Euclides vê no sertanejo o fruto da união entre o índio e o branco, relegando o filho do branco e do negro à condição de "mulato neurastênico do litoral".

O sertanejo não é um degenerado, e sim um retrógrado, sendo essa condição oriunda do insulamento histórico e geográfico que lhe permitiu manter as características positivas derivadas de sua própria condição de mestiço. Trabalhando dessa forma com um conceito eminentemente negativo a partir das teorias por ele aceitas, Euclides inverte os sinais e transforma o que seria desvantagem em força.

Caberia finalmente ao processo civilizador eliminar o caráter retrógrado do mestiço brasileiro. Nesse sentido, há em Euclides (aliás, como em Sarmiento) o que se convencionou chamar de dupla intenção: atacar a barbárie existente no interior de seus países e afirmar a necessidade de sua superação, e homenagear, no plano estético, a paisagem ali existente (BERNUCCI, 1995, p. 40).

Menciono o autor argentino porque tanto nas contradições que permeiam sua obra quanto no fascínio pelos símbolos da barbárie – Facundo e os gaúchos de um lado, Antônio Conselheiro e os sertanejos do outro – tornam-se evidentes as analogias entre o seu pensamento e o pensamento de Euclides da Cunha; analogias estas que já foram, aliás, ressaltadas por mais de um autor. Rama (1985, p. 37), por exemplo, mesmo assinalando a convergência de pensamento entre Sarmiento e Euclides, ressalta que o segundo passou a duvidar de suas premissas civilizadoras ao presenciar o massacre de Canudos, concluindo: "O reverso da modernização capitaneada pelas cidades se havia mostrado nua e não era agradável".

Já na obra do autor argentino, a aniquilação das raças consideradas inferiores surge, mesmo, como condição para que a civilização seja implantada. Segundo Sarmiento (1983, p. 49):

> Todas as colonizações, que nestes três últimos séculos fizeram as nações européias levaram de roldão os selvagens que povoavam a terra que vinham a ocupar.... De modo muito diferente procedeu a colonização espanhola no resto da América. Sem ser mais humana que a do Norte, por aproveitar-se do trabalho das raças indígenas escravizadas, talvez por encontrá-las mais dóceis também, incorporou em seu seio os selvagens; deixando para os tempos futuros uma progênie bastarda, rebelde à cultura, e sem aquelas tradições de ciência, arte e indústria, que fazem com que os deportados à Nova Holanda reproduzam a riqueza, a liberdade e a indústria inglesa num pequeno número de anos.

E é neste sentido que Euclides (1975b, p. 73) fala em compensar "o duro esmagamento das raças incompetentes com a redenção maravilhosa dos territórios". Mas, ao contrário de dedicarem-se a esse projeto de redenção, as elites preferem ignorar a existência deste território e de seus habitantes. E mesmo as tragédias que assolam este Brasil real pouco ou nada comovem a Rua do Ouvidor; razão pela qual, segundo Euclides, as secas nordestinas, por exemplo, permanecem esquecidas e sem solução. Para ele, "há uma estética para as grandes desgraças coletivas (...). Mas entre nós estes transes tão profundamente dramáticos não deixam traços duradouros. Aparecem, devastam e torturam; extinguem-se e ficam deslembrados" (p. 62).

Euclides defende, em oposição a estas elites, um novo tipo de intelectual: voltado para o conhecimento da realidade brasileira, nacionalista, preocupado em conhecer o interior do país, não ficando preso às tentações e benesses do litoral. Neste sentido, Schneider (2005, p. 106) acentua em relação a Silvio Romero:

> De certa maneira, pode-se afirmar que esse personificou o ideal euclideano de iuntelectual, não apenas pela coloração nacionalista, mas também por ter aceitado a Ciência como instrumento explicativo da realidade brasileira e por possuir uma dimensão militante ante os grandes temas nacionais.

Mas, igualmente, Euclides vê a si próprio como este modelo.

Ele não esconde, ainda, sua admiração pelo sertanejo, explicitada em um texto revelador, quando Euclides (1984, p. 324) descreve a recepção aos sertanejos enfim derrotados na campanha de Canudos:

> Sobre tudo isto um pensamento diverso, não boquejado sequer mas por igual dominador, latente em todos os espíritos: a admiração pela ousadia dos sertanejos incultos, homens da mesma raça, de encontro aos quais se despedaçavam daquele modo batalhões inteiros.

E porque revelador? Porque tal admiração não é boquejada, não pode ser dita, uma vez que contradiria os objetivos da expedição aos olhos de todos, inclusive de Euclides. É como se todos, ali, compartilhassem o mesmo sentimento, mas, dentre eles, apenas Euclides escrevesse um livro para exprimi-lo.

E ainda, ao presenciar os momentos finais de Canudos, ele escreve em sua caderneta de campo: "Têm a mais sólida, a mais robusta têmpera essa gente indomável... Que disciplina extraordinária a daquela gente" (CUNHA,1975c, p. 63.6). Ao mesmo tempo, ao analisar o comportamento religioso deste sertanejo que tanto elogia, Euclides (1975b, p. 148) ressalta a superstição e o primitivismo que o fundamenta, com o ideal cristão inculcado pelos missionários tendo sido apenas justaposto ao que ele chama de "velhos vícios da raça".

Antônio Cândido (2002, p. 181) acentua: "O homem euclideano é o homem guiado pelas forças telúricas, engolfado na vertigem das correntes coletivas, garroteado pelas determinações biopsíquicas: – e, no entanto, elevando-se para pelejar e compor a vida na confluência destas fatalidades". E é isto que torna contraditória esta admiração: o sertanejo deveria ser um ser inferior devido às determinantes que o inferiorizam e que Euclides aceita como válidas, mas ele como que se ergue acima destas determinantes, demonstrando um heroísmo que surpreende e impressiona o autor.

Tal admiração, portanto, é contraditória, e mais contraditória se torna, uma vez que o sertanejo é simbolizado, expresso em suas tendências inatas, tanto pelo Conselheiro quanto por uma figura como Pajeú. Se o Conselheiro retrata as tendências místicas do sertanejo, Pajeú, com sua "bravura inexcedível e ferocidade rara" simboliza sua força. Euclides atribui o heroísmo e sagacidade do sertanejo ao seu isolamento e ao primitivismo da raça; sua força deriva de seus defeitos. E a descrição de Pajeú é a descrição desta relação e a explicação desta força:

> Legítimo cafuz, no seu temperamento impulsivo acolchetavam-se todas as tendências das raças inferiores que o formavam. Era o tipo completo do lutador – ingênuo, feroz e destemeroso – simples e mau, brutal e infantil, valente por instinto, herói sem o saber – um belo caso de retroatividade atávica, forma retardatária de troglodita sanhudo aprumando-se ali com o mesmo arrojo com que, nas velhas idades, vibrava o machado de sílex à porta das cavernas... (CUNHA, 1984, p. 192).

Também os nordestinos que migram para o Acre são heróis anônimos, "cumprindo, sem o saberem, uma das maiores empresas deste tempo. Estão amansando o deserto. E as suas almas simples, a um tempo ingênuas e heróicas, disciplinadas pelos reveses, garantem-lhe, mais que os organismos robustos, o triunfo na campanha formidável" (CUNHA, 1975a, p. 52). São, na perspectiva euclideana, novos Pajeús, igualmente heróicos, igualmente simples, igualmente abandonados. A partir daí, ainda, Euclides (1975b, p. 65) retoma e define o tema étnico de *Os Sertões*, quando afirma:

> Por outro lado, aqueles titânicos caboclos, que a desventura expulsa dos lares modestíssimos, tem levado a todos os recantos desta terra o heroísmo de uma atividade incomparável: povoaram a Amazônia; e do Paraguai ao Acre estadearam triunfalmente a sua robustez e a sua esplêndida coragem de rija sub-raça já constituída.

Já o Conselheiro significou, para ele, a antítese da ordem que a República buscava implantar no país e que ele próprio buscou criar em sua vida, o que Ventura (1997, p. 89) acentua:

> Euclides projetou sobre o Conselheiro muitas de suas obsessões pessoais, como o temor da irracionalidade, da sexualidade, do caos e da anarquia, para construir um per-

sonagem trágico, guiado por forças obscuras e ancestrais e por maldições hereditárias, que o levaram à insanidade e ao conflito com a ordem.

O retrato que Euclides traça do Conselheiro pode, ainda, ser comparado à descrição feita por ele do alquimista medieval, em artigo publicado em *O Estado de São Paulo* em 1897. Estes eram místicos que viam a realidade através de concepções nebulosas e buscavam explicação para tudo em fenômenos sobrenaturais; eram bárbaros travestidos de cientistas que, ao fim e ao cabo, foram superados pela própria ciência, assim como o Conselheiro foi um bárbaro travestido de líder religioso a ser superado – ele e seu misticismo selvagem – pela modernidade. E assim como Canudos e seu líder representam uma idade a ser superada, Euclides (1995, v. II, p. 577) afirma em relação aos alquimistas: "Ora todo esse mundo desabou ante o aparecimento revolucionário e triunfal dos enciclopedistas e com eles caíram os extravagantes filósofos herméticos que tão bem completam a feição lendária de uma idade sonhadora e romanesca".

Trata-se de uma mistura contraditória de elogios e visão crítica, à qual Sevcenko (1983, p. 145) refere-se ao mencionar a função das populações do interior na obra de Euclides: "Descontadas as superstições, o autor via nelas um modelo para um perfeito consórcio entre o homem e a terra no Brasil, que o livrasse das falácias do cosmopolitismo". Ao mesmo tempo, essas populações devem ser incorporadas a modernidade, cabendo às elites executar essa tarefa.

O sertanejo não é, portanto, apenas o habitante de Canudos. Ele adquire, na obra de Euclides, um sentido mais amplo e pode reaparecer como o seringueiro perdido na Amazônia: outro personagem central no imaginário euclideano.

Euclides pensou a Amazônia como uma espécie de utopia brasileira: o espaço ainda virgem perante a modernidade, no qual o encontro entre modernidade e identidade nacional, que falhara em Canudos e degenerara em massacre, enfim iria se dar. Ao mesmo tempo, ele tem plena consciência da dimensão utópica de seu projeto amazônico, uma vez que seu olhar já havia perdido, em Canudos, as esperanças que ao mesmo tempo o toldavam e o orientavam.

Trocando o sertão pela floresta, viajando para a Amazônia e acalentando o frustrado projeto de resgatar os seringueiros perdidos e esquecidos na mata – irmãos do sertanejo de Canudos – Euclides escreve o que podemos chamar, retomando a expressão que Otto Maria Carpeaux (19--a, p. 106) utiliza para definir a obra de Isaac Babel, de uma "epopéia estilhaçada". Estilhaçamento, de fato, é a imagem que surge quando buscamos delinear a imagem que Euclides nos dá do processo de formação da nacionalidade. Trata-se, porém, de um processo incapaz de adquirir organicidade: incapaz de reunir seus estilhaços.

Nos inúmeros textos referentes à Amazônia vemos – como sempre na obra do autor – a ciência equilibrar-se ao lado da literatura em torno de relatórios, descrições pungentes da vida do seringueiro e um projeto onde a técnica do engenheiro e a utopia caminham juntas: a criação de uma ferrovia "transacreana".

E a conquista da Amazônia é um tema que se entrelaça, na obra de Euclides, com a questão racial. Ao definir o português como "o fator aristocrático de nossa gens" (CUNHA, 1984, p. 49), ele já hierarquiza as raças, buscando ressaltar, por outro lado, a importância da miscigenação na formação nacional, uma vez que é a partir da conclusão desse processo, afinal, que teremos o brasileiro como realidade concreta; como um ser existente. Até então, Euclides (p. 50) limita-se a defini-lo, um tanto desoladamente, como "tipo abstrato que se procura", e a concluir: "Não há um tipo antropológico brasileiro" (p. 63). Ocorre, em síntese, com o brasileiro, o mesmo que ocorre com o peruano, em relação ao qual Euclides (1975b, p. 94) afirma: "Ninguém lhe lobrigou ainda um aspecto estável, um caráter predominante, um traço nacional incisivo".

Mas, a construção deste caráter é condição de sobrevivência para qualquer nação que queira resistir ao influxo das nações superiores, devido ao caráter competitivo que o autor atribui às relações socais, inclusive a nível mundial. Para Euclides (p. 136), "falta-nos integridade étnica que nos aparelhe de resistência diante dos caracteres de outros povos". E essa é uma questão crucial, já que raças incompetentes, ou seja, incapazes de criarem uma nacionalidade, tendem fatalmente ao desaparecimento, em um processo nitidamente evolucionista, o que leva Euclides (p. 115) a acentuar: "É o darwinismo rudemente aplicado à vida das nações".

A hierarquia racial euclidiana foi desde cedo alvo de críticas, com, por exemplo, Santos (2008, p. 135) acentuando em relação à Roquette-Pinto: "O antropólogo do Museu Nacional considerou injustificável a crença de Euclides da Cunha no esmagamento das 'raças fracas pelas raças fortes". Mas é a crença nesta hierarquia que fundamenta a perspectiva a partir da qual Euclides analisa a identidade nacional: sua construção e suas características.

A preocupação de Euclides, assim, é garantir a criação de uma identidade nacional ainda inexistente, relacionando-a diretamente à questão da miscigenação. Isso porque, em regiões como a Amazônia, por exemplo, a miscigenação é, para o branco, condição de sobrevivência. Que seria deste sem ela?

> O tipo deperece num esvaecimento contínuo, que se lhe transmite à descendência até a extinção total (...). A raça inferior, o selvagem bronco, domina-o; aliado ao meio vence-o, esmaga-o, anula-o na concorrência formidável ao impaludismo, ao hepatismo, às pirexias esgotantes, às canículas abrasadoras, e aos alagadiços maleitosos (CUNHA, 1984, p. 59).

A hierarquia racial inicialmente proposta inverte-se, então, sob a influência do meio, e a raça inicialmente definida como superior passa a depender da miscigenação para sobreviver no meio hostil. Seguindo as teorias raciais desposadas por Euclides, ela necessita da absorção das qualidades inatas às raças inferiores para sobreviver, mas, com isso, é o próprio instrumental teórico euclideano que termina sendo posto em parênteses por ele, sem que ele o reconheça explicitamente: quem, afinal, é inferior perante o meio? Em *Os Sertões*, Euclides busca sustentar suas teorias ao afirmar as consequências negativas do processo de miscigenação. Para ele, "a mistura de raças mui diversas é, na maioria dos casos, prejudicial (...). A mestiçagem extremada é um retrocesso" (p. 77). Mas, em Canudos como na Amazônia, ela é, igualmente, garantia de sobrevivência.

Se é indispensável, contudo, a miscigenação gera desequilíbrios: gerou o Conselheiro, síntese individual das tendências irrefreadas das raças inferiores, produto do primitivismo social atávico do meio. Raça e meio: os pólos a partir dos quais a análise euclideana permanentemente estrutura-se, inclusive para explicar o Conselheiro, um ser exemplar a partir de seu aparecimento: "Apareceu como integração de caracteres diferenciais – vagos, indecisos, mal percebidos quando dispersos na multidão, mas enérgicos e definidos, quando resumidos na individualidade" (p. 102). E o caminho para a modernidade, como salienta Murari (2007, p. 183), deve seguir caminho oposto: "A inserção do Conselheiro no tempo do progresso, e por consequência, na racionalidade e no tempo histórico, inicia-se, em *Os sertões*, com a dissolução da imagem do indivíduo em favor da imagem do grupo".

O Conselheiro surge, para Euclides (1984, p. 119), como o protótipo da raça, como a condensação de seu atraso, e daí a razão de seu sucesso: "Arrastava o povo sertanejo não porque o dominasse, mas porque o dominavam as aberrações daquele". E por sintetizar as características de seus liderados, estes puderam projetar-se sobre ele e o sertanejo pôde esculpir o sertanejo à sua imagem e semelhança: "Remodelava-o à sua imagem. Criava-o. Ampliava-lhe, desmesuradamente, a vida, lançando-lhe entre os erros de dois mil anos" (p. 110).

Não apenas o Conselheiro, mas o próprio arraial por ele fundado retratava a raça que nele vivia: suas origens não eram apenas sócioeconômicas, mas também, e principalmente, raciais: nele, refletia-se "mais do que a miséria do homem, a decrepitude da raça" (p. 123) E, finalmente, se o

Conselheiro sintetiza o sertanejo contemporâneo, ele – aliás, como o próprio sertanejo – situa-se como que além dos tempos: "O retrógrado do sertão reproduz o facies dos místicos do passado. Considerando-o, sente-se o efeito maravilhoso de uma perspectiva através dos séculos..." (p. 114).

CANUDOS, MÉTODO

Qual foi a perspectiva inicial a partir da qual Euclides abordou Canudos? O arraial, inicialmente, é o inimigo a ser vencido e, pouco antes de chegar a ele, o autor proclama: "Em breve pisaremos o solo aonde a República vai dar com segurança o último embate aos que a perturbam." (CUNHA, 1975c, p. 4). Quando Canudos é vencido, contudo, Euclides (p. 63.6) acentua o modo notável com o qual os prisioneiros reagem e elogia a "disciplina extraordinária daquela gente".

Para situar, ainda, como Euclides busca compreender Canudos, é importante salientar a importância do folclore em *Os Sertões*. É grande a importância dos estudos folclóricos na obra de Euclides, embora esta seja uma expressão que ele praticamente não utiliza. Mas a preocupação em recolher hábitos, ritos e expressões sertanejas atravessa todo o livro e está presente, também, em seus estudos sobre a Amazônia. Ele poderia ser incluído no rol dos folcloristas, mas nunca o foi, assim como nunca foi incluído em rol algum, com críticos literários, sociólogos e historiadores estudando-o e ressaltando-lhe a importância, mas sem nunca o aceitar como colega de ofício.

De fato, *Os Sertões* é, também, obra de folclorista, de autor preocupado não apenas em recolher hábitos e expressões populares, mas em utilizá-los para melhor compreender a sociedade que os gerou. Ao levar adiante tal trabalho de recolha, Euclides não está agindo por mera curiosidade, nem se colocando como antiquário de um tempo morto. É o estudioso de Canudos que busca uma nova via para compreendê-lo e – seguindo uma trilha aberta por Sílvio Romero – pavimenta-a para os folcloristas que viriam a seguir. Ao mesmo tempo, Euclides busca recuperar e preservar, em sua obra, hábitos e expressões que serão superados pelo processo de modernização que ele mesmo defende: hábitos e expressões que são, simultaneamente, contemporâneos e situados em um tempo morto.

É o descompasso entre o tempo morto do sertão e o tempo da modernidade – a falta de continuidade que este descompasso representa – que, para o autor, gerou a tragédia de Canudos. E tal descompasso traduz, ainda, uma série de outras descontinuidades, o que Villas Boas (2003, p. 129) acentua: "*Os Sertões* consiste em uma concepção singular da origem da nacionalidade, que se elabora do ponto de vista de descontinuidades geográficas, históricas, raciais e culturais entre duas populações, cujo resultado é um confronto monumental e trágico".

Seria cômodo, por outro lado, pensar o episódio como o triunfo da razão, mas o que o autor pretende demonstrar é a tese oposta: Canudos representou a incapacidade da razão representada pela modernidade proveniente do litoral de impor-se perante a barbárie. E representa ainda mais: a transformação desta própria razão em barbárie a partir dos métodos brutais utilizados por seus representantes para aniquilar os sertanejos. Ao mesmo tempo há, para o autor, o risco que Nicolazzi (2010, p. 278) salienta: "O perigo de Canudos, sua diferença absoluta, está justamente no risco de tornar a civilização selvagem e o litoral deserto: o sertão virando mar, o mar virando sertão, como nos ditos da trova popular".

Euclides não ressalta, por outro lado, em *Os Sertões*, a dinâmica sócio-econômica que gerara Canudos e dera ao arraial suas características específicas, com os determinismos ligados ao meio e a raça terminando por prevalecer sobre os fatores sociais. Como assinala Garcia (2002, p. 34), "fixando-se na influência do meio e nas qualidades negativas do sertanejo, ou seja, do mestiço, o autor vê a sua organização sócio-política como um reflexo de desajustes étnico-geográficos do sertão".

Euclides introduz o meio como fator determinante na formação nacional, não se atendo prioritariamente à questão racial, como o fariam Nina Rodrigues e Sílvio Romero, nem ao desenvolvimento histórico, como o fez Capistrano de Abreu. Ele busca, antes, amalgamar os três fatores sem privilegiar especificamente nenhum deles, criando, assim, uma tentativa de explicação pluricausal que terminou por fazer com que sua obra adquirisse um caráter sintético no contexto cultural brasileiro. Ao mesmo tempo, o método euclideano opera a partir de dualidades geográficas e raciais interpretadas como cisões que configuram a realidade brasileira, assim como o próprio método euclideano, bem como seu espaço na cultura brasileira, na medida em que tais cisões estariam no âmago de indagações futuras sobre a identidade nacional.

E o que foi Canudos? Na perspectiva euclideana, uma síntese. Canudos, em mais de um aspecto, sintetizaria o sertão. No aspecto fisiográfico, por exemplo: "O sertão de Canudos é um índice sumariando a fisiografia dos sertões do Norte. Resume-os, enfeixa os seus aspectos predominantes numa escala reduzida. É-lhes de algum modo uma zona central comum" (CUNHA, 1984, p. 26).

Mais que isto, porém: Canudos seria, como acentua Costa Lima (1997, p. 122), "um laboratório a partir do qual a ciência buscaria decifrar o país". E Euclides tem, perante a ciência, a postura de um "inflexível crente" (p. 187), embora tal inflexibilidade, afinal, sofra nuances, uma vez que, como salienta Hardman (1994, p. 21), "pelo menos desde 1907 ele vinha acertando contas com o cientificismo e positivismo de sua formação de base, nos anos 80 do século XIX, como engenheiro e oficial da Escola Militar".

Caberia à ciência, de qualquer forma, agir no sentido de resolver as contradições que estruturam Canudos e tornam tão conflituosas a relação do arraial com o resto do país. Mas há algo mais: Euclides confia nela para resolver suas próprias contradições enquanto pensador, embora tais contradições nasçam, em boa parte, das dificuldades enfrentadas ao tentar encaixar a realidade representada por Canudos em esquemas científicos que ele não coloca em questão.

Como Euclides se posiciona para compreender Canudos? Decca (2001, p. 138) acentua: "*Os sertões* apesar de ser uma obra considerada indispensável para a maioria dos historiadores brasileiros, não chega a se constituir em uma referência importante para se pensar o procedimento do historiador". Apesar disto, seu ofício é reconhecido por ele mesmo como o de um historiador, a ponto dele mencionar a "poeira dos arquivos" da qual muitos falam sem nunca a terem visto, mas que ele levanta diariamente (CUNHA, 1995, v. II, p. 549), na busca de uma perspectiva histórica que ele considera fundamental para a adequada compreensão da realidade.

Para Euclides (1995, v. I, p. 465), "a nossa visão interior alongando-se no tempo, como a destacar-se no espaço, é sempre falsa quando se atém só no que divisa, e não atende aos erros oriundos menos do objeto observado que da nossa posição e do meio que nos circula". Ora, é exatamente a partir da perspectiva histórica que se torna impossível compreender Canudos, por ser o arraial um anacronismo: está, na perspectiva euclideana, fora da história, veio de um tempo remoto e cristalizou-se na história contemporânea, mas exatamente por não ter passado não terá futuro: será soterrado pela história da qual não faz parte. A perspectiva histórica por ele proposta torna-se, então, contraditória a partir de seu próprio objeto de estudo.

Em carta de 1903, Euclides (1997, p. 151) define um de seus mestres: "Sou um discípulo de Gumplowicz, aparadas todas as arestas daquele ferocíssimo gênio saxônico". E a influência deste autor ajuda a explicar como Euclides se aproxima de Canudos. A história, para Gumplowicz (1944, p. 189), é uma sucessão evolutiva de conquistas e subordinações na qual as raças inferiores tendem a formar comunidades subordinadas. E Euclides jamais abandonou tais idéias, uma vez que a carta mencionada é posterior ao lançamento de *Os Sertões*, mas o que, para Gumplowicz seria um episódio perfeitamente coerente com o desenrolar natural do processo histórico, para Euclides é um crime a ser denunciado.

O método euclideano faz parte, também, de um processo cultural no qual o autor tem antecessores: ele herda de Sílvio Romero, por exemplo, a utilização do meio e da raça como fatores determinantes da realidade social. Dessa forma, um fator como o clima tem e teve um papel fundamental no processo evolutivo tal como concebido por Euclides (1975a, p. 62), uma vez que ele "policiou, saneou, moralizou. Elegeu e elege para a vida os mais dignos. Eliminou e elimina os incapazes, pela fuga ou pela morte". O clima é, para o autor, um fator de seleção natural, um promotor do darwinismo social.

E, se em relação a Romero estabelece-se uma continuidade, em relação a um autor como Joaquim Nabuco cria-se um contraste. Assim, comparando Nabuco e Euclides, Mello (2002, p. 250) salienta a despreocupação teórica de um livro como O abolicionismo, mais preocupado com o estudo concreto de formas de organização econômica e social, e salienta ter sido este um fator para que o texto não tenha envelhecido. Compara-o com Os Sertões, então, afirmando: "De Os sertões também se poderia dizer que sua concepção estava tão jungida às teorias sociológicas predominantes na Europa em finais do século XIX que envelheceu com elas".

A preocupação teórica euclidiana motivou, ainda, outras críticas. Assim, em sua correspondência com Gastão Cruls, Antonio Torres (apud CRULS, 1950, p. 117) define Euclides como "pedante sem o querer e sem o saber", aludindo às constantes relações estabelecidas pelo autor entre teorias ligadas a diferentes ramos do conhecimento e a realidade por ele estudada. O envelhecimento metodológico do livro e da obra de Euclides como um todo é, de resto, inegável, mas é inegável, também, o fato de tal obra significar uma ruptura, sendo tal ruptura definida por Antônio Cândido, segundo a análise que Jackson (2000, p. 67) faz da obra deste autor, como a superação do evolucionismo, embora Euclides herde, de Romero, o determinismo racial e geográfico.

A obra do autor, contudo, segue ainda as pegadas do evolucionismo: a ruptura não é necessariamente esta. O que a tornou revolucionária foi a preocupação euclidiana em construir uma perspectiva que se atenha fielmente aos parâmetros que ele considera como sendo os da ciência, evitando, contudo, que sua obra se transforme em um mero exercício teórico, mas que, pelo contrário, parta de dados coligidos junto ao estudo empírico da realidade. Nesse sentido, Os Sertões é fruto de um trabalho de campo, o primeiro e talvez o maior já efetuado no contexto das ciências sociais brasileiras. E, por outro lado, ele significa também o esgotamento de um modelo, já que o determinismo e evolucionismo presentes na obra do autor já tendiam ao anacronismo, após terem encontrado em Euclides e em Romero seus representantes máximos.

CONHECIMENTO CIENTÍFICO, REPUBLICANISMO E TRANSFORMAÇÃO SOCIAL

Ao afirmar a prioridade da ciência como instrumento de conhecimento social, Euclides não se limita às ciências sociais, mas invoca, também, as ciências naturais e a geologia (seu vocabulário é repleto de imagens geológicas). Sua fé na ciência refere-se, assim, tanto às ciências exatas e naturais quanto à sociologia e à história, tendo todas estas disciplinas um papel relevante a cumprir na estrutura narrativa de *Os Sertões*.

O espaço físico ocupa, efetivamente, lugar central na obra de Euclides, o que justifica seu interesse por ciências como a geografia e a geologia, mas o espaço, em Canudos ou na Amazônia, surge como um espaço sem história, suspenso no tempo, o que o leva a formular uma questão crucial: como entender tal realidade no contexto da ciência? O iluminismo euclidiano, sua fé nas virtudes transformadoras da ciência vacila, às vezes, em contato com uma realidade demasiadamente áspera, mas ele supera tais vacilações e segue adiante, como um crente temeroso de ver abalada a sua fé. E incorpora a mística do engenheiro – o construtor de pontes para o futuro – ao mesmo tempo em que revela, para os íntimos, seu cansaço com a profissão.

A crença de Euclides na ciência coincide com sua crença na República, por ser este o regime no qual os ideais científicos iriam, enfim, prevalecer. E este foi, para Euclides, o regime no qual tais ideais foram abandonados e pervertidos. A promessa republicana é expressa em 1892, quando ele afirma: "Todo um século de inatividade será compensado em alguns anos de lutas civilizadoras – e um grande futuro será afinal a absolvição para um passado estéril" (CUNHA, 1995, v. I, p. 655).

Nesse processo de renovação caberia ao Estado papel primordial, devendo ele estabelecer o que Euclides chama de "primeiros elementos do progresso". Caberia a ele romper a inércia e passividade provenientes do Império, aproximando a sociedade brasileira "do maravilhoso espetáculo da evolução humana" do qual o país esteve alijado por longo tempo. Para tanto, o Estado deveria agir como instrumento da modernidade, e não como mero mantenedor da ordem.

Por isso, a perspectiva político-econômica euclideana contesta o liberalismo não-intervencionista e defende que o Estado assuma um papel ativo na sociedade e na economia brasileiras. Esta seria a única alternativa capaz de acelerar o processo de industrialização, e industrialismo e modernidade, para Euclides, são sinônimos. Em suas palavras, "o futuro, e isto é uma verdade já velha, pertence ao industrialismo" (v. I, p. 668).

Escritas em 1892, estas idéias jamais seriam negadas pelo autor. Mas a desilusão com a República, contudo, principalmente após Canudos, passa a predominar paulatinamente em sua obra, podendo ser sintetizada a partir de três cartas escritas em diferentes épocas. Em 1892, Euclides (1997, p. 42) afirma:

> A verdade é que o estado atual do nosso país se define de um modo tão perigoso, em função da corrupção política, tão perigoso que o desmembramento por exemplo, o que era dantes considerado um crime e uma coisa horrorosa para os verdadeiros patriotas, o próprio desmembramento que era um mal, é a melhor coisa que pode decorrer da situação atual – e alteia-se ante o espírito dos que ainda dedicam um pouco de amor a isto, belíssimo quase, como a visão de Fausto.

Três anos depois, novos temores: "Ás vezes creio que a nossa República atravessa os piores dias. Esta reação monárquica tem afinal aliança das nossas desgraças políticas e tremo às vezes, imaginando um sucesso que por isso mesmo é um absurdo pode-se realizar na nossa terra" (p. 68). E

13 anos depois da primeira carta, escrevendo do Rio de Janeiro, Euclides retoma o tema da corrupção: Aqui, há grande corrupção no ar e nos homens; não há pulmões nem almas que não sofram (p. 339).

Por diversos motivos – raciais, políticos, geográficos – os brasileiros nasceram distintos e dispersos, e – parece concluir Euclides – distintos e dispersos continuam. A unidade nacional, então, é inteiramente artificial. O Brasil inverteu o processo histórico: "Somos o único caso histórico de uma nacionalidade feita por uma teoria política" (CUNHA, 1975a, p. 170). Daí a importância da República e sua missão. Caberia a ela manter e consolidar uma união nacional em tudo e por tudo artificial, e que Euclides viu ameaçada em Canudos: "Caberia a ela a tarefa estranha de formar uma nacionalidade sem a própria base orgânica da unidade da raça" (p. 174). E os remédios a serem ministrados pela República, tal como descritos por Euclides, são enumerados por Mota (2000, p. 54):

> Conhecimento das leis que presidem os fatos do homem e da natureza; compreensão das condições sociais do interior do país, à luz dessas leis; governo esclarecido e firme na execução de uma política de integração nacional a cargo de uma elite técnica e científica – foram esses os remédios prescritos por Euclides da Cunha para as misérias e as loucuras de rebeliões como a de Canudos e para a manutenção da unidade nacional.

Seu apaixonado republicanismo pode ser explicado também a partir de sua trajetória. Sem apoios com os quais pudesse contar para sua ascensão social, sem padrinhos ou indicações, Euclides teve que valer-se do próprio mérito para buscar seu espaço na sociedade e na cultura brasileira (sua busca de um lugar na política foi inteiramente baldada). Nessa busca, a defesa do mérito como instrumento de consolidação do capital social e cultural extrapolou o terreno individual e ganhou foro ideológico: transformou-se em crítica às elites e em defesa de uma sociedade aberta.

A educação formal ainda era vista no Brasil mais como um ornamento de bacharéis que não iriam, necessariamente, utilizar seus conhecimentos como profissionais, que como fundamento para a vida de um trabalhador que iria depender do conhecimento acadêmico para seu sustento. E neste contexto, ao tentar utilizar sua formação como engenheiro como chave para abrir portas de salões nos quais, até, então, jovens pobres como ele seriam aceitos com dificuldade, Euclides aposta em uma mudança de mentalidade e frustra-se com as mesmas resistências que Hobsbawm (1989, p. 246) aponta em outros contextos: "Os engenheiros alemães exigiam, não sem amargura, 'posição social condizente com a significância do engenheiro na vida". Sua apaixonada defesa da República é, assim, a defesa de um regime no qual jovens pobres, como ele, teriam amplas possibilidades de ver reconhecidos seus méritos, contra um Império rigidamente elitista e bacharelesco.

Moraes Filho (1995, p. 31) menciona a simpatia de Euclides pelas idéias socialistas, bem como sua recepção favorável às idéias de Marx. E, em São José do Rio Pardo, ele envolve-se com organizações socialistas e ajuda a fundar o Clube Internacional Filhos do Trabalho, organização que atuou até 1909, agindo em estreita sintonia com o grupo paulistano dos editores de *Avanti!*. Dessa forma, ao redigir, em São José do Rio Pardo, no Primeiro de Maio de 1899, o *Programa de O Proletário e Mensagem aos Trabalhadores*, sendo O *Proletário* o órgão do clube, Euclides (1995, v. I, p. 578) alinhava, ao lado de vários artigos que buscam regulamentar as relações trabalhistas, outros que criam mecanismos capazes de permitir e consolidar a democratização do ensino, como, por exemplo, os artigos II e VIII:

> II- Escolas gratuitas, com o ensino leigo e obrigatório para todas as crianças, sem distinção de sexo, de cor e de nacionalidade, tendo as crianças pobres todo o necessário para frequentar as escolas: roupa, comida, cuidados médicos, farmácias, etc.;

> VIII- Estabelecimento de bolsas de trabalho.

Nessa construção de uma plataforma socialista, ele busca definir programaticamente uma crença já expressa alguns anos antes, mais precisamente em crônica publicada em 8 de maio de 1892, quando afirma: "Se entrarmos na análise dos cambiantes que tem assumido o socialismo, temo-lo como uma idéia vencedora. O quarto estado adquirirá, por fim, um lugar bem definido na vida social" (v. I, p. 670). O socialismo funcionaria, portanto, como um processo de democratização social no qual as elites seriam desalojadas ou, no mínimo, teriam que compartilhar seu espaço com elementos provenientes de outros estratos sociais. A defesa do mérito individual ganha, assim, dimensões revolucionárias.

O socialismo defendido por Euclides neste período é o socialismo abraçado pelo clube para o qual escreveu o manifesto, e que é assim definido por Moura (1964, p. 104): "Era um clube que não tinha, segundo se depreende dos documentos publicados, estrutura marxista, mas, na base de um socialismo mal assimilado, meio humanitário, procurava congregar os operários e os intelectuais". Este foi o socialismo euclideano, que não se modificou substancialmente ao longo de sua trajetória. De resto, segundo Konder (1988, p. 95), "Euclides da Cunha é o primeiro intelectual brasileiro importante a ter tido uma idéia da perspectiva global de Marx. Isso não quer dizer, evidentemente, que ele tenha aderido às concepções de Marx".

Mas, seu republicanismo casa-se com uma invencível desconfiança em relação ao povo, do qual Euclides cedo descrê como agente de transformação histórica, de tal modo que, em carta datada de 1893, escreve: "O nosso povo, meu caro, Porchat, por abdicação completa de todas as energias, não tem forças para agitar-se além das arruaças desprezíveis" (CUNHA, 1997, p. 46). E tal descrença mantém-se inalterada ao longo de toda sua vida.

Com isso, se a República significa a modernidade, seu projeto de modernidade é, por falta de atores que o levem adiante, não apenas contraditório, mas, talvez por isso mesmo, pareça a ele próprio condenado ao fracasso, o que o leva a concluir em carta de 1908: "Há uma pasmaceira trágica neste país que esperneia, galvanizada, na Praia Vermelha e morre à fome nos sertões" (p. 377). Gestou-se, enfim, um fracasso cujas origens Euclides mapeia já em *Os Sertões*, e cujas origens são congênitas, nascendo da

> Inadaptabilidade do povo à legislação superior do sistema recém-inaugurado, como se este, pelo avantajar-se em demasia ao curso de uma evolução vagarosa, tivesse, como efeito predominante, alastrar-se sobre um país que se amoldara no marasmo monárquico, intenso espírito de desordem, precipitando a República por um declive onde os desastres repontavam, ritmicamente, delatando a marcha cíclica de uma miséria (CUNHA, 1984, p. 201).

O que o transformou em crítico não da República – neste sentido, ele sempre foi republicano ardoroso –, mas dos rumos tomados pelo regime republicano talvez tenha sido, no final das contas, uma série de descompassos: entre as esperanças desmesuradas por ele depositadas no regime e a mediocridade dos governantes, entre a sua ética inflexível e sacrificial e a corrupção reinante. E, mesmo um descompasso existencial que se reflete em sua obra, e em relação ao qual Monteiro (1972, p. 207) acentua: "Euclides da Cunha fez uma obra épica numa fase nada épica da vida brasileira". Euclides queria ser épico quando todos queriam sossego.

Republicano e crítico da República, Euclides isolou-se politicamente mesmo após a publicação de seu livro mais famoso. E *Os sertões* possui um significado político bem salientado por Ventura (1990, p. 141): "Apresenta uma função política antijacobina, antiflorianista e antimilitarista de maior importância no contexto político da época do que a crítica ao liberalismo enfatizada pela tradição interpretativa referente à obra".

Ao mesmo tempo, Euclides não aceita o liberalismo, mas também não aceita o militarismo que condicionou os primeiros anos da República. Crítico das oligarquias e das soluções militares, viu-se isolado e excluído do cenário político: sem parceiros com os quais pudesse contar para a realização de seus projetos. E sua personalidade, por fim, contribuiu, ainda, para reforçar seu isolamento. O retraimento – seu "ursismo incurável", como ele próprio o define – foi, de fato, uma característica sua reconhecida por contemporâneos e amigos como Sílvio Romero: "O ar desconfiado, as roupas desajeitadas – o todo canhestro e espantadiço do autor de *Os Sertões* faria Sílvio Romero exclamar ao mesmo tempo que o estreitava nos braços: - 'Mas é um cariri perfeito" (RABELLO, 1966, p. 208).

Também sua atividade como engenheiro não pode ser compreendida separadamente de seus ideais científicos. Euclides viu-se sempre como um missionário: alguém apto a colocar-se a serviço da ciência e, a partir de sua atividade profissional, contribuir para a modernização e integração nacional: o país integrado a partir do advento da modernidade, o sertanejo integrado a um padrão civilizador até que enfim não excludente. Walter Benjamin (2006, p. 21) acentua:

> Em 1791, surge, na França, a designação "engenheiro" (*ingénuer*) para os oficiais da arte das fortificações e do assédio. E, nessa mesma época, no mesmo país, começou a manifestar-se, de maneira consciente, e logo com o tom de polêmica pessoal, a oposição entre "construção" e "arquitetura". Isto não existiu absolutamente no passado.

Já a opção pela engenharia feita por Euclides também representou uma oposição: uma ruptura com as elites bacharelescas até então imperantes. Representou uma oposição, uma ruptura e uma missão.

Se a opção profissional feita por Euclides foi vista por ele como uma missão, surgiu-lhe sempre, contudo, como uma obrigação a turvar-lhe o caminho de artista e, referindo-se à "incumbência da minha engenharia ingrata", ele imagina Shakespeare a calcular as curvas de uma viga metálica e Michelangelo a calcular as partes de um orçamento e pergunta-se o que seria deles nesta situação (CUNHA, 1995, v. I, p. 582). Provavelmente, responde silenciosamente Euclides, estariam trocando uma obra a ser realizada enquanto artistas por um trabalho monótono e não reconhecido: o trabalho de engenheiro. E Galvão (2009, p. 180) acentua: "Após o sucesso instantâneo de Os sertões em 1902 e 1903, que o metamorfoseia de engenheiro em escritor, Euclides torna-se mais explícito em seus termos, tendendo a considerar a profissão como coisa do passado, quase um equívoco".

Mas é fundamental, contudo, e apesar das próprias palavras do autor, não vermos na atividade profissional desenvolvida por ele apenas uma incumbência adotada por um escritor que precisa sobreviver: ela foi, pelo contrário, a realização prática de ideais desenvolvidos enquanto escritor.

Em uma época na qual certa erudição comumente de fundo diletante foi vista como passaporte para a fama, Euclides nunca foi um erudito e nunca, certamente, postulou ser visto como tal. Na elaboração de Os Sertões, a colaboração de Francisco Escobar – presidente da Câmara Municipal de S. José do Rio Pardo, onde o livro foi escrito, e amigo fraterno que o próprio Rui Barbosa, segundo Brito Broca, define como eruditíssimo e doutíssimo – é fundamental. Broca (1992, p. 220) sublinha, ainda, a importância dessa contribuição:

> E, se não se sabe precisamente, até onde teria ido a assistência erudita de Escobar na elaboração da obra – Euclides supria muitas faltas de conduta com os recursos de um extraordinário poder verbal – sabe-se, que livros, documentação, nenhum elemento de consulta lhe faltou graças à solicitude e à competência do amigo.

O cientista e engenheiro Euclides convive, por sua vez, com o romântico Euclides, que sobressai quando o tema das ruínas, por exemplo, é abordado em sua obra. Broca (1962, p. 95) salienta a postura antiromântica do autor perante as ruínas, ao acentuar: "Os românticos costumavam enfeitar as ruínas, doirar pela fantasia a miséria e a decadência. Euclides da Cunha não as embeleza, mostra-as em toda a sua triste verdade, mas percebe-se que sentiu o quadro como romântico".

Já Decca (2004, p. 158) afirma: "De um lado, há em Euclides aquelas ruínas que são os traços de uma natureza corroída pelo tempo e, neste caso, o traço romântico é mais sugestivo; de outro lado, outras são as ruínas resultantes da ação predadora do homem, como os desertos". E acentua: "Assim, diante da impossibilidade de modificar pela sua ação e vontade os rumos da história nacional, Euclides irá se dedicar à escrita cortante e dilacerante que criará imagens inesquecíveis das ruínas da nossa nacionalidade" (p. 168). Estas são ao mesmo tempo ruínas românticas e antimodernas: o avesso da modernidade, assim como as ruínas de Canudos atestam o fracasso criminoso da modernidade brasileira; o seu avesso, que ele tenta desvendar como uma espécie de herói romântico a lutar contra o lado escuro da modernidade.

E o próprio Euclides tentou dar contornos românticos a sua vida, como salienta Ventura (2003, p. 48): "Mais do que um poeta romântico, tentou ser, ele próprio, um herói, que perseguia visões inspiradas nos romances e narrativas da Revolução Francesa que lera na juventude".

Por outro lado, e finalmente, apóstolo da modernidade, ele sente-se, contudo, um estranho em seu seio. Euclides (1997, p. 341) estranha as inovações que encontra no Rio de Janeiro quando regressa da Amazônia, e lamenta: "Que saudades da antiga simplicidade brasileira"... E mesmo seu romantismo e tendência à idealização precisam ser suplantados, como ele mesmo reconhece, em uma época marcada pelo cálculo e pela racionalidade. Mas, novamente, ele sublinha seu desconforto e seu anacronismo: "Sou o mesmo romântico incorrigível" (p. 358).

Com isso, Euclides chega a uma situação de desalento e desejo de fuga, sendo que, neste sentido, tanto os sertões quanto a Amazônia representam para ele uma espécie de refúgio. Assim, Galvão (2006, p. 90) acentua: "Os sertões vêm a ser para ele muito de Pasárgada espartana e Ilhas afortunadas, lugar da plenitude, da realização pessoal e do exercício das virtudes viris, removido da urbana Sodoma". E Piza (2010, p. 34) assinala: "Com sua característica mistura de idealismo e tristeza, Euclides esperava concretizar no deserto pluvial da Amazônia seu sonho bandeirante de heroísmo trágico, de expansão brilhante da vida e devoção sacrificial à causa".

A modernização por ele proposta em *Os Sertões*, em síntese, não ocorre ou revela-se uma farsa, o que ele descobre ao constatar o abandono em que permanece o sertão. As elites traíram sua missão, a República não cumpriu suas promessas, o sertão permanece desconectado da civilização, os civilizados continuam ignorando-o.

UMA CONSAGRAÇÃO EQUÍVOCA

E resta uma questão a colocar: como e em que sentido se deu a consagração do autor? Figura estranha, exótica no contexto cultural de seu tempo, Euclides obteve uma consagração que surpreendeu, inicialmente, a ele próprio. De fato, ele tornou-se rapidamente famoso a partir da publicação de *Os Sertões*, transformando-se em um best-seller de seu tempo. Como acentua Abreu (1998a, p. 276), "até 1909, ano da morte de Euclides da Cunha, *Os Sertões* continuou sendo um sucesso de vendas. Três edições foram publicadas pela Laemmert, sucessivamente em 1902, 1903 e 1905, o que era notável num país com cerca de 80% de analfabetos". E o livro transformou o episódio de Canudos em evento paradigmático, o que Weffort (1986, p. 21) salienta em termos comparativos, ao afirmar:

> Na falta de um escritor de igual fôlego, uma outra grande guerra popular de inícios da Primeira República, a do Contestado (1912-1916), envolvendo massas pobres do sul do país, de escala comparável a de Canudos, só nos últimos anos vem saindo do esquecimento onde permaneceu durante décadas".

Ao mesmo tempo, Euclides cedo foi visto como um descobridor do Brasil. Os padrões a partir dos quais iria exercer-se a influência euclideana são definidos por Tristão de Athayde (1990, p. 252) já em 1924. Ele teria resgatado a massa da população brasileira do esquecimento, teria apontado "o erro do litoralismo político" e teria criado um estilo.

Assim, Euclides permaneceu como uma figura exótica, embora consagrada, e transformada em ícone da nacionalidade. O casmurro e inflexível Euclides, sua personalidade avessa a cordialidades e sua postura hostil a negociações, no contexto de uma elite letrada na qual a negociação era moeda indispensável à sobrevivência, assombrou a cultura brasileira pelas décadas seguintes, e seu comportamento – por peculiar – já foi definido, mesmo, como uma forma de loucura.

Houve, assim, quem apontasse a existência de problemas psiquiátricos graves que teriam, inclusive, o levado a buscar o duelo que o levaria a morte. Afirmou-se, nos anos 70, que o autor sofria de paralisia geral e já se encontrava no estágio em que surgem as manifestações antissociais. E o autor do diagnóstico conclui: "Naquela ocasião, a doença era incurável e terminava irremediavelmente em estado demencial, isto é, no declínio progressivo, global e irreversível de todas as funções intelectuais. O que significava que o sol Euclides da Cunha caminhava para o ocaso" (ARAÚJO, 1973, p. 65). Não se trata, evidentemente, de aceitar ou recusar tal diagnóstico – o que estaria inteiramente além de minha competência – mas de tomá-lo como sintoma extremo de uma tendência mais ampla: o desconforto e admiração concomitantes com os quais o rigorismo euclideano foi historicamente encarado, bem como as múltiplas tentativas de entendê-lo. E mesmo a consagração por ele obtida em vida tem algo que equívoco, o que Galvão (2009, p. 130) salienta:

> Depois, embora a glória lhe chegue, e logo, com a publicação de *Os sertões* em 1901, a consequente eleição no ano seguinte para a Academia Brasileira de Letras e a posse no Instituto Histórico e Geográfico Brasileiro, jamais conseguirá uma posição á qual corresponda algum poder além de prestígio, como tanto queria.

Ajuda a explicar a permanência da obra de Euclides – além de, é claro, seu próprio e superlativo mérito – o fato dela ser uma das poucas que pertencem, igualmente, à literatura e às ciências sociais, o que Roquette-Pinto (1940, p. 135) acentua: "Com *Os sertões* viu-se pela primeira vez no Brasil, o 'espírito científico concorrendo para a edificação de um monumento literário". E também Gilberto Freyre percebeu o duplo pertencimento de *Os Sertões*, ao situar suas vertentes na cultura brasileira tanto no campo literário quanto no cientificismo da Escola de Recife. Referindo-se ao livro de Euclides, Freyre (1959, t. II, p. 642) afirma: "Livro brasileirista do qual talvez se possa dizer que foi tornado possível não só por Alencar e por Gonçalves Dias como – um tanto paradoxalmente – pelo germanismo de Tobias e pelo spencerismo de Sílvio Romero".

Os Sertões foi um livro inicialmente reconhecido como uma obra de arte, sendo que o reconhecimento de sua importância para as ciências sociais, mesmo não tardando, foi posterior. Em ambas as áreas, porém tal obra foi reconhecida e estudada com igual fervor, a ponto de um crítico literário como Afrânio Coutinho (1995, v. II, p. 65) defini-lo como, acima de tudo, um escritor de ficção e *Os Sertões* como "um poema épico em prosa, a ser classificado na linha da *Ilíada* e da *Canção de Rolando*".

Trata-se, aliás, de um ponto em comum entre Euclides e Gilberto Freyre, qual seja: a preocupação em unir ciência e arte, buscando criar um método e um estilo, e efetivamente – em ambos os casos –, criando um estilo pessoal e inconfundível. Não por acaso, Euclides (1995, vol. I, p. 488) vê em um poeta como Vicente de Carvalho a capacidade de alcançar objetivos que estariam mais próximos da geologia que da arte, ao descrever, em um poema, a Serra do Mar:

> Para no-la definir, e no-la agitar sem abandonar a realidade, mostrando-no-la vivamente monstruosa, a arrepiar-se, a torcer nas anticlinais, encolhendo-se nos vales, tomando nos grotões, ou escalando as alturas nos arrancos dos píncaros

arremessados, requer-se a intuição superior de um poeta capaz de ampliar, sem deformar, uma verdade rijamente geológica, refletindo num minuto a marcha milenária das causas geotônicas que a explicam.

É como se a intuição do artista fosse capaz de completar o método do cientista, chegando onde este não é capaz de chegar. Apesar da inabalável crença do autor na ciência, Euclides busca completá-la com a intuição e a imaginação e, a partir daí, temos neste elogio a Vicente de Carvalho, ao mesmo tempo uma descrição e uma justificativa da análise da Terra feita em Os sertões.

E há, ainda, ecos do parnasianismo em Os sertões, o que Galvão (2001, p. 172) assinala: "O salto dado por Euclides de reportagem ao livro não poderia ser maior. A massa de informações ali reunidas ganha uma certa unificação, que lhe é conferida pelo estilo naturalista, sem prejuízo de alguns retoques parnasianos para a evocação da paisagem". E o que Prado (2004, p. 175) acentua: "Ninguém lê o magistral relato da campanha de Canudos sem antes preparar o espírito para o estilo difícil, a linguagem inacessível, encalacrada no que se convencionou chamar de retórica do parnasianismo".

Já Martins (1996, v. V, p. 209-211) salienta o uso abundante de adjetivos e palavras raras por parte de Euclides, para ressaltar o caráter literário de Os Sertões. Mas Euclides é, ao mesmo tempo, um autor preocupado com a objetividade de seu texto e porta-voz de um cientificismo que se pretende inovador em relação ao subjetivismo até então predominante na cultura brasileira. Um autor que pretende demarcar o terreno da ciência perante os privilégios da literatura, e autor de uma obra eminentemente literária, ainda que sociológica.

Euclides busca na ciência o instrumental necessário para estudar a realidade que o cerca, e se em momento algum chega a contestar a validade das idéias que importa, faz uma crítica da própria importação destas idéias pelas elites brasileiras, a partir de argumentos que Rouanet (2003, p. 348) sintetiza nestes termos:

> Em vez de deixarem uma cultura própria emergir no Brasil, gradualmente, abrangendo por igual todas as camadas da população, as elites litorâneas resolveram queimar etapas, absorvendo, pela cópia, ideias e instituições correspondentes a estágios evolutivos mais avançados, e aprofundando com isso o fosso que as separava de outro Brasil, o país do jagunço, do messianismo sertanejo – o país arcaico de Canudos.

E tal importação, para Euclides, traria malefício assim descritos por Nascimento (2011, p. 31):

> A marcha evolutiva da história brasileira seria complicada pela cópia de conquistas civilizacionais estrangeiras, transferidas para uma realidade inapta a recebê-las. Euclides desenhava, assim, uma filosofia da história que explicaria tanto a formação de conjunto como as particularidades da sociedade brasileira.

Mas esta, é bom lembrar, é uma crítica esta que, em certa medida, é válida para o próprio autor.

De qualquer forma, Euclides (1995, vol. I, p. 498) conclui: "Pensamos demasiado em francês, em alemão, ou mesmo em português. Vivemos em pleno colonato espiritual, quase um século após a autonomia política". A busca da autonomia intelectual, a emancipação em relação às idéias importadas e a compreensão da realidade por suas próprias elites são definidas por ele como partes do projeto de construção nacional, mas, neste projeto, ele se insere com as contradições da própria elite por ele criticada.

Até que ponto, neste sentido, Euclides soube adequar o instrumental teórico por ele importado à realidade por ele estudada é e sempre foi motivo de controvérsia, o que deriva do fato de, em *Os Sertões*, ele assimilar diferentes tipos de materiais alheios que são devorados sem cerimônia, englobando artigos, livros, manuscritos, dicionários. Seu método é onívoro, múltiplo, e assim deve ser para adequar-se a uma realidade que refuta, permanentemente, o instrumental teórico utilizado pelo autor.

A partir daí, Almino (2000, p. 55) destaca a concomitância, em sua obra, entre um "domínio do conhecimento europeu e uma distância em relação a essas mesmas fontes que gera uma brasilidade perceptível nos temas e na forma literária". A brasilidade é, de fato, marcante, mas ela surge não concomitantemente, e sim em contraste com seu arsenal explicativo; como se, extravasando-o, buscasse o contato direto com a realidade por ele estudada.

Na sua busca de uma expressão nacional, Euclides (1997, p. 57) parte de um nativismo radical, expresso em carta de 1893:

> Nunca senti tão violento como hoje o que dantes para mim era um sentimento mau, traduzido por uma palavra que eu entendia não dever existir na linguagem humana – o nativismo. Tenho-o hoje, exageradamente. O estrangeiro, o estrangeiro que se diz civilizado- considero-o inimigo.

E sua desconfiança perante uma Europa que ele nunca chegou a conhecer permanece em carta escrita em 1907: "Precisas reagir contra a feitiçaria da Velha toda ataviada de primores – e que afinal, não vale a nossa Pátria tão cheia de robusta e esplêndida virgindade" (p. 346). E ele busca, no final, expandir seu nativismo em uma consciência mais ampla, mas ainda oposta à imitação da Europa: "Sou dos que pensam que as fronteiras no nosso belo e maravilhoso continente são mais expressadas geograficamente do que históricas, subordinadas em seu estado físico à altitude cada vez mais dominante da consciência sul-americana" (p. 374).

Em relação à imigração, contudo, a mudança de perspectiva já é clara. Euclides (1975b, p. 135.6) faz o elogio da imigração, ao mesmo tempo em que alerta para suas possíveis consequências, em uma análise na qual toma como ponto de partida a precariedade da formação nacional, que ainda passa por um lento processo de construção ou que sequer existe. E ele situa, então, o estágio provisório de tal formação: "Está numa situação provisória de fraqueza, na franca instabilidade de uma combinação incompleta de efeitos ainda imprevistos, em que a variedade dos sangues, que se caldeiam, implica o dispersivo das tendências díspares, que se entrelaçam".

Neste processo marcado pela fragilidade e pela dispersão, o imigrante desempenha papel fundamental, exatamente por não compartilhar de seus efeitos: "Não podemos ainda dispensar a energia européia mais ativa e apta, para que se desencadeiem as nossas energias naturais. O colono, entre nós, é o primeiro, se não o único fator econômico". Catalisador das energias nacionais e propulsor do desenvolvimento econômico, o imigrante torna-se um fator de risco, contudo, exatamente devido a sua superioridade, o que leva Euclides a concluir: "Falta-nos integridade étnica que nos aparelhe de resistência diante dos caracteres de outros povos".

A viagem de Euclides a Canudos é, em síntese, uma viagem em busca das raízes da nacionalidade; de seu sentido, de sua formação, de seu resgate. Tal viagem efetua-se em meio às contradições e é impulsionada por elas. A metodologia euclideana vai ao sertão (que tanto pode ser Canudos como a Amazônia) e busca explicá-lo. Sertão, método. Tentando casá-los, Euclides plantou interrogações para as quais praticamente toda a produção cultural brasileira subsequente buscou respostas.

Capítulo 2

Abandonando a Europa: Araripe Júnior e a identidade nacional

A ambígua crítica às teorias raciais

Nascido no Ceará em 1848 e falecido no Rio de Janeiro em 1911, Araripe Júnior foi um intelectual pertencente à geração de 1870, tendo tido marcante atuação como crítico literário, mas, como foi comum em sua época, caracterizada por escassa especialização e institucionalização intelectual, atuou em diversas áreas. Fez parte da Escola do Recife e, em Fortaleza, da Academia Francesa e da Escola Popular, com seu pensamento sendo marcado por características comuns a outros intelectuais de sua geração, como a crença no poder transformador da ciência e a busca por determinismos válidos para a explicação da realidade brasileira. Mas Araripe criou, ao mesmo tempo, uma obra inovadora e original.

Santana (2001, p. 32) menciona a agilidade com a qual os grupos intelectuais brasileiros tomaram conhecimento, no final do século XIX, das concepções evolucionistas. Pertencendo a esses grupos, Araripe, assim como seus colegas de geração, foi evolucionista e determinista. E poderia ser diferente, questiona Bosi (1978, p. 14)?

> A sua cultura filosófica, amadurecida junto à Escola do Recife, não poderia deixar de ser determinista. Os três estados de Comte (teológico, metafísico, positivo), os três fatores de Taine (raça, meio, momento histórico) e o evolucionismo biológico de Darwin, generalizado por Spencer,

deram a Araripe e à geração de Araripe, um lastro de idéias que não foi alterado até a Primeira Guerra Mundial.

De fato, Araripe foi determinista, como Sílvio Romero e Euclides da Cunha, entre outros, também o foram. Mas, onde o determinismo natural e racial, na obra destes autores, consistiu na importação de teorias europeias que condenavam à inviabilidade o desenvolvimento nacional por ser este incompatível com as características de sua natureza e da formação racial do brasileiro, Araripe inverteu os sinais, o que é ressaltado por Ventura (1991, p. 91), que acentua a originalidade do pensamento do autor em relação às teorias raciais dominantes em sua época: "Araripe criticou o racismo e o eugenismo, e se afastou dos modelos etnológicos coerentes à época, o que tornou singular sua posição na crítica literária do final do século XIX".

Seria a natureza, então, que funcionaria como chancela para o futuro, apesar de todos os percalços do desenvolvimento social. Criou-se, dessa forma, uma nova antinomia, retratada de forma exemplar em trecho que, embora longo, deve ser mencionado, por sua importância para a compreensão da obra do autor:

> Pergunte-se aos orçamentos do governo, aos bancos, à praça do comércio, à lavoura, quais as necessidades do país; inquira-se da imprensa e dos clubes de propaganda sociais o que existe de tropeços, de dificuldades em seu caminho; procure-se saber quais as indústrias que prosperam; e ter-se-á um acúmulo de causas que seriam bastantes para plantar um desânimo eterno, se no Brasil a natureza não estivesse sempre a reagir, impulsionando-nos para um progresso indefinido. (ARARIPE JÚNIOR, 1958, p. 397).

Cairo (2000, p.113-122) acentua a influência de Taine na obra de Araripe, com o meio funcionando como elemento básico para a construção do princípio da obnubilação brasílica. E Cara (2006, p. 63) salienta: "Num texto de 1893 sobre as relações entre o simbolismo-decadentismo europeu e brasileiro, Araripe Júnior preferiu tomar o determinismo tainiano pelo viés do meio ao invés da raça – pedra no sapato em país de pretos".

Mas há outras influências igualmente importantes. O método utilizado por Araripe é determinista e assume a influência de Buckle, como Euclides e Romero também o fizeram. A natureza brasileira, acentua Araripe (1958, p. 497), utilizando as palavras do escritor inglês, enfraquece a razão e abre "uma fenda na estratificação da natureza civilizada, para dar passagem à poderosa influência do ambiente primitivo" e, a este fenômeno, ele dá o nome de "obnubilação brasílica". E ele o define: "Consiste este fenômeno na transformação por que passavam os colonos atravessando o Oceano Atlântico, e na sua posterior adaptação ao meio físico e ao ambiente primitivo" (1960, p. 407). Tal fenômeno consiste, enfim, no lento processo levado adiante pelos colonos de abandonar a Europa, não apenas no sentido geográfico, mas, também, histórico e cultural, para construir a partir daí uma identidade nacional.

O brasileiro torna-se específico em relação aos demais povos a partir da atuação deste fator, o que transforma os determinismos naturais no elemento mais importante na estruturação da nacionalidade, jogando, em sua obra, a questão racial para o segundo plano. E ele acentua tal preponderância, enumerando os tópicos a partir dos quais a natureza exerce sua influência e demonstrando estar consciente da inversão por ele proposta em relação ao pensamento social de seu tempo, no qual a raça e não o meio era o fator a ser primordialmente levado em conta:

> Hoje como ontem, a reação do meio físico, a influência catalítica da terra, as depressões e modificações do clima tropical, a solidariedade imposta pelas condições da vida crioula com a flora, com a fauna, com a meteorologia da nova região, são outras tantas influências que estão a invadir sorrateiramente estrangeiros e brasileiros, sem que estes se apercebam, certos, como estão, do triunfo das suas qualida-

des étnicas e da propulsão civilizadora de origem (ARARIPE JÚNIOR, 1960, p. 69).

O brasileiro, em síntese, julga-se mais europeu do que de fato é, errando ao colocar em segundo plano a influência opressiva do meio natural no qual vive. Mas, tal meio age de forma inexorável, quebrando os esforços para a adoção de uma correção europeia, cuja inviabilidade nos trópicos Araripe Júnior (1960, p. 670) acentua: "O tropical não pode ser correto. A correção é o fruto da paciência e dos países frios; nos países quentes a atenção é intermitente". E em relação à qual Murari (2007, p. 85) salienta: "Araripe partia da crença de que no meio tropical a sensação de desamparo do homem frente à exuberância da terra levaria à aniquilação das forças individuais e à dissolução das identidades em direção à fusão do elemento humano com a natureza".

Araripe, porém, recusa qualquer forma de pessimismo oriundo do que seria a inferioridade racial do brasileiro e atenua, embora não recuse, o pressuposto da desigualdade racial expressamente afirmado por Sílvio Romero (1979, p. 129), quando este afirma: "A distinção e desigualdade racial é um fato primordial e irredutível, que todas as cegueiras e todos os sofismas dos interessados não tem força de apagar". E o que Araripe critica acima de tudo em Romero é o que ele define como o pessimismo do autor, provocado por sua visão negativa da formação racial brasileira, assim sintetizada: "O servilismo do negro, a preguiça do índio e o gênio autoritário e tacanho do português produziram uma nação informe, sem qualidades fecundas e originais." (ROMERO, 1977, p. 266). A conclusão a que chega Araripe é oposta, abrindo caminho para a valorização racial do brasileiro que seria adotada décadas depois por Gilberto Freyre, bem como para a crítica das teorias raciais que seria desenvolvida, entre outros, por Manoel Bomfim e Alberto Torres:

Ao contrário disto, penso que temos raça capaz de todos os progressos e que longe de desprezarmos as nossas qualidades diferenciais, devemos cultivá--las com amor, de sorte que, entrando no concerto das nações e tirando dele a força que nos falta, possamos dizer ao mundo qual nosso papel e a feição que a natureza nos destinou. (ARARIPE JÚNIOR, 1963, p. 327).

E ele antecipa Gilberto Freyre, igualmente, ao traçar um perfil quase lúdico das relações raciais na história brasileira. O percurso da miscigenação orientou-se, segundo Araripe, mais pela atração sexual exercida pela indígena, primeiro, e pela negra, depois, sobre o português, que pela violência. É o elemento erótico, pelo menos, que Araripe (1960, p. 411) destaca, ao afirmar: "A negra mina, carinhosa, inteligente e bela, seduzindo com a formosa carnadura e pelo busto lustroso e escultural da Vênus africana o português libidinoso, não custou a vencer a indígena nesse concurso de procriação".

Ele faz ainda, em relação ao processo de miscigenação, a crítica antecipada de um argumento que seria largamente utilizado por pensadores autoritários como Oliveira Vianna. Não ter percebido a incompatibilidade entre a formação mestiça do brasileiro e a adoção, no Brasil, de instituições democráticas foi, para este autor, o grande erro dos liberais brasileiros, o que o leva a concluir: "Foi justamente por não terem dado nenhuma importância à ação desse poderoso modificador sociológico que o parlamentarismo inglês e o presidencialismo americano não puderam realizar nunca o sonho dos que o sonharam nesta terra." (VIANNA, 1947, p. 56). Araripe Junior critica, precisamente, a constatação da impossibilidade de implantação de um regime democrático no Brasil por ser ele inviável em uma nação de formação mestiça, atribuindo tal idéia a pensadores ingleses interessados em justificar a dominação exercida por sua nação sobre outros povos:

Pensam eles, sem talvez se aperceberem disso, que sendo o destino de sua raça a conquista do Universo, não é admirável que outras raças possam construir um direito público igual ao seu, nem que o possam utilizar sem o adjutório de sua influência tutelar. Daí o esforço que empregam não só em condenar as nações inferiores, ao jugo do seu poderio, mas em convencê-las de que inútil é pretenderam adotar as instituições anglo-saxônias à direção de seus negócios (ARARIPE JÚNIOR, 1963, p. 183).

E a importância da mestiçagem é mencionada em mais de um aspecto. O folclore brasileiro, por exemplo, é, para Araripe, filho da mestiçagem. Nasceu do encontro entre o branco e a negra, com as mestiças elaborando todo um conjunto de elementos folclóricos e um poeta como Gregório de Matos aglutinando-o em forma culta, elaborando, assim, uma síntese entre a poesia culta e o folclore que é, na concepção de Araripe, exemplar. Fazendo isto, Gregório, segundo Araripe (1960, p. 474), criou uma obra que seguiu um caminho peculiar: foi esquecida pelo mundo literário, mas tornou-se influente no meio do povo: "Essa influência se produziu na massa popular pela reprodução automática, pela imitação contínua do seu modo de poetar.".

Permanece, contudo, a idéia de "nações inferiores", o que demonstra ser Araripe capaz de criticar as teorias raciais, mas não, ainda, de desvencilhar-se delas; no máximo, coloca-as em segundo plano. A imagem do mestiço insubmisso, pouco confiável, pouco dado ao trabalho, é recorrente na cultura brasileira e afirmada nos anos trinta, entre outros, por Azevedo Amaral, que aponta uma irredutível tendência ao parasitismo, o que leva o autor a buscar sobrepujar o que define como a influência deletéria exercida pelo mestiço, a partir da ênfase no branqueamento: "E cabe assegurar a vitória étnica dos elementos representativos das raças e da cultura da Europa se os reforçarmos pelo afluxo contínuo de novos contingentes brancos." (AMARAL, 1938, p. 231).

Também Araripe parte desse pressuposto e o utiliza em mais de um momento de sua obra, gerando uma certa proximidade nas posições adotadas por ele e por Romero, em que pese os diferentes pressupostos por eles adotados. Embora seja, no contexto cultural de seu tempo, o opositor da utilização da raça como fator relevante, ele erige-se em desconfiado crítico do mestiço, mesmo salientando sua importância, assim como Romero (1943, v. I, p. 275) – o defensor da desigualdade racial – o faz, ao apontar a mestiçagem como fator constituinte da nacionalidade e acentuar: "Todo brasileiro é um mestiço, quando não no sangue, nas idéias.". Em seu estudo sobre Gregório de Matos e sua época, por exemplo, Araripe Junior (1960, p. 432) adota, ao descrevê-lo, a imagem do mestiço ao mesmo tempo indolente e rebelde:

> Os mulatos não eram práticos, nem persistentes, nem coerentes, nem assíduos no trabalho. Apaixonados, impetuosos, tão fáceis de serem sugestionados por uma coisa, como de abandoná-la despeitados, eles durante aquelas épocas foram vistos, ao lado do branco e contra o branco, sempre inflamados, muitas vezes desarrazoados, mas propulsivos, agressivos, destruidores.

Malgrado suas próprias contradições, Araripe situa-se, entretanto, como um dos pioneiros da crítica à utilização, no Brasil, de teorias baseadas no conceito de superioridade racial, assinalando, já em 1903, os interesses imperialistas que as fundamentariam. O conceito foi criado, segundo, ele, para justificar a expansão imperial das nações do Velho Mundo e só pode ser compreendido a partir desse contexto. Por outro lado, a imigração pacífica de colonos europeus não pode ser confundida com qualquer forma de dominação imperial, embora ele faça alusão aos riscos provenientes de uma imigração descontrolada.

Segundo Romero (1943, v. I, p. 275),"as três províncias do extremo Sul terão, em futuro não muito remoto, um tão grande excedente de popu-

lação germânica, válida e poderosa, que a sua independência será inevitável."
E Araripe Junior (1963, p. 49) alude a estas idéias, ao referir-se à imigração alemã no Rio Grande do Sul: "Tenho ouvido dizer que esse grupo colonial constitui um perigo para o país, como base de operações psíquicas apropriadíssimas à conquista, desde que o Imperador Guilherme se disponha a invadir a região". Mas não deixa de formular argumentação oposta, ressaltando o caráter eminentemente pacífico do processo migratório que ali se realiza.

Colocar o determinismo racial em segundo plano não significa, portanto, negá-lo, já que ele admite a existência de uma concorrência entre as diversas raças na qual uma delas sempre assume a dianteira, tornando-se superior em relação às demais. Mas, nesse momento, ele leva em conta a cultura como fator determinante em relação à raça: uma raça por ele definida como inferior, como a semita, pode impor-se a uma raça por ele definida como superior, como a ariana, desde que a inferioridade racial seja suplantada pela superioridade cultural.

De todo esse raciocínio histórico ele tira conclusões que visam suplantar um certo pessimismo comum a seu tempo, derivado da constatação da "inferioridade" e do "atraso" do povo brasileiro. Que, para ele, é atrasado, sim, mas que pode suplantar o atraso e tomar a dianteira na corrida – o pensamento de Araripe é marcadamente evolucionista –, desde que o desenvolvimento cultural o permita. A chave, conclui Araripe (1960, p. 216), está na educação: "Os povos, como os indivíduos, têm um temperamento que a educação corrige e modifica". E Fernandes (2001, p. 46) acentua em relação ao autor: "Embora aponte características negativas no brasileiro – sensual, irrequieto, vítima do entusiasmo fácil, do desejo de brilhar – não o desvaloriza, mas, pelo contrário, é bastante otimista".

A discordância entre Romero e Araripe deve-se ao privilégio dado pelo primeiro à raça como fator determinante, enquanto Araripe destaca o meio. Romero (1943, v. I, p. 277), efetivamente, argumenta: "Conquanto reconheçamos a extraordinária influência do meio, cremos ainda superior a da raça". Toda a polêmica travada por ambos gira em torno desse tópico, e quando Araripe (1958, p. 299) anuncia que dela se despedirá, é exatamente tal discordância que ele realça:

> Ei-la: diz o autor da *Introdução* que o meio físico não tem essa importância que lhe quero dar, tendo sido agente primordial apenas quando as raças se formaram. Discordo disso. Ele continua a exercer a mesma influência sobre toda a vida terrestre, especialmente sobre as raças.

Romero (2002, p. 117) estabelece, em 1882, seu desacordo em relação ao determinismo climático estabelecido por Araripe: "Os meios eram tudo para a humanidade primitiva e pré-histórica. Uma vez estabelecidas as raças históricas, uma vez entrados, como estamos, nos tempos atuais, os povos não são mais o joguete do clima". Mas ele afirma, em 1882, reconhecer o "merecimento de seu oponente" – coisa rara, em se tratando de Romero –, e afirma: "O que há é que o Dr. Araripe deixou-se, a meu ver, por muito tempo, desnortear pelo chateubrianismo, o que não lhe tira mérito; ao contrário, o faz realçar, porque mostra a progressibilidade de seu espírito" (p. 130). No ano seguinte, porém, mesmo definindo-se como amigo e "ardente admirador", Romero (p. 223) manda um recado a Araripe Júnior: "Se quer entrar plenamente nos domínios da estética, da filosofia da arte, tome o caminho que entender; mas a permanecer na esfera da crítica, lembre-se que os dois campos são diversos e as excursões do estético prejudicam as análises do crítico".

Na obra de Araripe, enfim, o estudo da influência do meio e a necessidade de ressaltar sua preponderância ocupam lugar de destaque. Eis um trecho, entre outros, que funciona como princípio metodológico que ele jamais colocaria em questão:

> O meio determinou o aparecimento das raças e as modificou consecutivamente. As raças alteraram-no, depois, e diminuíram a sua influência imediata; assim artificializado, o

meio passou a exercer uma ação indireta, porém muito mais complexa e importante (ARARIPE JÚNIOR, 1958, p. 492).

Romero acentua a multiplicidade de fatores a serem levados em conta por quem se disponha a compreender a realidade brasileira ou qualquer outra realidade. E é igualmente sobre este tópico que incidem a crítica de Araripe ao autor e a diferença metodológica fundamental entre ambos. No meio dessa diversidade, Araripe (1958, p. 278) elege o clima como fator determinante e lamenta que Romero não tenha conferido a ele a devida atenção, o que teria tornado confusa a sua análise do desenvolvimento histórico brasileiro: "Era sobre esse fio que, escrevendo a história do Brasil, faria girar todos os demais elementos; e com tal ponto de vista, tenho certeza que chegaria à explicação de muitos fatos obscuros".

Araripe, enfim, filia-se a uma corrente de pensamento que tem em Montesquieu um de seus precursores, quando este afirma a preponderância do clima como fator explicativo: "Se é verdade que o caráter do espírito e as paixões do coração são extremamente diferentes nos diversos climas, as leis devem ser relativas à diferença dessas paixões e à diferença desses caracteres" (MONTESQUIEU, 1973, p. 209). Quando ele acentua, ainda: "Foram as diferentes necessidades nos diferentes climas que formaram as diferentes maneiras de viver e são essas diferentes maneiras de viver que formaram os diferentes tipos de leis" (p. 214). E quando ele exemplifica tais diferenças: "Não nos devemos, pois, espantar que a covardia dos povos de clima quente os tenha, quase sempre, tornado escravos, e que a coragem dos povos dos climas frios os tenha mantido livres. É uma consequência que deriva de sua causa natural" (p. 247). São estes, em linhas gerais, os pressupostos teóricos adotados por Araripe Júnior.

A matriz teórica mencionada por ele no que diz respeito à influência determinante do clima, contudo, é a de Buckle, embora ele conteste as idéias do autor inglês, quando este afirma a incompatibilidade entre a sobrevivência do homem branco e o clima tropical. Araripe (1963, p. 401) acentua, pelo contrário, sua permanência e sobrevivência, além de definir o mameluco, entre outros mestiços, como "um elemento étnico de energia incomparável". Ao mestiço é recusado, aparentemente, qualquer índice de inferioridade racial. E ele acrescenta: "Acresce que o Brasil não é só de mestiços: e se estes muito tem concorrido, na arte, para o seu desenvolvimento, não é menos certo que a raça branca não perdeu aqui os seus foros hereditários". Tal recusa, portanto, é contraditória, por não colocar em questão a superioridade do homem branco, definindo-a, pelo contrário, como um foro hereditário.

O DETERMINISMO METODOLÓGICO E A PROMESSA REPUBLICANA

Da mesma forma como faz a crítica do racialismo ou, pelo menos, nega preponderância ao fator racial, Araripe é ao mesmo tempo antipositivista e antisocialista; doutrinas tidas por ele como inviáveis nos trópicos e que ele trata em conjunto:

> Fundado na renúncia de si mesmo, o positivismo político e religioso, produzindo a tristeza, gerando o pessimismo deprimente, é, pelo menos na atualidade, doutrina muito pouco viável no Brasil, principalmente porque o socialismo, seja qual for a forma que tome, está condenado a vegetar, na América, ao menos por estes cem anos (ARARIPE JÚNIOR, 1960, p. 334).

E polemizando com Carlos de Laet, Araripe contesta a autoridade de Comte – do qual Laet valera-se para fundamentar seus argumentos – em mesologia e etnologia, e aproveita para matizar e afirmar, ao mesmo tempo, a influência climática por ele sempre ressaltada. Se o clima, afinal, pode ser modificado e artificializado, sua influência nunca é anulada. E mesmo quando uma população consegue tornar salubre uma região cujo clima era, até então, incompatível com suas características raciais, o que temos, no caso, é uma nova confirmação da influência decisiva do fator climático, já que tal população precisou despender imensos esforços para tornar benéficos, enfim, seus efeitos (ARARIPE JÚNIOR, 1958, p. 218). E Araripe (p. 271), por fim, acentua: "No positivismo não vejo senão os lineamentos de uma enorme tenaz, que pretende aferrar o espírito do mundo".

Onde ele se aproxima do positivismo é no infatigável elogio da ciência. A geração de 1870, da qual Araripe fez parte, deu início a um processo sistemático de reflexão sobre o papel a ser desempenhado pela intelectualidade brasileira, e um processo no qual tal intelectualidade passou a receber sua parcela de culpa sobre o que era considerado o atraso nacional, sendo uma boa parte das críticas oriundas do fato de os intelectuais terem, segundo seu críticos, se descuidado da adoção de padrões científicos para a análise da realidade, apegando-se a moldes beletristas e bacharelescos que geraram, por sua vez, uma acentuada indiferença perante tal realidade.

Euclides (1984, p. 22), por exemplo, deplora tal indiferença em tons veementes: "Escasseiam-nos as observações mais comuns, mercê da proverbial indiferença com que nos volvemos às cousas desta terra, com uma inércia cômoda de mendigos fartos". E, da mesma forma, Romero (1969, p. 206) condena" as literates dos escritores e políticos que se julgam, eles, esses desfrutadores de empregos públicos, posições e profissões liberais, os genuínos e únicos brasileiros, a alma e o braço do povo e por isso se arvoram em nossos diretores", delineando a crítica que seria igualmente formulada por Araripe.

Mas, o que acima de tudo caracteriza Araripe Júnior é o seu nacionalismo ferrenho. Já em texto publicado em 1869, Araripe (1958, p. 42) anuncia o princípio nacionalista que, segundo ele, sempre nortearia sua obra e do qual, de fato, ele jamais se afastaria:

> Como o mineiro pertinaz, irei entranhar-me nas grotas e cavernas de minha pátria; e, ainda mesmo que isto venha em detrimento dos estudos que me solicitam de mais perto,

delas não me afastarei, tenho certeza de que jamais me hei de arrepender de um passo que talvez muitos julgam não acertado.

E ele se aproxima igualmente de Sílvio Romero nos princípios que ambos adotam enquanto críticos literários, com tal aproximação fazendo parte de um contexto mais amplo, na medida em que ver a história literária como parte da história da civilização, como fizeram Romero e Araripe era, como lembra Cairo (1995, p. 163), ideia corrente no período em que ambos viveram.

A crítica literária, segundo Romero, deve apoiar-se no estudo de determinismos extraliterários, e Romero (1982, p. 101) acentua:

> A razão pela qual vão ficando quase sempre incompreendidos nossos tipos literários, ainda dos mais notáveis, é porque a crítica entre nós nunca se dá ao trabalho de estudar os fatos pertinentes à vida espiritual brasileira sob suas diversas relações, sob seus diferentes aspectos.

Nesse ponto, o sergipano e o cearense estão de pleno acordo, uma vez que Araripe Junior (1958, p. 509) assinala:

> Os produtos de arte, embora imediatamente subordinados ao subjetivismo do artista, do mesmo modo que a linguagem, o direito, a política e a religião, não podem aparecer senão como produto social; nem há, mesmo, quem a conceba fora das relações de coletividade.

E ainda, a obra literária não pode nunca ser compreendida apenas a partir de seu estudo hermenêutico. Cumpre estudar todos os fatores sociais, culturais, naturais, que atuaram sobre ela, em uma lista que periga mostrar-se infindável, o que o próprio Araripe (p. 295) acentua de forma metafórica: "A estesia é um produto último; é uma floração. Para explicar a flor teremos de dissecar toda a árvore, depois decompor o ambiente e o solo, subir com o telescópio aos astros e descer com o geólogo e o microscópio às camadas inferiores da terra".

A adoção de tal estratégia gerou, no caso de Romero, consequências que Antônio Cândido (1962, p. 54) aponta com precisão: "O que será, então, a crítica fundamentada nestes princípios – meio, raça, cultura? O seu primeiro efeito é destruir o critério estético e valorativo vigente até então. A consequência próxima é tomar como critério de valor literário o caráter representativo do escritor, a sua função no processo de desenvolvimento cultural". E o próprio Romero (1901, p. 58) salienta o critério de representatividade por ele adotado ao estudar um autor como Martins Pena: "O que procuramos ver nos escritos de Pena foi a história natural da sociedade brasileira".

Cairo (1996, p. 46) salienta: "Araripe Júnior tinha consciência de que Ciência e Arte são duas coisas diferentes e não admitia que os progressos do século XIX levassem as pessoas a confundir estes dois campos de conhecimento". E Cairo (1996, p. 195) ainda acentua: "Araripe Júnior via a corrente do misticismo deste período como um movimento de saudade do mesmo modo que o romantismo, e justifica esta tendência, pelos excessos do cientificismo". Ele mantém-se alerta, portanto, em relação aos excessos de cientificismos que norteiam, por exemplo, a obra de Romero, mas termina por cair na mesma armadilha que este.

Araripe, afinal, assim como Romero, é um crítico literário que nega autonomia a seu campo de estudo, subordinando-o ao meio social do qual ele seria produto e reflexo. Ambos escreveram em um período no qual os estudos sociais buscavam estruturar-se de forma autônoma em relação à literatura e no qual a ciência passava a ser valorizada como o grande instrumento de explicação e transformação da realidade brasileira. Nada mais natural, portanto, que críticos como eles utilizassem a ciência como instrumento de crítica literária, subordinando a explicação da obra de arte à explicação que se pretendia científica do meio social que a gerou.

Fundamentando a crítica literária por ele exercida a partir do estudo de fatores extraliterários, Araripe chega a conclusões que extrapolam o terreno artístico e apontam para diversas outras áreas. Dessa forma, duas inexistências, segundo ele, definem o sentido da produção literária brasileira. Não existe, no Brasil, uma cultura urbana autônoma, com cada cidade adotando costumes estrangeiros específicos, portugueses ou franceses, o que determinaria a impossibilidade de criação de uma literatura que não seja um enxerto europeu, não fosse o fato de a ação da "obnubilação brasílica" implicar, já, na criação de um estilo. E o Brasil não possui, ainda, um "caráter nacional e distinto", o que torna o indianismo uma necessidade imperiosa. Trata-se de retomar eras passadas, como os franceses fizeram em relação a seus descendentes gauleses, e buscar nelas os fundamentos de uma identidade ainda a ser construída (ARARIPE JÚNIOR, 1958, p. 12).

Fernandes (2001, p. 43) salienta: "Araripe Júnior foi o primeiro crítico a valorizar a parte original da cultura brasileira, chegando a reconhecer nela um estilo tropical". E deste estilo tropical faz parte, por exemplo, o indianismo, do qual o autor faz a apologia enquanto gênero literário. Mas, ao mesmo tempo em que defende o indianismo, Araripe faz o elogio do avanço do homem branco e o define como uma epopeia a ser exaltada pela literatura brasileira, criticando o abandono dessa temática em prol da adoção de modismos e lamentando em relação a um hipotético jovem autor brasileiro, pouco interessado na história de seu país: "Que atenção lhe pode merecer a luta do colono com a excêntrica índole do indígena, da civilização com a selvageria, se o seu espírito desapegado das coisas pátrias, só se nutre do que é europeu e só europeu" (ARARIPE JÚNIOR, 1958, p. 34).

E a maneira como Araripe vê os índios no período anterior ao contato com os brancos é idílica. Eles são descritos como guerreiros terríveis e majestosos, superiores, inclusive, aos antigos guerreiros helenos. Eram impassíveis, inabaláveis, prontos a serem cantados em prosa e verso, como de fato o foram: "Formar, pois, do resultado de todas estas observações um ideal e apresentá-lo artisticamente desenvolvido em um poema ou romance, eis o que do século passado para cá tem aventurado alguns espíritos mais empreendedores e entusiastas" (p. 37).

O enaltecimento mítico do antepassado indígena é definido como indispensável, portanto, ao mesmo tempo em que é defendida a necessidade da apologia de sua destruição. E, finalmente, tal apologia não o impede de lamentar suas consequências em relação ao índio; sua degradação a partir do momento em que se transformou em raça conquistada.

A dicotomia entre o índio vencido do presente e o índio mitificado do passado fundamenta, afinal, o indianismo brasileiro, sendo assumida com toda a clareza por José de Alencar (1990, p. 61), que afirma: " N'o Guarani o selvagem é um ideal, que o escritor intenta poetizar, despindo-o da crosta grosseira de que o envolveram os cronistas, e arrancando-o ao ridículo que sobre ele projetam os restos embrutecidos da quase extinta raça". E também Araripe Junior (1958, p. 21) a ressalta:

> A raça conquistada (é um fato averiguado) degenera sempre; torna-se irremissivelmente viciosa e inerte. Como querem, pois, que o índio mostre hoje o seu caráter soberanamente nobre e independente, quando o vemos jazer atirado a um ignominioso cativeiro, vexado por milhares de perseguições e coarctado pelos elementos de uma civilização que é em tudo e por tudo oposta à sua índole, ao seu gênio?

E o indianismo, através de poetas como Basílio da Gama e Santa Rita Durão, produziu, já, obras, cujo desconhecimento deve-se apenas à barreira da língua, tanto que Araripe (p. 32), referindo-se a esses autores, acentua:

> O Brasil e suas vastas regiões, vistas pelos prismas de seus belos versos, deslumbrariam a Europa com as suas riquezas e tesouros, com as suas minas e vegetação inexaurível, se pu-

desse a língua portuguesa ser apreciada por todas as nações cultas do velho continente.

De um lado, portanto, temos uma cultura urbana importada e incapaz de gerar uma literatura autêntica. Por outro lado, o indianismo já possui uma tradição a ser exaltada e indica o caminho para a afirmação da nacionalidade. O caminho a ser trilhado, segundo Araripe, surge claramente definido.

Assim como o índio, o sertanejo é, para Araripe, acima de tudo um ser degradado. Descendente de tipos heroicos e herdeiro de um passado moldado em forma de epopeia, a poesia por ele produzida não herdou nada do feitio de seus antepassados, porque ele em nada com eles se parece. Ele foi degradado pelas condições sociais nas quais vive, o que gera uma questão formulada pelo autor:

> Que sentimento heroico encontrar-se-ia em indivíduos que, abocanhados em suas nobres aspirações, vivendo como escravos, oprimidos, eram obrigados a percorrer os campos atrás da rês fugitiva, não como o homem que luta pelo sentimento da própria vida, mas por uma obrigação e como um tributo (p. 101)?

Daí o erro cometido, segundo ele, por poetas como Juvenal Galeno, ao emprestar ao sertanejo emoções que ele é incapaz de possuir. Se Araripe idealiza, portanto, o passado, ele traça do presente um retrato, aparentemente, bastante sombrio.

Mas há uma solução por trás das aparências: onde a opressão e a miséria armam seu palco reside, euclideanamente, a promessa de construção da nacionalidade; tanto que, escrevendo sobre *Os Sertões*, saudando-o, Araripe, segundo Abreu (1998b, p. 93-115), identifica suas ideias com o pensamento euclideano e assinala ser a oposição entre sertão e litoral feita por este uma comprovação de sua própria teoria da obnubilação brasílica.

É, portanto, ali no sertão, e não nas cidades, que reside a promessa de uma identidade nacional ainda por ser construída, com Araripe (1958, p. 366) antecipando, em 1884, a antítese proposta por Euclides da Cunha:

> Nestes repositórios inexplorados é justamente onde se opera a surda elaboração nacional que há de caracterizar o nosso futuro e começa a reagir contra um certo descuido com que as populações sem autonomia das capitais, que vivem uma verdadeira vida de empréstimo, vão subscrevendo às revoluções europeias, sem fazer passar as conquistas da civilização pelo crivo da nossa índole social, expurgando o que absolutamente não pode adaptar-se à natureza tropical.

O próprio Araripe ressalta a similaridade entre o conceito por ele proposto e as ideias contidas em *Os Sertões*. O sertanejo euclideano teria passado por um processo de obnubilação brasílica, processo este que o caracterizou, definiu e moldou sua especificidade, tornando-o em tudo oposto ao habitante do litoral. E, fazendo o elogio da primeira parte de *Os Sertões* – como, de resto, do livro como um todo – Araripe (1966, p. 93) aponta as concordâncias entre o pensamento euclideano e o seu próprio:

> As ideias, nessa primeira parte emitidas pelo Sr. Euclides da Cunha, poderão achar contradita; mas eu simpatizo extremamente com elas, porque favorecem a teoria de que algures sustentei, no que respeita à obnubilação de que foi vítima o colono, quando, no primeiro e segundo séculos, depois da descoberta, internou-se nos sertões do Brasil, cortando as comunicações com o litoral, e, portanto, com os centros motores da conquista civilizadora.

E é o conceito de obnubilação brasílica que funciona como chave para a compreensão do pensamento de Araripe Júnior. Em relação ao sertanejo, ela atua como esquecimento ou enfraquecimento das tradições e da mentalidade europeia, restrita aos centros urbanos nos quais sua influência é determinante, o que os torna, ao mesmo tempo, artificiais em relação à essência da nacionalidade, marcada exatamente pelo distanciamento em relação ao espírito europeu; pelo seu esquecimento, o que Euclides (1984, p. 15) igualmente acentua, ao afirmar: "O raio civilizador refrangia nas costas. Deixava na penumbra os planaltos".

A ação da obnubilação brasílica possibilita, no sertão, a permanência de influências primitivas, preponderantes, ainda, no interior da nação, que é onde os índices de uma identidade nacional ainda por ser construída permanecem intocados, esperando para serem descobertos. E gera uma última consequência, esta de caráter mais grave: a fragilidade sem remédio, porque naturalmente determinada, da vida intelectual brasileira.

Com efeito, Araripe possui uma perspectiva lúgubre da atividade intelectual no Brasil. Sua fragilidade é congênita e determinada por fatores naturais. Trata-se de uma atividade precária, curta, a ser exercida contra fatores que a exaurem e que se debate entre duas alternativas: mergulhar no ócio ou consumir-se em um clarão. E trata-se de conclusão diretamente relacionada ao método por ele empregado, marcado por um determinismo implacável que o leva a conclusões sombrias: a atividade intelectual contínua e produtiva só é possível em climas frios. E o que resta para o intelectual brasileiro? "Aqui o homem vive pouco; e a vida intelectual, se é um tanto mais intensa, degenera logo em agonia, que impele rápido para uma morte prematura. Aqui tudo é efêmero. A própria natureza o está indicando". (ARARIPE JÚNIOR, 1958, p. 261).

Também a perspectiva a partir da qual ele observa a história brasileira é marcadamente crítica. Se, para ele, é possível falarmos em existência de tradições no Brasil, trata-se de fenômeno recente. O período colonial foi marcado pela existência de grupos dispersos, residentes em regiões com pouca ligação entre si e ligados antes à Metrópole que uns com os outros a partir de alguma ideia de nacionalidade. E Araripe (p. 276) conclui: "Nenhuma ligação existia, pois, para o espírito no Brasil, senão a ordem da mãe-pátria, de onde tudo vinha. Tradição, só com dificuldade se conseguirá descobrir do século passado para cá".

Crítico, enfim, da colonização portuguesa, Araripe defende o abandono da tradição lusitana, que deve ser substituída pelo americanismo. A influência portuguesa, para ele, liga-se a uma tradição caduca, propagada por uma nação decrépita. Refere-se ao passado e não possui conexões com o presente, o que o leva a exortar:

> Preocupa-se com o passado quem não tem futuro. Só os velhos aprazem-se em avivar a memória dos tempos idos. Os moços revolvem as cinzas de onde sairão enquanto os elementos necessários à conservação do presente, mas com os olhos sempre fitos no horizonte luminoso que os atrai (p. 354).

Trata-se de uma análise, enfim, caracterizada pela crítica à herança colonial e por um antilusitanismo que antecipa os argumentos de um Manoel Bomfim, presentes, por exemplo, quando Araripe (p. 301) estende sua análise até sua época, fazendo a crítica da influência portuguesa contemporânea:

> A Colônia portuguesa no Rio de Janeiro cada vez mais vai-se tornando um corpo estranho na sociedade brasileira, – tão estranho como um trambolho que impede os movimentos de um órgão, – tão estranho como um berne que se nos cravou nas carnes; produzida a inflamação, ou é arrancado com o ferro, ou morre, reabsorvendo-se os líquidos.

Quando saúda o advento da República, igualmente, Araripe o faz a partir da crítica ao passado que sempre marcou sua obra. Ele, como salienta Gilberto Freyre (1959, v. II, p. 651), "foi dos que sinceramente pensaram a revolução de 89 ter sido um movimento diferente dos outros que haviam agitado o Brasil com o nome de revoluções e que haviam sido apenas repercussões de movimentos europeus".

Ele vê, no início dos tempos republicanos, a possibilidade de superação da herança arcaica ligada à dominação portuguesa e o início de uma época definida, quem sabe, por uma nova "obnubilação brasílica", estruturada agora em termos políticos e visando a construção de uma nação, enfim, estruturada a partir de uma identidade específica. Porque este, afinal, sempre foi o projeto acalentado pelo autor.

Porque, enfim, a menção à singularidade de Araripe Júnior? Ele foi determinista, como tantos de seus contemporâneos o foram, e envolveu-se em debates sobre temas presentes nos textos de outros autores de seu tempo. Até aí, nada de novo. Araripe se destacou ao deslocar o debate sobre os fatores determinantes no processo de formação da nacionalidade, jogando a questão racial para um plano secundário. Onde ele se destacou, ainda, foi ao recusar a tendência ao mimetismo cultural tão presente em seu tempo, ressaltando em seu lugar a especificidade da civilização brasileira, construída e a ser consolidada a partir, precisamente, do abandono da Europa. E ele se destacou, por fim, a partir de sua tentativa sistemática, pioneira em mais de um aspecto, de compreender o Brasil.

Capítulo 3

A tradição ambígua: Manoel Bomfim e Capistrano de Abreu, historiadores

A tradição oficial contra a tradição popular

Partirei da seguinte questão: Manoel Bomfim era lido em seu tempo? Era influente? Sim, se levarmos em conta outra questão: quais autores brasileiros Lima Barreto lia em 1916? Em sua correspondência, ele os menciona: Manuel Bomfim, Oliveira Lima, Alberto Torres. E os define: "Autores que pouco lemos, mas que merecem ser lidos" (BARRETO, 1956c, v. I, p. 105).

Mesmo contando com leitores como Lima Barreto, Bomfim foi, porém, – aliás, como Barreto – uma figura excêntrica no panorama cultural de sua época. Suas ideias destoavam do pensamento dominante, seu pensamento político tornou-se cada vez mais subversivo, sua visão da história brasileira era francamente negativa. Para ele, caímos na barbárie sem termos gozado os benefícios da civilização. Sofremos, por culpa das elites, de degenerescência precoce. Segundo Bomfim (1996, p. 536), "é destino do Brasil, em face da péssima qualidade dos dirigentes, haver, da civilização, os males e vícios em que ela degenera, antes de aproveitar as vantagens e benefícios que nela se encontram".

O Brasil sofreu, enquanto colônia, o peso da degradação de Portugal enquanto metrópole. Para Bomfim (1930, p. 85), "a degradação de Portugal pesa sobre a história do Brasil em toda a sua longa miséria e multiplicada maleficência". Degradado, Portugal transformou-se em parasita – imagem recorrente na obra do autor –, e um parasita particularmente cruel:

"Portugal se mostrou a nação mais bestial do Ocidente ao reprimir os movimentos políticos" (p. 316). Presente, assim, no final de sua obra, a imagem da colonização parasitária encontra-se ao longo de toda ela.

Bomfim (1997, p. 39) acentua: "A nação portuguesa se fez com uma gente que, pelo seu valor primeiro, merecia fortuna e glória bem acima do que lhe é dado hoje". No entanto, o mesmo destino que a levou "a grandeza, condenou-a 'a decadência". Ele faz, então, o elogio do povo lusitano: "Pertinácia, valor definitivo na pertinácia, intransigência nos objetivos – eis as constantes do caráter português" (p. 46). E o descreve: "O português, valor que se difundiu em profundidade, tenaz, potente pela íntima confiança, sem fulgor, mas forte – como a vontade permanente, disciplinada" (p. 75).

Tudo isto, porém, foi perdido durante o processo de colonização:

> O heroísmo português fora a exaltação de um desejo, infundido na ideia de uma pátria que o realizaria. Quando, pelas conquistas, o desejo se resolve em mercantilismo, o heroísmo que dele se nutre, quebranta-se, dissolve-se em transigências, concessões, vilezas próprias do espírito mercantil (p. 267).

E é a influência deste espírito que o Brasil precisa erradicar:

> A nós, é indispensável curar, antes de construir, realmente. Fomos independentes a modo do organismo do qual veio a cair o carrapato apodrecido, e que nas carnes vivas deixou o dente, ou melhor – a modo do corpo ferido, donde caem as larvas quando as varejeiras já lá deixaram fartos ovos, para desenvolvida bicheira em novas e novas gerações (p. 385).

Parasitária e feudal: Bomfim pensa a sociedade colonial em termos de uma sociedade feudal, filiando-se a uma interpretação que hoje não conta com adeptos, mas que teve largo curso, principalmente entre adeptos de um certo marxismo ortodoxo. E pensando dessa forma a organização colonial, Bomfim (1993, p. 142) conclui: "Assim, cada colono, sem freios aos instintos egoísticos, organizou o seu domínio em feudo".

A influência portuguesa foi nefasta também em termos identitários. Herdamos o que Bomfim (1930, p. 323) chama de "espesso bafio da mentalidade portuguesa", quer em termos culturais, quer em termos políticos. A tradição brasileira é, então, filha do atraso, e romper com ela significa condição indispensável para a ruptura com o atraso no qual, segundo ele, o Brasil ainda se encontra mergulhado.

O antilusitanismo funciona, a partir daí, como eixo articulador do pensamento de Bomfim. O indianismo nasceu em sua obra, por exemplo, da necessidade de afirmação de uma nacionalidade em oposição à herança portuguesa: nasceu do antilusitanismo e este é definido por Bomfim (1996, p. 346) como um sentimento indispensável à construção da nacionalidade: "Não esqueçamos que o nosso nacionalismo se definiu em oposição ao lusitanismo: prevenção, desconfiança, malquerer, ódio, guerra ao português... eis as etapas do coração brasileiro em ânimo nacionalista". É como se o ódio ao português fosse condição para a afirmação da brasilidade.

A crítica à influência portuguesa fundamenta sua crítica mais ampla à cultura brasileira, na qual Bomfim retoma as conclusões já formuladas por Euclides da Cunha e Sílvio Romero, entre outros, referentes ao caráter livresco, artificial, baseado na mera importação de ideias, do conhecimento produzido pelas elites nacionais, o que Bechelli (2009, p. 79) acentua: "Para o autor, essa elite compreendia efetivamente uma parte tão desgarrada do resto da sociedade que fez com que a importância de ideias e conceitos vindos do estrangeiro superasse a necessidade de uma análise objetiva da realidade como um todo".

Segundo Bomfim (1993, p. 168), "esses homens que se deviam reportar às necessidades reais da nação, nelas inspirar-se, vivem fora dos fatos, não sabem vê-los; o mundo atual, ambiente, não tem significação para eles; fazem toda a sua obra com o cabedal livresco". E de tais conclusões ele extrai ilações políticas, com a Constituição de 1891 sendo, para Bomfim, consequência do vezo imitativo das elites brasileiras; uma colcha de retalhos composta por pedaços de diversas outras constituições, gerando uma "Constituição na qual só não entraram a história, as necessidades do Brasil" (p. 172).

A cultura brasileira, suas instituições e representantes, permanecem então mergulhadas na inércia e na sonolência e terminam arrastando com elas a massa da população. Tais instituições, segundo o autor, são "necrópoles de ideias mortas, abandonadas, esquecidas, distanciadas de todos os ideais e aspirações modernas" (p. 184). Mas Bomfim (1996, p. 310) é otimista quanto à cultura brasileira e acredita que ela conseguirá, um dia, chegar ao estágio de idealismo que teria caracterizado, historicamente, as grandes culturas.

Sua crítica à cultura brasileira é, assim, inseparável de sua análise das elites nacionais, das quais Bomfim é crítico radical e impiedoso. As oligarquias que dominam a política brasileira são herdeiras do regime bragantino, de seus vícios e de seu sistema político e o Império foi, para ele, um regime que herdou e consolidou a opressão colonial, ao invés de ensaiar uma ruptura com esta. Nele, segundo Bomfim (1930, p. 160) "o país continua a ser a colônia de uma metrópole, agora dispersa, incluída nele mesmo". A Independência, então, foi continuidade, não ruptura; sua obra limitou-se à destruição da harmonia nacional, sempre mencionada e contraposta à influência lusitana. A partir da Independência, "o Brasil, sempre unido e pacífico, se viu incluído entre os povos desagregados e turbulentos" (p. 210).

Para Bomfim (1996, p. 51), "não há nação, a não ser o Portugal dos Braganças, nem mesmo a infame Rússia tzarista, cujos dirigentes sejam tão demonstradamente incapazes e ímprobos como os desta terra". E mesmo setores das elites que se pretendem radicais terminam por incorporar a mentalidade dos setores mais conservadores, agindo de acordo com os interesses das oligarquias dominantes. Como acentua Antônio Cândido (1993, p. 138), referindo-se ao autor, "ele mostra que o conservantismo na América Latina foi tanto mais forte, quanto inconsciente, por ser visceral. Arraigado na alma e na afetividade de cada um, ele atua a despeito de convicções aparentes". E, como ainda acentua Cândido (p. 283), ser conservador na América Latina, para Bomfim, é ser criminoso ou, no mínimo, conivente com o crime:

> Ora, escreve Manoel Bomfim com muita graça, ser conservador nos países que têm o que conservar é funesto; mas nos países novos é absurdo e criminoso. A história da América Latina é um rol de crimes e abusos, porque as suas classes dirigentes são visceralmente conservadoras, e o conservantismo é incompatível com as nossas necessidades.

De fato, referindo-se à manutenção, na América Latina, de políticas e ideais conservadores, Bomfim (1993, p. 160) acentua que "esta política vem a ser, não só ridiculamente absurda, como essencialmente criminosa, tratando-se de nações onde não há, em verdade, o que conservar".

Conservadoras por definição, portanto, as elites brasileiras selaram seu destino ao formarem uma casta, já que toda casta é retrógrada e precisa ser substituída, por ser incapaz de ajustar sua mentalidade às necessidades do momento. Cria-se uma casta que converte as funções governamentais em exploração, e as lutas político-sociais tomam-na, precisamente, como alvo (BOMFIM, 1996, p. 44.6), já que os conflitos sociais nascem da consolidação das castas no poder e das tentativas de destroná-las, no Brasil e alhures.

Ao mesmo tempo, toda classe impõe sua mentalidade e suas tradições aos indivíduos que dela fazem parte, gerando o que Bomfim (p. 452) chama de espírito de classe, que age contra eventuais rebeliões individuais e assimila membros oriundos de outras classes, impondo-lhes os novos valores e mentalidades. Nos dois casos, temos um raciocínio que aproxima Bomfim do pensamento marxista, transformando os conceitos de luta de classes e consciência de classe em partes fundamentais de sua teoria, mesmo que a terminologia utilizada seja outra.

O método utilizado por Bomfim toma o conceito de parasitismo como base, e ele o utiliza largamente como historiador empenhado em compreender o sentido do desenvolvimento histórico brasileiro. A descrição do parasitismo feita pelo autor segue moldes estritamente biológicos, com ele citando o crescimento de órgãos próprios para sugar a vítima, bem como a atrofia dos outros órgãos e aparelhos internos. E ele descreve ainda como o parasitismo se expande, exercendo-se sobre novos parasitas dentro da própria vítima. A vítima é a colônia, a expansão se dá através da escravidão e as novas vítimas são os escravos. E Bomfim (1993, p. 118) conclui: "A colônia é parasitada; mas, mesmo dentro da colônia, o parasitismo se exerce. Em suma, a vítima das vítimas é o escravo, e este é o único que não tem voz, nem para queixar-se".

Seu método é, dessa forma, todo calcado em paralelismos entre o universo biológico e o social, sendo o paralelo central, portanto, aquele fundamentado no parasitismo. Assim, após descrever as consequências deste processo sobre os organismos, ele acentua: "Sobre os grupos sociais, os efeitos do parasitismo são os mesmos" (p. 63). E a constatação de tais consequências já se encontra presente na primeira etapa de sua obra, quando ele salienta que – à maneira do reino animal – existem sociedades mais ou menos evoluídas e especializadas e que "se a marcha do progresso e da evolução é a mesma nos organismos biológicos e nos sociais, é fatal que as circunstâncias capazes de entravar esse progresso nos primeiros há de forçosamente produzir os mesmos efeitos nos segundos" (p. 59).

Ao apropriar-se das riquezas coloniais através do monopólio comercial, Portugal, segundo Bomfim (1997, p. 58), "garantido por um triunfo incontestado, converteu esse comércio em verdadeiro privilégio, e logo se tornou extorsão, espoliação, depredação, degradando-se, com isto, em parasita". E o parasitismo ibérico determinou o caráter das elites brasileiras a partir do que ele chama de hereditariedade social e psicológica, e que ele define como qualidades psicológicas comuns e constantes através de gerações, formando grupos sociais com um caráter próprio (p. 155): com uma identidade específica.

O parasitismo é, para Bomfim, causa primordial do declínio social. Cria-se, a partir dele, uma classe dominante que termina por concentrar em si todos os recursos de uma nação, gerando um processo de opressão, exaustão e embrutecimento. E ele alerta: "Assim têm morrido todos os grandes impérios, assim se esgotaram as velhas civilizações" (p. 300). As classes parasitárias, dominantes, corrompem-se e tornam-se conservadoras: quanto mais corrompidas, mais conservadoras, e vice-versa. E, exauridas, as massas populares mergulham na passividade (p. 305). Conservadorismo e inércia: os selos da ruína de uma nacionalidade.

O conceito de parasitismo é utilizado por Bomfim também como instrumento de análise política, bem como para fazer a crítica do Estado na América Latina. Como ressalta Leite (1976, p. 253), "o parasitismo explica também a peculiar forma do Estado nas repúblicas latino-americanas: o Estado alheio à vida nacional e espoliador dos bens particulares, odiado pelo povo". E, ao adotar essa postura crítica em relação ao Estado, a obra de Bomfim torna-se antípoda à de autores como Alberto Torres, Oliveira Vianna e Azevedo Amaral, apologistas da função do Estado na formação e desenvolvimento da nacionalidade.

A existência do Estado precisa ser justificada. Ele precisa justificar-se, cumprindo uma missão que Bomfim determina com precisão: representar o interesse geral, organizar e propagar serviços que não interessam à iniciativa individual, mas são indispensáveis. Mas não é o que ocorre no Brasil, e Bomfim (1993, p. 194) lamenta: "Quão diversa é, no entanto, a concepção que tem aqui os governantes das suas atribuições!... Nem lhes passa pela mente que seja função essencial do Estado cuidar do bem público e promover quanto possível a felicidade das populações"! ... Agindo assim, o Estado torna-se alheio e estranho à população, e a relação que se estabelece entre ambos é de indiferença e hostilidade, sendo assim descrita: "Eis, em síntese, as relações do povo com o Estado: pagar tributos, ser oprimido, desrespeitá-lo, revoltar-se quando as iniquidades eram excessivas" (p. 210).

Bomfim pensa a América Latina como uma totalidade, mas descarta a existência de uma identidade latina. Cada nação, no contexto da referida totalidade, possui sua identidade própria, sendo o desvelamento da identidade nacional o objetivo que norteia de forma permanente o pensamento do autor. Tal identidade, no caso brasileiro, deriva, historicamente, de uma situação estruturada a partir do conflito e da exploração: um povo que possuiu desde o início o que ele chama de "dons essenciais para ser uma nação" degradado pela ação de uma metrópole mesquinha e predatória. E a síntese proposta por Bomfim (1996, p. 57) sinaliza a contradição entre nação e elite: "Depois de ter sido, durante quase dois séculos, carne viva para a varejeira lusitana, o Brasil acabou incluindo na sua vida o próprio estado que, de lá, emigrara, na plenitude da ignomínia bragantina".

Onde o autor inova em termos metodológicos e, com isso, instaura uma nova abordagem da realidade brasileira, é em sua intransigente crítica ao racialismo. Para Bomfim (1997, p. 44), "a história mesma pode explicar-se perfeitamente sem o conceito de raça".

Segundo Aguiar (2000, p. 184), "ninguém melhor que Manoel Bomfim percebeu que a questão racial confundia-se, em todos os sentidos, com a questão da identidade nacional – ou, mais especificamente com a ideia de formação nacional". Mas ele faz uma abordagem que se posiciona na contramão em relação às ideias dominantes em seu tempo. Em uma época na qual a questão racial era o parâmetro a partir do qual decorria o debate sobre a identidade nacional, Bomfim nega validade ao próprio parâmetro que vinha sendo utilizado e, com isso, dá uma nova dimensão ao debate. O problema, para ele, não é – nunca foi – o fato de o Brasil ter sido colonizado por raças inferiores. O problema foi ter a colonização se dado de forma predatória e o problema são as consequências desse processo.

Segundo Oliveira (1990, p. 117), "ao criticar o darwinismo social por ter servido como fundamento teórico para a criação de um racismo à brasileira, Bomfim adota em termos linguísticos e analíticos o pensar biológico característico da teoria que tanto criticou". Por outro lado, a preocupação primordial de Bomfim é denunciar o que seria um pretenso discurso científico como um discurso a serviço da dominação e, a partir daí, deslindar suas motivações e raízes nesse terreno. Com isso, o autor termina por fazer uma crítica ideológica na tradição marxista, evitando, porém, o reducionismo que tantas vezes a permeou. Assim, criticando o racialismo, Bomfim (1993, p. 245) estabelece a relação entre este e o imperialismo, com as teorias raciais servindo de justificativa para as raças que se consideram superiores imporem sua dominação sobre as raças por elas mesmas consideradas inferiores.

Há, contudo, contiguidades a serem assinaladas. Ventura (2002, p. 244) refuta a existência de diretrizes evolucionistas na obra de Bomfim, tendo este negado a ideia de um progresso linear no qual as etapas suceder-se-iam a partir de etapas ou fases predeterminadas. Mas, apesar de criticar enfaticamente as teorias raciais vigentes em seu tempo, Bomfim hierarquiza as raças a partir de parâmetros evolucionistas próximos às teorias por ele criticadas.

Segundo Bomfim (1930, p. 280), "todas essas raças, na África negra, ou na América selvagem, são de gentes primitivas, que simplesmente viviam, porque vinham de uma evolução muito mais lenta que a dos ocidentais". De fato, índios e negros são definidos pelo autor como povos primitivos a serem civilizados e, referindo-se a eles, Bomfim (1993, p. 237) acentua: "Estes povos primitivos se distinguem, justamente, por um conjunto de qualidades negativas – inconsistência de caráter, leviandade, imprevidência, indiferença pelo passado etc., à proporção que progridem, a civilização irá enchendo estes quadros vazios".

Ao mesmo tempo, Bomfim (p. 259) os defende de seus críticos e coloca o negro norte-americano como exemplo da aptidão de sua raça para a civilização, com a superioridade da civilização branca não sendo, ainda, um elogio; longe disso, já que "em crueldade, raça nenhuma igualará, jamais, as brancas da Europa; esta superioridade é incontestada" (p. 263). Mas a civilização para a qual o negro mostra-se apto é a civilização branca, e tal aptidão não desmente, necessariamente, seu primitivismo.

Entre ambos, contudo, a sua preferência vai nitidamente para o índio, de quem ele ressalta o amor pela liberdade, com Bomfim (p. 240) chegando, inclusive, a perfilhar tese fundamental em Euclides, que é a definição do sertanejo como descendente do índio. Bomfim (1997, p. 148) salienta em relação ao índio: "Generosos, cordialmente solidários, para que queriam eles riqueza, magistrados e processos, e governo mandante, e polícia"?!... E, segundo ele, "tal raça foi preciosíssimo influxo de sangue – generoso, estimulante, forte, para os que tinham de fazer aqui uma pátria" (p. 154).

Se, contudo, o autor é crítico incisivo das teorias raciais, ele nega a existência histórica de qualquer sentimento de superioridade racial no Brasil sendo que, para Bomfim (1930, p. 167), diferentemente de países como México, Canadá e Estados Unidos, não existem, no Brasil, conflitos raciais. Tivemos, portanto, a importação de teorias raciais, mas o Brasil não é – nunca foi –, conclui Bomfim (1996, p. 486), uma nação racista:

> Motivos históricos – a necessidade de aproveitar o indígena e o negro, facilidades de contato do português, desenvolvidas na mestiçagem, na bondade do coração brasileiro, fizeram que não houvesse, aqui, prevenções de raça, motivos de graves turbações noutras colônias; e o que, para outros, foi doloroso problema, no Brasil era questão de antemão resolvida.

Bomfim (1997, p. 120) menciona "no Brasil, a assimilação franca, baseada na larga mistura, alheia a qualquer preconceito". E, segundo ele, "no caso do Brasil, fundindo-se as raças componentes, desprezaram-se e desfizeram-se os preconceitos que, noutras colônias, criaram as castas, dando motivo às lutas de raças" (p. 335). Para ele, em síntese, "o português foi o mais humano porque foi o que mais cruzou" (p. 108). E, a par desta conclusão, temos em sua obra o elogio da miscigenação, o que Costa (2006, p. 192) assinala: "Na argumentação de Bomfim, a defesa da mescla racial é enfática, o autor mostra que do caldeamento de povos e tradições culturais surgem sínteses novas que são mais que o somatório de cada um dos troncos envolvidos na fusão". São fatores que reapareceriam, em linhas gerais, na obra de Gilberto Freyre, que não menciona Bomfim, entretanto, como precursor.

Também a crítica ao processo imigratório, tal como se desenvolveu no Brasil, ajuda a esclarecer alguns pontos fundamentais de sua obra. A comparação entre os processos de formação brasileiro e norte-americano resulta inteiramente desfavorável ao primeiro, onde a imigração foi decorrência da cobiça das elites em relação ao que Bomfim chama de "sobras da população europeia", enquanto a imigração norte-americana é definida como a incorporação de cidadãos livres a uma sociedade democrática, embora ela tenha, ao fim e ao cabo, gerado graves problemas de coesão e homogeneidade nacionais. Já no Brasil, como Bomfim (1997, p. 481) sublinha, desvendando de forma pioneira os fundamentos equívocos do elogio à imigração, as motivações e interesses foram outros:

> Transponha-se a situação para o Brasil: temos uma vida política caracterizada em vícios e arcaísmos, desmoralizada, insuficiente, sob dirigentes que buscam a imigração como a confissão explícita da inferioridade dos nacionais. Ora, quando um povo se mostra incapaz, e começa por dizer-se inferior, não deve procurar imigrantes: prepara-se primeiro, procura remir-se da inferioridade efetiva de cultura.

O povo brasileiro é capaz, portanto, de desenvolver-se de forma autônoma, sanando as consequências maléficas da colonização predatória da qual a nação foi vítima: "a inferioridade efetiva de cultura" acima mencionada. É uma conclusão que deriva de uma visão positiva, otimista da identidade nacional, com o método de Bomfim justificando seu otimismo, que funciona como contraponto ao pessimismo derivado da aplicação de teorias que postulavam como fatores explicativos o meio e a raça. Recusando-se a seguir o determinismo vigente em sua época e que tinha como ponto de apoios exatamente tais teorias, Bomfim apontou para a viabilidade do povo brasileiro.

À influência desses fatores ele contrapõe a influência do passado e defende a necessidade de seu estudo. Bomfim é basicamente um historiador e lembra a necessidade de uma nação ser estudada não apenas no espaço, mas, também, no tempo, já que "uma nacionalidade é o produto de uma evolução; o seu estado presente é forçosamente a resultante de ação de seu passado, combinada à ação do meio" (BOMFIM, 1993, p. 52).

E, no estudo do passado, ele parte das mesmas premissas que motivam sua crítica ao racialismo e que podem ser analisadas a partir de uma pergunta: como Bomfim posiciona-se perante a tradição? De forma ambígua. A tradição, para Bomfim (1996, p. 137), é a expressão da nacionalidade, assim como esta é a continuidade de um povo. A tradição expressa a identidade nacional, o que o leva a uma conclusão aparentemente contraditória: crítico irredutível da herança colonial e adepto de soluções revolucionárias, mesmo que descrente quanto à sua viabilidade, Bonfim é também um tradicionalista. A tradição, enfim, expressa o gênio nacional e os poetas brasileiros a expressaram. Foram e são a sua expressão e a prova de sua existência, focalizando e irradiando, na expressão do autor, seus sentimentos e ideais (p. 293).

Mas há tradições e tradições e, assim como o racialismo encobre e justifica a injustiça e as desigualdades sociais sob o manto de pretensas desigualdades raciais, a tradição pode ser, também, pouco mais que uma justificativa para o domínio das elites. Segundo Bomfim (1996, p. 558), "pelo horror ao esforço, ou tendência ao repouso, insiste o homem em apegar-se ao passado, que lhe poupa a fadiga de novas adaptações, e exagera, ainda o seu valor porque aí se incluem, finalmente, todos os privilégios de classe". Isso porque ele diferencia tradições nacionais e políticas, opondo umas às outras, com as primeiras representando exatamente as lutas e reivindicações contra as segundas; a aspiração de justiça contra o despotismo (p. 451).

É preciso, segundo Bomfim (1930, p. 12), valorizarmos e preservarmos o que ele chama de "tradição nacional", transformando-a em orientação para o progresso. Ela é a base, ainda, para a criação de uma identidade nacional, já que "a coletividade só adquire o caráter nacional quando nela vive e se expande uma tradição, que é a própria fisionomia social do grupo" (p. 36). Bomfim, portanto, não rompe meramente com a tradição, mas resta compreendermos a qual tradição ele se refere.

Ortiz (1984, p. 23) menciona o que considera ser o internacionalismo do autor:

> Manoel Bomfim possui uma visão internacionalista que não encontra correspondência nos autores brasileiros da época. Neste sentido a questão nacional se reveste de uma especificidade política mais geral, pois perguntar-se sobre o Brasil equivale a se indagar a respeito das relações entre América Latina e Europa.

Tal análise é correta, mas há, por outro lado, na obra do autor, um acento nacionalista que não pode ser ignorado. Isso porque, para Bomfim (1930, p. 172), ser nacionalista é ser tradicionalista, já que "nele, no nacionalismo, fala concretamente a defesa da tradição". Mas o nacionalismo não pode ser confundido com a defesa de interesses arcaicos e com a imposição de uma rotina baseada na preponderância de elementos conservadores. Pelo contrário, nacionalismo, em suas palavras, significa "o eterno conflito dos oprimidos e espoliados com o explorador – dominante – dos parasitados e parasitas" (p. 230).

Para compreender a maneira como ele se posiciona perante a tradição é preciso, ainda, entender a dualidade presente em sua obra entre construção da nacionalidade e influência lusitana. Mesmo quando colônia o Brasil já existia como nação, apesar dos pesares, e Bomfim (p. 145) descreve como o processo se deu: "Formado, embora, pela natural expansão de centros distintos, topograficamente autônomos, o Brasil, no entanto, existiu desde sempre, e bem explicitamente, como conjunto político, a gravitar para a formal solidariedade". O Brasil, portanto, existia como nacionalidade antes mesmo de adquirir a independência política: esta veio apenas coroar sua construção. Temos delineada, então, a edificação de solidariedades que superam as divergências, a unificação em termos de sentimentos e a inexistência de lutas locais (p. 147).

Crítico da herança lusitana, Bomfim termina, assim, contrapondo a essa crítica uma visão idílica da formação nacional. Segundo ele, "somos uma grande pátria, com gentes conscientes de ser uma pátria, feita numa tradição desinteressada e cordial" (p. 545). Uma pátria formada em um processo incruento: "Á parte as carnificinas covardes por conta dos Braganças, a história política do Brasil não conhece, quase, violências e cruezas" (p. 214).

Toda a maldade é, portanto, atribuída aos portugueses e, sem eles, o Brasil seria uma nação solidária e pacífica, habitada por um povo bom, ordeiro, pacífico, pouco inclinado a rebeliões, que somente ocorreram "quando a metrópole, degradada, pervertida no parasitismo, em delirante corrupção, extorquia até o último jato de vida da população" (p. 222). Um povo, enfim que, comparativamente, permanece bom mesmo quando exerce a escravidão. Segundo Bomfim (p. 218), "com todas as misérias e contingências de um povo feito por negreiros, sobre o trabalho de escravos, chegamos a ser os senhores mais humanos".

Um povo, ainda, resignado mesmo quando imerso na miséria, embora tal resignação possua limites para os quais o autor aponta: "Ordeiro e manso, é possível, no entanto, que ele não aceite a espoliação definitiva, e faça, da desesperança resignada de hoje, o desespero de uma vingança que jamais vingará bastante" (p. 245).

Na etapa final de sua obra, portanto, vacila o otimismo demonstrado algumas décadas antes, quando Bomfim (1993, p. 307) aposta no desenvolvimento cultural dos povos latino-americanos, ressaltando: "A história nos mostra que os elementos progressistas vão vencendo geralmente, ganhando terreno sobre os outros, e estas sociedades têm dado provas de poder alcançar uma cultura superior". Se Bomfim, em síntese, critica a herança lusitana e é, neste sentido, antitradicionalista por definição, ele resguarda de suas críticas a identidade nacional, fazendo questão de distinguir a nefasta herança da qualidade de um caráter coletivo pacífico e bondoso.

Bomfim (1997, p. 367), de fato, acentua:

> Não por covardia, mas por uma formação exclusivamente assim, consagrada numa tradição multissecular, intransigentemente evitamos as crises da guerra civil. Tudo sacrificamos a necessidades de paz interna. Até a verdadeira independência nacional nós a cedemos, para evitar a luta.

E as virtudes identitárias do brasileiro derivam, para o autor de sua formação histórica e racial:

> Foi uma feliz combinação: as virtudes primeiras do heroísmo português, com a sua excelente escola política, fecundando as energias sãs das raças novas e plásticas desta América. Daí resultou um povo que, posto a prova, logo se revelou em grandes feitos, de longas e definitivas consequências, e que valeram como explícita solidariedade nacional (p. 327)

Mas se o povo herdou as virtudes desta formação, os governantes herdaram os defeitos:

> Os nossos ignóbeis dirigentes podem colaborar nessa reputação de descrédito – de indolentes e preguiçosos, feita para nós, pelos que, por inópia, adotaram a latitude como medida da atividade humana e da capacidade de progresso. É que neles, governantes, perpetua-se a miserável tradição de incapacidade e penúria mental do Portugal restaurado, como o herdamos (p. 334).

Ele contrasta, então, as virtudes da identidade nacional com a cupidez das elites, ressaltando, a partir desse contraste, a ignorância dos políticos brasileiros em relação à realidade nacional. E, a partir deste contraste, Bomfim (1996, p. 207) salienta:

> Nunca a mentalidade desses estadistas pôde penetrar a essência de um momento político do Brasil. Criou-se a vida

da nação, refizeram-se as instituições, para diante, para trás, transformou-se o trabalho; apurou-se e desdobrou-se a bondade do coração brasileiro, sem que eles nada vissem, nada compreendessem, sem que viessem influir, como cabe ao verdadeiro estadista, para definir e focalizar as necessidades gerais, e instituir formalmente a solidariedade prática dos interesses comuns.

É como se a vida nacional se desenvolvesse, enfim, à margem de sua vida política, inexistindo conexão entre ambas.

Enfim, crítico acerbo das elites, Bomfim tem uma visão essencialmente favorável do povo brasileiro, sendo seu objetivo, segundo Reis (2006, p. 193), "oferecer à nação brasileira a glória e a centralidade que lhe foram recusadas pela historiografia europeia e pelos intelectuais brasileiros aculturados".

Para Bomfim (1996, p. 459), "o povo brasileiro, mesmo no estado de ineducação política em que se encontra, é dos mais próprios para o regime de liberdade". O problema não está no povo, e sim nas elites que o mantiveram em uma ignorância que o amesquinhou. Após a República, "o Estado continua a ser o instrumento dos que o convertem em utilidade própria; e como não fora possível parar, de fato, retrocedemos até a degradação do modelo" (p. 519). O problema, portanto, reside no sistema político, e não na população; é o primeiro que degrada a segunda e deve, prioritariamente, ser reformado.

Mas a análise feita por Bonfim termina por levar a um beco sem saída, expresso neste trecho:

> A República é uma mentira porque não há povo, todos o repetem. Sim. E a democracia não é possível porque a massa da nação não a compreende, para saber realizá-la. Nem teremos liberdade, enquanto não houver uma maioria com o preparo e a educação política precisas num regime efetivamente livre; nem se farão legítimas campanhas em prol da

justiça, se ainda não é possível, ainda, concebê-las e defini-
-las (p. 542).

Formulando tais premissas, Bonfim termina por solapar as bases de seu próprio otimismo. A democracia é incompreendida porque faltam ao povo preparo e educação política. Somente as elites poderiam preencher tal lacuna, exercendo seu papel pedagógico junto à população, mas elas demonstram absoluto desinteresse em cumprir seu papel. Neste contexto, a justiça é uma utopia por faltarem agentes capazes ou interessados em levar adiante as campanhas que a concretizariam. E o beco se fecha.

A República, segundo Bomfim (1993, p. 201) traiu os ideais que nortearam sua criação: "Era um Estado social melhor que se pedia, quando se pedia República". E sua função seria educar o povo para a construção de uma democracia oposta ao regime anterior, no qual uma minoria sabia ler e escrever: "Dado isto, qual o dever do Estado-República? Mandar ensinar a ler e a escrever a esta população de analfabetos" (p. 203). Ao descrever os ideais republicanos e ao constatar seu abandono, Bomfim exprime seu desalento perante a realidade de sua época e busca soluções.

BOMFIM E CAPISTRANO: DOIS HISTORIADORES E A IDENTIDADE NACIONAL

Como pensarmos, enfim, o Bomfim historiador? Francisco Iglésias (2000, p. 152) aponta, ao mesmo tempo, a relevância e a fragilidade do pensamento histórico do autor:

> Vista a obra no ângulo estritamente historiográfico, deve-
> -se consignar-lhe certa fragilidade. Quem a produziu não é historiador, não frequentou arquivos... Denuncia a história oficial – terá sido o criador da expressão? –, seu caráter conservador, retrógrado. Em síntese, como historiador dá contribuição apreciável, pela releitura do processo convencional e dos autores, mas não pesquisa.

E, aqui, vale ainda a observação de Gontijo (2003, p. 134) que, mesmo afirmando, igualmente, não ser Bomfim um historiador, ressalta:

> No entanto, é possível situá-lo como um "pensador da história", recuperando seu trabalho como crítico da historiografia, disposto a fazer reflexões sobre a matéria e provocar os historiadores num momento em que estes podiam ser identificados não por formação ou titulação, mas devido a um conjunto de práticas autodidatas.

Bomfim recusa a imparcialidade que um seu contemporâneo como Euclides define como ideal a ser alcançado, definindo sua vontade e seus interesses pessoais como os motores da análise por ele desenvolvida (KROPF, 1996, p. 87). Recusa, igualmente, a narrativa histórica como um mero desfile de acontecimentos. Busca entender seus fundamentos sociais e pensá-la como ideologia: a ideologia das elites, o relato dos vencedores. Bomfim busca então – e à maneira de Capistrano de Abreu – criar uma história na qual ecoem as vozes dos vencidos. E, nesse sentido, um paralelo entre as obras do sergipano e do cearense pode ser útil para elucidar alguns aspectos da obra do primeiro.

Em termos metodológicos, Capistrano adota o organicismo presente na obra de Bomfim, mencionando a lei segundo a qual "o desenvolvimento individual e o desenvolvimento científico coincidem completamente", e que teria sido formulada por Comte e Spencer. A cada órgão social corresponderia uma função, mas "o característico da sociedade brasileira e, pode-se dizer, das sociedades americanas em geral, é terem um só órgão desempenhando muitas funções" (ABREU 1975, 4ª série, p. 128). E este seria um fator de atraso, já que uma das verdades demonstradas pela sociologia, segundo ele, seria "que um povo tanto mais se atrasa quanto maior é o número de funções executadas pelo mesmo órgão" (p. 239).

Assim como Bomfim, Capistrano pautou sua obra pela recusa a determinismos. Gomes (1996, p. 98) afirma, referindo-se ao autor: "A história da 'terra brasileira', a história nacional, é a história do desbravamento e do povoamento, sem determinismos geográficos ou raciais e sem voluntarismos da ação humana". Mas, ele inova em relação a Bomfim ao diferenciar, no contexto da história brasileira, o que chama de história íntima, que descreveria o povoamento do território e a formação da sociedade, com Costa (2005, p. 65) acentuando em relação à perspectiva adotada por Capistrano: "O povoamento, a ocupação do território, a obra dos homens anônimos é que deveria ocupar os historiadores, jogando luz sobre os processos que, silenciosamente, à margem e talvez à revelia das ordens metropolitanas, engendravam a nação". E com Pereira e Felippe (2008, p. 493) assinalando: "Para Capistrano, o território é componente essencial da 'história íntima' – a sua particular concepção acerca da história nacional –, aquela que narra a lenta ocupação do território, a interiorização do povoamento e a formação da nação brasileira".

A construção desta história, contudo, apenas seria possível, segundo Capistrano (1975, 4ª série, p. 157), após algumas décadas, quando documentos tiverem sido coligidos e monografias tiverem sido escritas – do que ele chama de história externa, que trataria o Brasil como colônia portuguesa. Ao mesmo tempo, como salienta Gontijo (2005, p. 178), "mesmo sendo guiado por um 'rigoroso objetivismo', Capistrano admitia que os documentos não falam por si, pois a resposta que eles fornecem depende muito daquilo que o investigador deseja saber e questionar". E Novais (2005, p. 314) assinala:

> Partindo da avaliação crítica de Varnhagen, Capistrano desde logo percebeu o estágio incipiente de nossa historiografia, pois o levantamento documental não chegara ainda àquele ponto que permite o ensaio de síntese; mas, ao mesmo tempo, compreendia que a visão sintética é indispensável para orientar as prospecções tópicas.

Capistrano aproxima-se de Bomfim, por outro lado, em seu indianismo, que o levou, inclusive, a efetuar exaustivos estudos etnológicos e linguísticos a respeito de tribos indígenas, o que Christino (2007, p. 39) acentua:

> Como afastava-se da corrente então dominante, que percebia na história do Brasil uma coleção de feitos protagonizados pelos administradores portugueses e julgava que um estudo histórico do nosso país devia dar atenção a todos os elementos formadores da população, Capistrano de Abreu tomava a etnologia ameríndia como uma das faces do trabalho do historiador.

Já Amed (2006, p. 221) ressalta em relação aos estudos de Capistrano sobre tribos indígenas:

> Ao se deter num estudo abstruso para a sua época, Capistrano parecia caracterizar a sua estranheza diante do seu meio. Em outro sentido, parecia constituir uma espécie de justificativa frente ao fato de não conseguir responder aos estímulos intelectuais que percebia em sua atmosfera.

E Amed (p. 138) ainda salienta:

Percebe-se que Capistrano sabia que esse trabalho se encontrava em oposição àqueles outros, voltados para o estudo de história —campo em que havia expectativa pelo aprofundamento de seus estudos. Nesse sentido, o estudo dos temas indígenas parecia justificar externamente uma obsessão diante do deslocamento.

O indianismo adotado pelo autor foi uma estratégia por ele utilizada, portanto, para ressaltar a especificidade de sua posição perante a intelectualidade de seu tempo, bem como perante as instituições vinculadas a esta intelectualidade. E seu indianismo se radicaliza, ao dar ao índio posição central em sua historiografia, o que leva Odália (1976, p. 34) a defini-lo: "É uma figura isolada, que conseguiu dar contornos precisos a uma concepção da história centrada exclusivamente numa visão indianista de nossa sociedade".

Já em relação ao papel desempenhado pelo negro na narrativa histórica de Capistrano, Reis (2000, p. 99) acentua: "Este entrará em sua obra em rápidos momentos, sem qualquer peso histórico. Vai interessar-se mais pelas relações entre brancos e índios e pelo seu mestiço, o mameluco sertanejo".

De fato, a predominância da influência indígena é enfaticamente afirmada por Capistrano (1975, 3ª série, p. 106): "A minha tese é a seguinte: o que havia de diverso entre o brasileiro e o europeu, atribuo-o em máxima parte ao clima e ao indígena. Sem negar a ação do elemento africano, penso que ela é menor que a dos dois fatores tomados isoladamente ou em conjunto". E ele conclui: "O elemento aborígene é, se me permitem a expressão, o veículo em que se dissolveu o elemento português, e o africano também" (p. 113).

Nesse sentido, Capistrano é o anti-Sílvio Romero, a quem, aliás, critica, e isso embora o indianismo de Capistrano seja inverso ao indianismo mítico de um José de Alencar, já que seu balanço de tal influência é predominantemente negativo. Para Capistrano (1976, p. 12), "a mesma ausência de cooperação, a mesma incapacidade de ação incorporada e inteligente, limitada apenas pela divisão do trabalho e suas consequências, parece terem os indígenas legado aos seus sucessores". O indianismo do autor é, portanto, um indianismo essencialmente crítico, antirromântico por definição.

E Capistrano é, também, o anti-Varnhagen, como Bomfim também o foi, embora haja no seu relacionamento intelectual com Varnhagen elementos ao mesmo tempo de ruptura e continuidade, o que Gontijo (2005, p. 170) acentua: "O paradigma a ser ultrapassado era a obra de Varnhagen, então considerada como a mais completa em termos documentais. Capistrano achava que tal obra, desde que revista, poderia atravessar aquilo que julgava ser 'um período de transição'".

Sua problemática é oposta à de seu antecessor, assim como sua perspectiva e mesmo a maneira como construiu sua carreira. De fato, ilustra tal oposição o fato de Capistrano ter se recusado a ingressar na Academia Brasileira de Letras, mesmo após insistentes pedidos.

A postura pessoal de Capistrano já sinalizava uma estranheza perante o meio intelectual ao qual pertencia. Ele era – assim como Romero sempre proclamou ser – o interiorano em meio aos intelectuais da metrópole, gerando um contraste assim descrito por Gontijo (2007, p. 317):

> Assim como a erudição de Capistrano (com destaque para seu poliglotismo) permitia associá-lo a uma ideia de cultura e civilização, sua aparência, seus modos de vestir e falar eram aspectos que permitiam recuperar características atribuídas aos indígenas e sertanejos, o que sua origem interiorana ajudava a sustentar.

E também em relação ao IHGB, que foi, enquanto Capistrano viveu, o principal meio institucional de consagração do historiador, tal estranheza, como Amed (2006, p. 176) acentua, foi traduzida em termos de distanciamento:

> A condução pomposa dos trabalhos de estudo, a formalidade na apresentação dos sócios, e a impossibilidade de se operar uma pesquisa histórica que não se ajustasse ao modelo da instituição, certamente afastaram Capistrano de um contato mais próximo para com o IHGB.

Capistrano (1954, v. II, p. 17) acentua em 1916: "Quando estava em atividade no Pedro II ajudei a fazer alguns bacharéis, mas de doutor ou bacharel nunca tive nada e cada vez mais ando apartado". E afirma cinco anos depois, a respeito de um certo Marcos Flauta, condecorado doutor pela Universidade de Buenos Aires: "Eu é que não tenho tempo para afundar-me nestas preocupações de bedel nem me sinto obrigado a responder pela caligrafia de um escriba bancário" (v. II, p. 467). Ele recusa, assim, as instâncias oficiais de consagração – a principal entre elas em uma época na qual a universidade ainda não era o espaço de socialização e consagração do historiador – e constrói um mito a partir dessa recusa, com sua obra, inclusive, permanecendo esparsa a partir de sua morte, com ele acentuando em 1920: "Causou-me sempre repugnância a ideia de reeditar artigos de jornais" (v. II, p. 168).

Capistrano (v. III, p. 88) afirma em 1920, a respeito da situação política brasileira: "Boatos correm e hão de correr; quem herdou o medo da Inquisição e da inconfidência que há de fazer senão murmurar"? Ele e Bomfim diferenciam-se, então, em termos políticos, já que Capistrano (1975, 3ª série, p. 82) questiona a compatibilidade entre "eleições honestas" e a "índole nacional". Fazendo isso, é a compatibilidade entre a democracia e a identidade nacional que é questionada, ao passo que Bomfim foi sempre um ardoroso defensor dessa compatibilidade. Capistrano, em síntese, é pessimista quanto ao futuro político da nação e, inclusive, quanto à unidade nacional.

Wasserman (2006, p. 29) acentua:

> O mais interessante no pensamento de Capistrano de Abreu é que, quando se referia às elites coloniais no período imediatamente anterior à independência, ele identificava os sentimentos de consciência e espírito nacional, mas ao descrever os povos, o clima e a terra, parecia se decepcionar com os resultados obtidos com a emancipação. É, em verdade, uma forma de culpar o clima, a terra e as etnias pela inatingibilidade da unidade da nação.

E, dentre estes fatores, a formação étnica do brasileiro é especialmente problematizada pelo autor. Para Capistrano (1975, 1ª série, p. 229), afinal, a formação do brasileiro se deu a partir de três raças irredutíveis e sem nenhum sentimento de benevolência que as ligasse, com seus descendentes mestiços atuando antes como fator de instabilidade que de união, sendo que Capistrano (1975, 2ª série, p. 213) descreve o sentido histórico dessa irredutibilidade.

> Havia os indígenas de três continentes, em contato forçado mas irredutíveis, havia a mistura e as combinações múltiplas dos três fatores, aferidos nos mínimos cambiantes por uma docimasia inflexível. Mesmo no elemento puramente português prevaleciam os inconciliáveis: o reinol não queria confundir-se com o mazombo, o cristão velho com o cristão novo, o nobre e suas prerrogativas com o peão a quem a lei deserdava, havia ciganos, mouriscos, etc.

Neste sentido, Capistrano é o anti-Gilberto Freyre, assim como ao traçar um retrato do Nordeste no período colonial despido de qualquer conotação idílica:

> População muito escassa; a Casa-Grande como uma espécie de celeiro, de raio mais ou menos alongado; na casa-grande, muita fartura, graças à economia naturista ou caseira, em que o produto e o consumo se ultimam mo mesmo âmbito limitado; pouco dinheiro (ABREU, 1954, v. I, p. 360).

E qual a ideologia de Capistrano, se é que ele possui alguma? Ele é pessimista em relação ao futuro do Ocidente, escrevendo em 1919:

> Um por um os países europeus atravessarão a crise. Será uma peste negra semelhante à do século XIV. Melhoraremos com isto? Vejo próximo no Velho Mundo a época das republiquetas hispano-americanas, que tanto deram que rir e indignar. Veremos Guatemalas, Costas Ricas, etc (v. II, p. 121).

E em carta escrita em 1922, Capistrano (v. II, p. 234) demonstra seu pessimismo em relação ao próprio Brasil:

> Isto afinal é um imenso *bluff*. A mais fértil terra do mundo.... Aonde? Não na Amazônia, aonde, raspada uma camada de mateiro, bate-se na esterilidade. Nos outros Estados é quase

invariavelmente o mesmo. Produzimos cousas de luxo, de gôzo; se nos bloqueassem deveras, a penúria nos levaria à antropofagia. E a gente? Os processos da Inquisição mostraram a bôrra-mãe, e as outras bôrras tem vindo sobrepondo-se, e de alto a baixo é bôrra e mais bôrra.

Por outro lado, sua definição de socialismo é bastante imprecisa. Para ele, "o socialismo é sobretudo uma questão moral e reduz-se a não fazer caso de dinheiro" (p. 370). Ele adere à República no momento de sua proclamação, e justifica-se: "Digam o que disserem, a República é hoje a pátria unida; a restauração seria a sucessão" (p. 127). Mas, escrevendo vinte anos depois, e referindo-se às eleições daquele ano, Capistrano exprime a desilusão que foi a de Euclides e de Bomfim, e que foi a de intelectuais de seu tempo: "O resultado não me interessa muito. Qualquer que seja o presidente eleito, não endireitará o Brasil, nem o perderá. Se ao menos pudesse dar um pouco de vergonha ao povo e aos políticos! Se ele próprio tiver vergonha" (p. 223)! Mas ele, ao contrário, de Bomfim não foi um revolucionário.

UM REVOLUCIONÁRIO PESSIMISTA

A proposta revolucionária de Bomfim apresenta limitações bem definidas por Ventura (2002, p. 255): "Sua plataforma revolucionária não foi além da oposição entre povo e nação de um lado, e Estado e nações salteadoras, de outro, deixando de apresentar propostas concretas de reorganização política e econômica". E ainda, ele gostaria, sem dúvida, que houvesse uma revolução no Brasil, mas não considerava sua eclosão um acontecimento viável, já que a inexpressividade da classe operária e sua pouca conscientização seriam obstáculos ainda intransponíveis, preferindo apostar na democratização das oportunidades sociais. Feita tal análise, ele tornou-se inaceitável também para a esquerda oficial que apostava, naquele momento histórico – final dos anos vinte –, em uma radicalização que seria o preâmbulo para a revolução brasileira. Também na esquerda, portanto, Bomfim não encontrou herdeiros.

Mas o capitalismo, para ele, sempre esteve longe de ser a solução e, em artigo publicado em 1901, Bomfim, segundo Aguiar (2000, p. 241) ressalta a impossibilidade da igualdade e justiça social ser alcançada um dia nos marcos do sistema. Por sua vez, a Primeira Guerra deveria ter servido para demonstrar os efeitos nefastos do capitalismo por ter derivado dele, mas serviu para reforçá-lo, canalizando reservas para as potências capitalistas. E Bomfim (1996, p. 41) conclui: "A guerra fez derivar para os Estados Unidos 3/5 do ouro que enriquecia o velho mundo".

E, se sua crítica ao capitalismo foi precoce, a adoção de uma solução revolucionária, mesmo que duvidando de sua viabilidade, foi tardia, só ocorrendo, de fato, no final de sua vida. Todas suas fichas estavam, até então, depositadas no potencial transformador da educação, com o autor dando a ela um sentido assim definido por Prado (2006, p. 76): "A crença na educação como mecanismo transformador era, para Bomfim, a crença na razão libertadora".

Fez-se uma aposta, enfim, que transparece em discurso feito em 1904, quando Bomfim (apud AGUIAR, 2000, p. 241) afirma: "Se, até hoje, democracia, República e liberdade, são, para nós, aspirações irrealizadas, e das quais já muitos desesperam, é porque nos faltam as gerações de indivíduos educados para a democracia e para a liberdade".

Temos então na obra do autor, segundo Aguiar (p. 499), uma contraposição entre a "proposta ilustrada" contida em *A América Latina*, e a "proposta revolucionária" contida em *O Brasil nação*. Temos uma mudança de perspectiva assim descrita por Bechelli (2009, p. 106):

> Ao abordar a revolução como forma de superação, Manoel Bomfim abandonava a ideia da necessidade de educação como um todo; educação era fundamental para se construir uma nova nação. O que mudava, na realidade, era o

foco; é a revolução, não mais a educação, que poderia promover a superação.

E, no trajeto que separa as duas obras, desenvolve-se um longo percurso marcado pela desilusão com as elites brasileiras, incapazes de levar adiante um mero projeto de reforma.

Outra questão a ser colocada fiz respeito a como Bomfim pensa o processo de modernização, sendo que podemos trabalhar a questão associando-a a sua análise da escravidão e suas consequências sobre a vida brasileira. A escravidão, segundo Bomfim (1996, p. 133), travou qualquer intuito modernizador, ao tornar desnecessário o uso da inteligência e o desenvolvimento de atividades por parte dos senhores, bastando a eles contar com seus escravos, o que terminou por inviabilizar o surgimento de uma classe de trabalhadores livres no Brasil: "Em tais condições, jamais se poderia formar uma população agrícola rural, ativa, vigorosa, laboriosa, educada e fortalecida pelo trabalho, filiada ao solo, interessada na produção". Com isto, finalmente, a sociedade brasileira estratificou-se em uma classe de senhores ignorantes, outra de homens livres miseráveis e, por fim, os escravos (p. 140).

E modernização, para Bomfim (1930, p. 448), é sinônimo de urbanização, de predomínio dos centros urbanos. Não há outro caminho, já que "só nas cidades se luta eficazmente contra a rotina, porque só ali são possíveis as grandes propagandas. Por isso mesmo, a concentração urbana é intensificação da evolução social". Só a partir da urbanização torna-se viável a superação do manto de conservadorismo tecido desde a colônia. Só nas grandes cidades, segundo o autor, o Brasil encontra o caminho para a modernidade.

Próximo a Alberto Torres na denúncia das teorias raciais em voga no seu tempo, Bomfim (1996, p. 208) difere radicalmente deste ao definir a ideia da vocação agrária brasileira como nada mais que "o ideal do escravocrata". Sua ideia de modernidade passa, assim, pela necessidade imperiosa de industrializar o país, e é com satisfação inegável que ele conclui ser o Brasil a mais industrializada das nações sul-americanas de seu tempo. Por outro lado, ele aproxima-se de Torres em seu intransigente nacionalismo, que o leva a definir as empresas estrangeiras como "arqui-potentes e arqui--sugadoras" e a lamentar serem elas "senhoras incontrastáveis da parte mais povoada, mais rica do Brasil" (p. 536).

O caminho para o desenvolvimento passa, também, pela produção e difusão de conhecimento, pela instrução das massas populares e pelo empenho das elites na execução dessa tarefa, a partir de fatores que Bomfim (1993, p. 182) enumera: "A cultura da inteligência, a difusão da instrução, a propagação da ciência". A instrução, portanto, é um elemento de luta contra um passado cristalizado nas classes dirigentes, que a ele se apegam e o utilizam para resistir às mudanças e a penetração do que o autor chama de *espírito novo*, o que o leva a concluir: "Enquanto não derem à massa popular essa instrução, continuando a pesar sobre as sociedades esta influência nefasta do passado, as lutas materiais persistirão, concorrendo para fazer estas nacionalidades cada vez mais infelizes" (p. 283).

Se autores como Euclides da Cunha, Joaquim Nabuco e Sílvio Romero definem como dever e papel das elites a condução do processo de modernização, Bomfim transforma o povo em agente de desenvolvimento, afirmando ser ele o único ator social capaz de romper o que chama de "diques da resistência conservadora". As elites, para ele, limitam-se a defender seus interesses, enquanto "o verdadeiro impulso para o progresso é dado, naturalmente, pelos que sofrem e são oprimidos" (p. 301).

A esperança de Bomfim reside no povo, não nas elites e a possibilidade de modernização, de superação do atraso, reside em sua capacidade de revolta, sendo que a aniquilação dessa capacidade pela opressão significa a morte da nacionalidade (p. 307). Mas tal esperança, por sua vez, reside em uma possibilidade, não na realidade, já que a descrição que Bomfim (p. 327) faz do estágio de desenvolvimento do povo brasileiro – em que pese suas características positivas – é a mais amarga possível:

A massa brasileira, formada e nutrida por essa cultura intensiva da ignorância e da servidão, não tem estímulos, nem desejos, nem necessidades definidas, acima dos apetites da baixa animalidade; ignora tudo, não sabe trabalhar, não vê beleza, nem interesse no trabalho, nada a convida a isto; inteiramente nula para o progresso, é facilmente aproveitável pela caudilhagem nas más aventuras e assaltos políticos.

De uma população assim constituída, conclui ele, não é possível exigir progresso e participação. Não é viável a construção de uma nação soberana tomando como base "um caos de ignorantes, mistura inorgânica de indivíduos nulos, arrastados pela vida inconscientemente, matilha dócil dos aventureiros e caudilhos" (p. 342).

Tomando como base, enfim, o povo brasileiro, como que o projeto de nacionalidade do autor mergulha em um impasse que permanece, aliás, quando Bomfim (1930, p. 522) escreve, algumas décadas depois, como uma espécie de fórmula conclusiva: "Somos uma nação ineducada, conduzida por um Estado pervertido". E com isso, ainda, surge um contraste, acentuado por Reis (2006, p. 221), entre o sonho revolucionário de Bomfim e seu ceticismo quanto à possibilidade de uma revolução.

O poder, no Brasil, degradou-se sob o domínio lusitano e a permanência do domínio bragantino perpetuou a degradação, indo além mesmo de tal domínio, em um processo que se manteve de forma ininterrupta, com o que Bomfim (1996, p. 366.7) chama de as quatro revoluções – "Independência, Abdicação, Abolição, República" – falhando no combate "às causas essenciais dos males a curar".

Esse fracasso tem origens políticas, mas possui, também, origens identitárias. É exatamente "nosso caráter coletivo pacífico e bondoso" que teria servido como obstáculo à eclosão da mudança revolucionária e necessariamente violenta que teria, enfim, viabilizado o combate a tais males: o elogio se transforma em constatação das causas do fracasso histórico brasileiro. E os fracassos mencionados derivaram, finalmente, do caráter incruento que revestiu as mudanças históricas brasileiras, gerado, por sua vez, pela recusa a um princípio revolucionário elementar: "Em vista ao progresso, toda legítima revolução, já o dissemos, exige a eliminação da classe onde se incorpora o arcaísmo banido" (p. 368). Em Bomfim, portanto, a suposta bonomia brasileira, virtude tão louvada por outros autores e por ele reconhecida, transforma-se em pecado capital.

Nesse contexto, torna-se possível entender porque a Revolução de 1930 não foi a revolução sonhada pelo autor, que a define e a condena: "Agitação preparada no comum da politiquice tradicional, e assim tangida, não há que esperar nenhuma renovação revolucionária" (p. 583). Tal se deu por ter ela nascido, segundo ele, de um processo histórico derivado da conciliação entre elites e do desejo de perpetuar seu mando, e não do indispensável combate ao domínio das mesmas elites que, afinal, a promoveram.

Ela teria vindo, enfim, para manter o *status quo*, não para mudá-lo com o necessário radicalismo. Ela não conseguiu, pois, romper com os padrões tradicionais de dominação política, ou não o quis, incorrendo, assim no pecado que já acometera a República, marcada que foi pela maldição da continuidade histórica: "Vergonhosos, infames, os processos republicanos são, apenas, a acentuação do bragantismo político, já sem D. João VI ou Pedro II" (p. 135). E ele conclui, ainda: "Desta sorte, todas as insuficiências e misérias da República têm a mesma razão: as misérias e insuficiências de sempre; a péssima qualidade da classe dirigente, nunca apurada, nunca renovada desde a penúria mental dos primitivos coimbrenses" (p. 427). Por isso nem 1889, muito menos 1930 serviram aos propósitos do autor.

A Revolução de 1930 contrariou, finalmente, um pressuposto básico do pensamento de Bomfim: a importância da organização social e da autonomia político-administrativa em relação ao poder central para a consolidação do regime democrático, autonomia esta que não pode ser confundida, porém, com o poder oligárquico imperante após a abolição da centralização levada adiante pela República, que teria gerado apenas uma "democracia de mentira" (p. 443), onde os prefeitos mineiros, por exemplo, encontram-se em situação de inteira dependência em relação ao poder exercido em Belo Horizonte (p. 495). E Bomfim (p. 254) assinala

> Não há governo democrático e livre sem inteira franquia de vida municipal (...). Capacitemo-nos disto: uma sociedade nacional cujos grupos concretos não sabem organizar e conduzir os seus negócios em ajustada solidariedade política; que não sabem governar-se, nunca será própria para o regime democrático.

O Brasil não é ainda, portanto, uma nação apta à vida democrática, embora não se trate de uma incompatibilidade identitária. E mesmo criticando a condução do processo revolucionário, Bomfim compartilha com os líderes revolucionários, na etapa final de sua obra, do descrédito em relação à democracia como forma de governo. Os líderes democráticos precisariam, segundo ele, cultivar os motivos baixos para manterem-se no poder, o que o leva a não considerar a democracia como "a forma definitiva de direção política" (p. 47).

E qual seria esta forma? Bomfim (p. 567) define-a: "Então, a revolução, francamente pronunciada, assistida de toda a justiça, é para a solução-social-comunista": uma revolução que tomaria como modelo a revolução mexicana (p. 572). Trata-se de uma solução a ser imposta contra as elites e a partir da ação popular, mas em um movimento a ser conduzido por uma "minoria ativa, intelectual, esclarecida, absolutamente desinteressada, sinceramente exaltada, cordialmente revoltada contra a injustiça, sublime de abnegação, capaz de produzir, em intensidade de propulsão, o que lhe falta em desenvolvimento" (p. 569).

Se ele, portanto, aposta no povo como agente transformador, cabe a esta elite intelectual, oposta às elites tradicionais, conduzi-lo. A conclusão de Bomfim retoma enfim, por outros caminhos – já na etapa final de sua obra, e negando pressupostos anteriormente definidos – o papel dirigente das elites que havia sido crucial nos projetos desenvolvidos por Euclides da

Cunha, Sílvio Romero e Joaquim Nabuco, entre outros, embora se trate, agora, de uma elite revolucionária.

E a revolução, na obra do autor, transcende seu caráter social e transforma-se em acontecimento redentor. Gera-se, para Bomfim (1996, p. 564), algo como uma catarse cósmica: "Então, verifica-se em toda luz que o homem se torna fator decisivo do caso: a experiência acumulada na espécie é condensação de energias psíquicas, que a descarga-revolução transforma, imediatamente, em ação transformadora".

A obra de Bomfim significa, assim, uma ruptura com as diretrizes políticas, culturais e metodológicas predominantes em seu tempo. Como historiador, é nitidamente inferior a Capistrano, mas como intérprete do Brasil ombreia-se a ele, assim como a pensadores como Euclides da Cunha. Ao contrário deste, porém, não se transformou em referência, embora tenha sido, nos últimos anos, alvo de uma contínua redescoberta: sinal evidente de que os impasses por ele vivenciados ainda são, em larga escala, os nossos impasses.

Bomfim representa, enfim, a matriz do pensamento social brasileiro que – descrente em relação à capacidade ou interesse das elites tradicionais em levar adiante as mudanças por ele consideradas indispensáveis – terminaria apostando na revolução como o único caminho para a modernidade. Sua obra representa, finalmente, a superação dos pressupostos adotados, entre outros, por Euclides e Romero no debate sobre a questão racial. Estudá-lo significa situar a vertente revolucionária do debate no qual os autores que foram seus contemporâneos engajaram-se, o que talvez, por outro lado, ajude a entendermos o porquê de, entre todos estes autores, ele tenha sido, durante tanto tempo, o esquecido.

Capítulo 4

Nacionalismo e autoritarismo em Alberto Torres

UM AUTOR ENTRE DOIS CICLOS

Poucos autores brasileiros encarnam tão bem quanto Alberto Torres a idéia de transição, de fim de um ciclo e início de outro. Em termos políticos, por exemplo, tomemos como ponto de partida a análise que Saldanha (1979, v. I, p. 186) faz do impacto provocado por ele e por seus seguidores: "Com eles se encerrou o ciclo do liberalismo oitocentista brasileiro, que pareceu condenado pelo próprio fato de se haver identificado com as soluções constitucionalistas da Primeira República". Monzani (1999, p. 543) define Torres como representante de "um pensamento ou ideário autoritário-conservador", descrevendo-o: "Para esse pensamento não se tratará, é claro, de propugnar a volta pura e simples do regime monárquico, mas sim de pensar a República forte, que escapasse exatamente destas tão flagrantes deficiências da República liberal". E Germano (1996, p. 60), por fim, descreve assim a perspectiva de Torres: "O olhar é o da classe intelectual e dirigente progressista, responsável pela condução dos desígnios do povo, via governo forte".

Este é o ponto de partida: a definição de Torres como um autor que assinala a transição do predomínio de ideias liberais para a articulação de um ideário republicano que nascia em contraste com a ideologia liberal ainda vigente durante a República Velha, consolidando-se como pensamento dominante apenas a partir dos anos 1930. Parto daí para formular a linha argumentativa que pretendo desenvolver: qual a importância de Torres na formulação do pensamento autoritário brasileiro e qual sua importância na elaboração teórica de uma vertente nacionalista que teria larga fortuna na cultura brasileira do século XX?

A partir de tal linha é possível a formulação de questões que não apenas ajudam a situar o autor em sua época, mas esclarecem o sentido da influência por ele exercida: quais os fundamentos de sua crítica ao liberalismo, qual o sentido de seu nacionalismo e como ele o tomou como pressuposto para a construção de todo um projeto para a nação? E ainda, como é possível relacionar os delineamentos básicos de sua obra com a sua atividade enquanto político e, principalmente, com as frustrações dela decorrentes? São estas as questões fundamentais que buscarei responder ao longo do capítulo.

A crítica do autor à estrutura política brasileira nasce da constatação da desorganização do sistema político vigente. Assim, Roquette-Pinto (1940, p. 135) acentua: "Para Alberto Torres, o grande problema nosso era unicamente a *organização*. O grande sociólogo sabia que a *raça* não pode servir de base à *nação*". E Beired (1999, p. 36) assinala: "Desorganização e decomposição, duas palavras definidoras da realidade brasileira na leitura de Alberto Torres".

E nasce, também, de desilusões vivenciadas no cotidiano da atividade política. Torres passou da prática à teoria, escrevendo sua obra após ter exercido diversos cargos públicos, entre os quais ministro do STF, ministro do Interior e, entre 1896 e 1900, presidente do Rio de Janeiro. Ali, segundo Felix (1976, p. 256-269), o antigo republicano sofre uma cisão em seu pensamento político, desiludindo-se com o regime republicano e constatando a mediocridade vigente na política e na administração brasileira.

Seu antiliberalismo, portanto, deriva do contraste por ele percebido entre a prática política e as ideias liberais tais como vivenciadas nas instituições políticas das quais participou, com Torres sendo pioneiro ao transformar a crítica ao liberalismo em base para a construção do pensamento autoritário.

Desiludido com a prática política, contudo, Torres não enxerga soluções fora da esfera política e busca transformá-la, o que Costa (1992, p. 221) salienta, referindo-se ao autor:

> A solução é, pois, eminentemente política, e a sua forma é necessariamente institucional: o Estado autoritário é o único meio de substituir o "círculo vicioso" da representação dos interesses oligárquicos pelo "círculo virtuoso" da representação dos interesses nacionais.

De fato, Torres é antiliberal. Para ele, segundo Marson (1979, p. 179), "o estado, órgão assegurador da 'justiça social', vem suprir as imperfeições do modelo de concorrência espontânea, substituindo a 'mão invisível'". O Estado teria, então, não apenas a função de suprir as deficiências inerentes ao liberalismo como, também, evitar que elas funcionem como justificativa para a implantação do socialismo. Porque Torres também é antissocialista.

Dificilmente Torres aceitaria ser rotulado como um pensador autoritário, mas ele, como acentua Florestan Fernandes (1979, p. 94) estabelece "um confronto entre os critérios formais de reconhecimento da democracia e a realidade política vigente". A conclusão, ainda segundo Fernandes, foi: "As condições reais da vida política brasileira são incompatíveis com o modelo europeu ou norte-americano de organização democrática da ordem legal". E ele abre, a partir dessa conclusão, um caminho que seria seguido pelos pensadores autoritários brasileiros.

A nação brasileira deveria ser criada pelo Estado. Não caberia a este atuar apenas de forma reguladora, como compete ao Estado em uma nação já desenvolvida, já que o Brasil não criou ainda os vínculos orgânicos capazes de consolidarem-no como nação. Não podemos, segundo Torres, darmo-nos ao luxo de sermos liberais. E seu antiliberalismo contesta os fundamentos do sistema. Torres (1982a, p. 89) nega validade à representatividade baseada no sistema eleitoral e partidário – o que chama de "velho constitucionalismo inglês" – e propõe substitui-la por uma "representação que resulta do acordo íntimo e espontâneo entre as forças da opinião e seus órgãos, e que faz surgir os homens dos sucessos, por influxo dos sentimentos e das necessidades dominantes".

Ele critica o liberalismo, ainda, por ter ele limitado o âmbito da ação estatal, quando deve caber ao Estado – e a um Estado forte – atuar "como órgão central de todas as funções sociais, destinado a coordená-las e harmonizá-las- a regê-las – estendendo a sua ação sobre todas as esferas da atividade, como instrumento de proteção, de apoio, de equilíbrio, de cultura" (p. 173).

A relação da sociedade com o Estado, portanto, é de dependência: ela depende da ação estatal para organizar-se, superar seus conflitos e deficiências, enquanto o Estado, para Torres, é um espaço desvinculado de interesses e conflitos de poder. Cabe ao Estado "formar o povo", e o que ele chama de democracia política é incapaz de levar adiante tal tarefa, devendo ser substituída por outro tipo de regime:

> A democracia social, sucedendo à democracia política, substitui-se o encargo falaz de formar e apoiar o "cidadão" – tipo clássico do titular dos direitos políticos – pelo encargo de formar e apoiar o "homem", o "indivíduo", o *socius* da nação contemporânea. Formar o homem nacional é o primeiro dever do Estado moderno (p. 229).

A democracia social pretendida pelo autor só pode ser concretizada, porém, por meio de um regime forte, e o elogio deste regime permeia toda sua obra: a democracia só pode ser alcançada por meio do autoritarismo e, diga-se de passagem, todos os regimes autoritários brasileiros tiveram como objetivo declarado a construção, preservação ou restauração da democracia. O elogio da autoridade está presente, por exemplo, em sua crítica ao parlamentarismo e elogio ao presidencialismo, com Torres (p. 247) assinalando:

> O parlamentarismo é a antítese da organização, e do governo consciente e forte; é o regime da dispersão, da vacilação, da crise permanente (...). O Brasil carece de um governo consciente e forte, seguro de seus fins, dono de sua vontade, enérgico e sem contraste. Este governo só o regime presidencial lhe pode dar.

O pensamento do autor toma como fundamento um evolucionismo de fundo marcadamente positivista, no qual o Estado surge como solução e como caminho para um futuro definido pela racionalidade. Trata-se, para Torres (1915, p. 40), de

> Fundar o Estado, como órgão da vida social das nações, e fundar o órgão mundial de equilíbrio entre as nações, para, encerrando-se de vez o ciclo da evolução humana que veio, até ao presente, dirigido pelos impulsos da emotividade, encetar-se a evolução das sociedades, dirigida pelo sentimento e pela razão.

Cabe ao Estado, em síntese, construir a nação e, aqui, eu retomo meu argumento: a importância de Torres na construção do pensamento autoritário brasileiro deriva, entre outros fatores, da primazia por ele conferida ao Estado sobre a sociedade civil, bem como à tarefa a este confiada de construção de uma nacionalidade que, por si só, permaneceria dispersa e inorgânica.

Seriam argumentos fundamentais, por exemplo, nas obras de Oliveira Vianna e Azevedo Amaral, com a influência de Alberto Torres sobre Vianna sendo ressaltada por um estudioso da obra deste: "A trajetória do pensamento de Oliveira Vianna encontra seu ponto de partida, sem dúvida alguma, nas análises de Alberto Torres, cuja problemática está sempre presente, mesmo quando reinterpretada por este" (VIEIRA, 1981, p. 77). E a hipótese desenvolvida por Torres possui um escopo ainda mais amplo: não apenas o Brasil, mas as nações modernas são, para ele, necessariamente, criações artificiais, e o poder político, nelas, deve atuar de forma autônoma e soberana. Torres (1941, p. 243-5), então, assinala:

> A autoridade política é, portanto, um poder que se cria a si mesmo, que se impõe e se mantém por sua própria força de móveis opostos às tendências e aos interesses sociais; que dita as normas. E comanda os destinos do povo, obedecendo aos instintos de sua origem, ou a ideias arbitrariamente adotadas. Sua ação é predominante e decisiva – soberana em todo o rigor da palavra.

A sociedade, para ele, é uma entidade amorfa, sem vida interna, e suas energias são todas canalizadas para satisfazer necessidades de caráter individual. É dispersa e inorgânica por definição. Toda a vida de uma nação deriva da ação do que Torres (1982a, p. 117) chama de seu "aparelho político-administrativo"; o Estado, portanto. É a política, e apenas ela, que forma a nacionalidade, ao subordinar e coordenar os movimentos sociais, sendo esta a sua função, já que, para Torres (1982b, p. 158), "a vida social, não tendo caráter propriamente orgânico, obedece a uma espécie de harmonia e de equilíbrio, no tempo e no espaço; seus movimentos parciais carecem de subordinação à marcha do todo". Sociedade dispersa, amorfa e subordinada; Estado coordenador, autônomo e coeso: reside, nessa dualidade, o fundamento do pensamento autoritário brasileiro.

Cabe à política, enfim, conferir organicidade à sociedade, sendo exatamente essa a tarefa que não é levada a cabo no Brasil, gerando, então, uma nação sem união política. Segundo Torres (p. 163), "a nossa união é tão efetiva como a que se vislumbra, porventura, nas relações de um município do Brasil com um município argentino". Mas ele não faz a defesa do centralismo político; pelo contrário, Torres (1982a, p. 244) é federalista e justifica sua posição recorrendo à geografia brasileira: "A carta geográfica do Brasil é um imperativo de autonomia provincial".

Ajuda a entendermos suas ideias referentes ao tema, finalmente, o fato dele ter enviado a Rio Branco, em 1912, um memorial no qual reconhece ser o destinatário o único estadista para o qual ele poderia sugerir medidas que considera indispensáveis à nação e que, em linhas gerais, seriam a nomeação de interventores estaduais por parte do Governo Federal, e a "escolha de uma comissão para o estudo dos problemas sociais e econômicos, para adoção de medidas a serem executadas conjuntamente pela União, pelos Estados e pelos municípios" (*apud* LINS, 1965, p. 430). Nenhuma destas medidas foi adotada e, provavelmente, sequer foram cogitadas, mas ajudam a compreendermos, ainda, a dimensão da importância atribuída pelo autor à ação estatal.

O pensamento de Torres viria a ser criticado mais tarde exatamente por seu conteúdo autoritário. Guerreiro Ramos (1961, p. 86), por exemplo, lembraria que "a despeito das observações corretas sobre a sociedade brasileira contidas, à guisa de diagnóstico, em sua obra, incidiu no erro fundamental de pensar que a organização do País pudesse ser outorgada de cima para baixo". E também o fato de Torres haver se apegado ao estudo da identidade nacional para explicar a realidade brasileira é criticado por ele. Segundo Ramos (1957, p. 134), Torres errou ao ter "adotado uma concepção psicológica da sociedade, segundo a qual os nossos males poderiam ser erradicados mediante a transformação do caráter nacional".

Mas, se seu autoritarismo foi alvo de críticas, ele foi, também, a matriz de sua influência. Torres formula a dualidade entre país legal e país real já pressentida, entre outros, por Euclides da Cunha e Sílvio Romero, mas, ao dar a essa expressão a formulação que se tornaria clássica, terminaria por transformá-la em alicerce do pensamento autoritário. E transformaria a mesma em matriz do pensamento conservador, ao associá-la à dualidade entre sociedade urbana e rural, onde o país legal seria, segundo Melo (1993, p. 86), "o país urbano, 'sibarita' e cosmopolita, enquanto o país rural é o meio rural, onde jaz o cerne da brasilidade".

Também o corporativismo de Torres condicionaria o pensamento autoritário brasileiro, sendo um dos aspectos de sua obra mais lembrados e elogiados pelos representantes dessa corrente de pensamento. É mencionada em termos elogiosos por Nogueira (1990, p. 94), por exemplo, em coletânea organizada nos anos vinte, a proposta do autor de substituir os partidos políticos por "eleitorados – para assim dizermos – tecnicamente organizados". Mas sua influência foi além, atuando, também, sobre movimentos políticos. Nesse sentido, Fausto (1970, p. 68) ressalta a convergência entre as propostas de Torres e o ideário tenentista, lembrando ter Juarez Távora apoiado-se expressamente no pensamento deste para redigir seu manifesto de resposta a Prestes em 1930. E, efetivamente, Juarez Távora (1974, v. I, p. 212) acentua a respeito de sua temporada na prisão em 1924: "Reli minhas coleções de Euclides da Cunha e Alberto Torrres, além de vários volumes sobre a Revolução Francesa".

A influência de Torres se deu, contudo, a partir de etapas, sendo mais pronunciada na década de 1930 e declinando a partir daí. Assim, Botelho (2005, p. 80) assinala:

> Particularmente por parte do núcleo modernista carioca, o chamado "Grupo do Rio", reunido em torno da revista *Terra do Sol* editada por Tasso da Silveira e Álvaro Pinto, pode-se dizer que foi deliberado o esforço de realizar o programa intelectual e político lançado por Torres.

Mas Iglésias (2009, p. 19), por sua vez, afirma: "Na década de vinte, foi menor o eco de Alberto Torres. Ressurgiria nos anos trinta, lamentavelmente pelo trabalho dos integralistas, que pretendiam vê-lo como precursor". E, mesmo na década de 1930, sua influência não foi isenta de contestações. Desta forma, Alceu Amoroso Lima (1932, p. 179) acentua em relação a Torres: "Nenhum sociólogo pátrio goza hoje de maior prestígio do que ele". Mas também expressa sua discordância perante o autor, ao assinalar: "Mesmo sem demonstrar às posições filosóficas mais gerais que são sempre, aliás, as grandes vertentes divisorais, depara-se-nos em Alberto Torres uma filosofia social que aberra de tudo quanto aceitamos como base de uma filosofia verdadeiramente científica" (p. 182). E nas palavras de Vianna (1978, p. 110), "assim como setores da juventude militar se apropriaram da perspectiva política de Torres, o autoritarismo civil, de inspiração clerical ou jurídica, tomará suas concepções sobre a vida social e econômica como ponto de partida". Por fim, Franco (2000, p. 90) assinala:

> As ideias de Alberto Torres tiveram um papel fundamental na configuração de um campo relacionado à questão ambiental no período pós-1930. Ele parte de uma leitura crítica da modernidade, na qual a percepção de que o progresso vem acelerando a extinção dos recursos naturais finitos do planeta é clara.

A influência de Torres gerou, finalmente, uma corrente de pensamento cujos representantes – Carneiro Leão, Gilberto Amado, Oliveira Vianna, entre outros – caracterizam-se, segundo Luz (1969, p. 73), pelo nacionalismo e pela preocupação com a "organização nacional", ou seja, pela ênfase na necessidade de integrar e assimilar: "Integração geográfica pela expansão das vias de comunicação e pelo povoamento dos espaços vazios. Integração étnica através da educação e elevação espiritual".

A CONSTRUÇÃO DA IDENTIDADE NACIONAL

A existência de uma identidade nacional é definida por Torres como fundamento para a elaboração de uma política nacional, com esta devendo agir como tradução dessa identidade. Segundo Torres (1982a, p. 61), "a unidade e a continuidade da política resultam da existência de um caráter nacional". Por outro lado, onde tal identidade não existe – e é o caso do Brasil – cabe ao Estado construí-la, surgindo ela, na expressão do autor, como uma "obra de arte política". E Torres (1982b, p. 70), então, conclui:

> Um país só possui integridade e união quando cobre a sua terra, e envolve os seus habitantes, um forte tecido de relações pessoais e interesses práticos; se esses interesses e essas relações não resultam espontaneamente da natureza da terra e do caráter do povo, é indispensável criá-los.

Crítico incisivo de sua época, Torres é otimista quanto ao futuro e deriva seu otimismo de uma visão favorável do povo brasileiro, com Tavares (1979, p. 22) criticando o autor por este não ter conseguido definir as especificidades do povo brasileiro concreto, de seu tempo. Sua obra, pelo contrário, "baseia-se num povo genérico que nunca existiu ou, quando muito, num povo genérico concreto que estava deixando de existir".

Para Torres (1982a, p. 55), de qualquer forma, "somos um dos povos mais sensatos e inteligentes do mundo". E segundo Torres (1982b, p. 45), ainda, "nenhum povo tem melhores estímulos morais e mais alta capacidade moral que o nosso". E tal otimismo atinge uma dimensão milenarista, quando ele afirma: "O Brasil é um país destinado a ser o esboço da humanidade futura" (p. 135).

Mas, se Torres é assim otimista quanto ao futuro, ele é um crítico implacável do passado e tem uma visão altamente negativa do processo de formação nacional. Republicano histórico, ele critica o monarquismo ao mencionar a ordem imperial, "essa ordem paradisíaca, tão saudosa para alguns", definindo-a como baseada no domínio predatório de uma casta e enfeitada pela erudição inútil de doutores e bacharéis. E, em relação à colônia, a perspectiva de Torres (p. 100) não é menos crítica:

> Portugal, enviando para suas colônias os elementos irrequietos do povo sem cultura e sem piedade, assentou as raízes da nossa história econômica sobre a cobiça da riqueza fácil, na mineração e na devastação das matas, com a submissão dos indígenas e a escravização do africano.

Assim como a identidade nacional, a cultura brasileira, para ele, é coisa que não existe. Segundo Torres (1982a, p. 15.6), "nunca chegamos a construir cultura própria, nem mesmo uma cultura geral... Não temos opinião e não temos direção mental". E ele acrescenta, ainda: "Nós temos ilustração. Não temos cultura" (p. 103). O que ele entende por falta de cultura é a inexistência do que Bourdieu chamaria de campo cultural, ou seja, um conjunto de estabelecimentos educacionais, instituições culturais e um conjunto de intelectuais envolvidos em um permanente processo de debate e concorrência. Falta, exatamente, a elite intelectual que ele reputa indispensável à condução dos destinos nacionais.

Se não existe ainda uma nacionalidade brasileira, se esta é uma construção ainda a ser feita, tal construção é vital ou, nas palavras do autor, "é de necessidade elementar para um povo jovem, que jamais chegará à idade da vida dinâmica, sem fazer-se 'nação', isto é, sem formar a base estável, o arcabouço anatômico, o corpo estrutural da sociedade política" (p. 43).

Assim, o que Torres chama de "caráter nacional" nasce do reconhecimento da ignorância sobre o Brasil que tem, segundo ele, sido sempre a tônica das elites brasileiras, e que tem sido substituído por um "repertório de ideias exóticas" (p. 53). Somente esse conhecimento tornará possível a superação da "inconsciência mental" na qual o país ainda vive, e do qual busca refugiar-se se apegando a um patriotismo oficial e litúrgico, com Torres (1982b, p. 126) concluindo: "A substituição das imagens e dos símbolos, às realidades, é sinal de enfraquecimento do espírito".

A construção desse conhecimento é pressuposto, ainda, segundo Torres (1982a, p. 85), para que uma ausência seja suprida: "A ausência de espírito nacional 'prático', da solidariedade patriótica fundada na consciência dos interesses comuns a todos os agrupamentos políticos, religiosos, econômicos, geográficos, comerciais e industriais". Cabe aos intelectuais, então, construírem o conhecimento que tornará possível a criação de uma unidade nacional até então ausente. A construção da nacionalidade brasileira é necessariamente artificial e deve partir da formação da consciência nacional

(p. 131). Seria a tarefa que o Estado Novo conclamaria os intelectuais de seu tempo a assumir, desde que atuando, bem entendido, sob a égide estatal. Também nesse ponto, como se vê, o pensamento de Torres antecipa aspectos básicos do autoritarismo, no caso, de sua política cultural.

Se o brasileiro possui qualidades positivas, ele é, contudo, um povo indolente, mas Torres (1915, p. 35) acredita na viabilidade de sua regeneração, afirmando:

> Hoje, essa multidão de "forçados" da vagabundagem – discípulos fidelíssimos da única escola e da única prática que se lhes indicou e se lhes expôs – está gravemente inveterada na indolência, profundamente abatida na reatividade do caráter e do espírito; não está, porém, degenerada.

A regeneração do povo brasileiro é uma tarefa a ser levada a cabo pela elite. Mas, de qual elite se trata? De uma elite de intelectuais comprometidos exatamente com essa tarefa; uma elite já existente, mas que necessita ser expandida e educada, e Torres, por sua vez, assume tal tarefa. Ele buscou discípulos, e o fez conscientemente. Caberia a intelectuais e políticos comprometidos apenas com o bem nacional levar adiante os seus projetos e, o que soa apenas como um chavão ganha, em sua obra, significado dos mais amplos. Ele define como função de uma elite de intelectuais a condução de um projeto de organização nacional em bases nacionalistas, corporativistas e autoritárias, e esses discípulos não deixariam de surgir nos próximos anos, assumindo em maior ou menor grau a sua influência. A influência póstuma de Torres vai de encontro, assim, à necessidade, sempre acentuada por ele, de criar elites intelectuais dedicadas a um projeto de transformação nacional.

Ao mesmo tempo em que cabe às elites intelectuais papel fundamental no projeto do autor, ele próprio constata o desinteresse destas em relação ao desempenho deste papel. Assim, Torres (1982b, p. 91) afirma: "Os intelectuais brasileiros consideram o preparo que possuem um meio de êxito pessoal, sem o ligar a nenhum dever, a nenhuma responsabilidade de ação e direção social". E tal missão é tanto mais urgente na medida em que toda nacionalidade é moldada à imagem e semelhança de suas elites: "Os povos têm sido moldados à imagem e semelhança de seus chefes, de seus padres e de seus sábios" (p. 116). Toda política nacional, enfim, deve partir "do estudo racional dos dados concretos da terra e da sociedade, observados e verificados pela experiência" (p. 151). E efetuar esse estudo é tarefa dos intelectuais.

O método de Torres toma tal estudo como base e, em carta escrita em 1916, ele acentua o caráter empírico de seu pensamento: "Dessa experiência e dessa observação, com elementos tirados do estudo da nossa terra e da nossa gente, resultou o programa que exponho em meus livros" (*apud* MARSON, 1979, p. 106). E ressalta, igualmente, a necessidade desse empirismo em artigo publicado no mesmo ano: "Toda obra sensata, racional, prática, tem de partir da observação e da verificação dos fatos e das condições da nossa sociedade" (*apud* LIMA, 1935, p. 281).

Também a atividade política, para o autor, deve partir do mesmo pressuposto, o que Aguiar (2007, p. 228) acentua: "Na visão de Torres, o sentido prático – no sentido de realístico e não-ilusório – da ação política constitui o principal problema brasileiro". E, por fim, ao fazer o elogio do autor, em 1917, Giberto Amado (1979, p. 199) salienta, precisamente, o fato deste ter partido da observação dos fatos referentes à sociedade brasileira e não da adaptação de teorias estrangeiras. E, de fato, os objetivos de Torres são estritamente pragmáticos, sendo ele um autor despido de pretensões teóricas.

Costa (2006, p. 187) acentua: "Os livros de Torres são, basicamente, organizações de artigos publicados em jornais e têm um caráter mais propriamente doutrinário-ideológico do que científico". E Matos (2010, p. 207) assinala: "O autor utilizou uma linguagem retórica e, em sua perspectiva político-filosófica, tornou A *organização nacional*, mais do que uma obra de reflexão, um manifesto". Não há, de fato, na obra de Torres, as preocupações científicas expostas, às vezes de forma tão duvidosas, por seus contemporâneos, o que dá a ela um caráter de singular despretensão, o que, contudo, está longe de ser um defeito.

Essa despretensão, pelo contrário, converte-se em virtude, perceptível, por exemplo, em seu estilo, uma vez que Torres quase não cita e demonstra solene despreocupação em exibir uma erudição que surge epidérmica e mal assimilada em tantos autores de seu tempo. E não é apenas neste aspecto que sua obra é inovadora: com ele, novas explicações, não mais baseadas em pressupostos raciais dos quais foi crítico contumaz, passaram a ter livre curso na cultura brasileira. Autores até então tidos como canônicos, como Gobineau e Lapouge, foram, como salienta Carneiro (1988, p. 93), contestados a partir de uma relação entre racismo e poder por ele enfatizada.

O povo brasileiro, para ele, não é inferior a nenhum outro, e nem mais indolente; é apenas ignorante em relação a sua própria terra. Segundo Torres (1982b, p. 54), "nós não sabemos ainda o que a nossa terra pode produzir e como deve produzir". A partir dessa constatação, ele nega qualquer inferioridade racial ou identitária intrínseca ao brasileiro e produz, junto, aliás, com Manoel Bomfim, uma inovação decisiva na cultura brasileira.

Ele relativiza a influência da formação racial. Segundo Torres (1982a, p. 54), "a raça é, de todos os elementos da nacionalidade, talvez o menos ativo". Menos ativo que outros fatores, já que "no conflito dos caracteres étnicos com os fatores mesológicos e sociais que operam sobre os diversos tipos humanos, a vitória cabe à última destas influências" (p. 30).

Ele nega, ainda, a existência de qualquer desigualdade racial, salientando ter a doutrina que a defende perdido "todos os pontos de apoio em todas as regiões da ciência" (p. 62), e definindo as raças como produtos do meio físico. Cada meio cria a raça mais apropriada para nele sobreviver e é neste sentido – evolucionista, mas não racista – que ele explica a formação racial do brasileiro e suas virtudes, negando qualquer validade aos projetos de branqueamento tão comuns em sua época.

Segundo Torres (1982b, p. 116), "indígenas, africanos e seus descendentes formaram, em nosso território, tipos definitivos, admiravelmente apropriados às suas condições físicas, que só poderão, por isso, progredir e aperfeiçoar-se". Qualquer aperfeiçoamento artificial a ser feito é, portanto, inútil e insensato, e ele alerta: "A idéia de operar-se o aperfeiçoamento das nossas raças pelo cruzamento não tem base científica; a de substituir por outras, outrora e ainda hoje, já se apresenta com outro aspecto" (p. 197).

A degeneração racial do brasileiro – tema comum a autores de seu tempo – é recusada por Torres (1982a, p. 79) como "o hábito de menoscabar do nosso sangue, de depreciar a nossa idoneidade física e moral, de nos dar por um povo degenerado, corrompido, em franco estado de abatimento corpóreo e moral". Ele reage a essa concepção e acentua que os fatores que levam a tal abatimento são de ordem social – pouca ou nenhuma instrução, alimentação escassa, péssimas condições de saúde e higiene, moradias inadequadas – e, não, racial.

Ele inverte, portanto, a escala de fatores ainda predominante no pensamento brasileiro de seu tempo, abrindo caminho a uma análise acima de tudo social da realidade. E o otimismo de fundo milenarista que é uma constante em sua obra transparece, também, quando Torres (1982b, p. 130) analisa a questão da miscigenação, com o Brasil surgindo como uma espécie de terra prometida:

> Por sua extensão, seus climas variados e suas diferentes zonas de cultura, o Brasil dir-se-ia feito para reunir e abrigar povos de origens e raças diferentes. Nenhum outro país pode, talvez, em iguais condições, realizar o tipo de sociedade política cosmopolita, que é o fim natural das nações novas.

O nacionalismo de Torres – assim como o de Bomfim – liberta-se, enfim, do pessimismo de seus antecessores, calcado em teorias raciais.

CONSERVADORISMO E MUDANÇA SOCIAL

Se o pensamento de Torres é inovador em termos teóricos e metodológicos, ele é conservador em termos sociais. A obra do autor pode ser definida como uma tentativa de reação ao processo – ainda precário, mas já em desenvolvimento – de urbanização e industrialização pelo qual passava a sociedade brasileira de seu tempo. Às crises e diferenciações sociais advindas de tal processo, à ruptura de valores e tradições que ele acarreta, à competitividade e individualismo que o caracteriza, Torres propõe a constituição de um núcleo estatal capaz de conferir homogeneidade a uma sociedade em processo de diversificação.

Seria um projeto apenas reacionário, caso o autor se limitasse a condenar o processo de mudança social por ele analisado, mas ele vai além e busca adaptar-se ao mesmo: busca direcioná-lo. Torres reconhece a inevitabilidade das mudanças sociais, mas teme que elas adquiram um sentido de ruptura. Como salienta Simões (1981, p. 180), "Torres não propõe a modificação completa de toda a sociedade. Propõe modificações, apenas". Aqui, ele coloca-se no polo oposto ao ocupado por Bomfim, defensor de uma mudança revolucionária.

Em 1893, quando deputado estadual, Torres, segundo Marson (1979, p. 56), defende a mudança da capital de seu estado, uma vez que "a ação plutocrática do centro comercial do Rio de Janeiro ameaçava limitar a autonomia política de Niterói". Nessa fase de sua trajetória já surge, então, o ideal de uma política desvinculada de interesses econômicos e alheia às pressões do capitalismo. Uma política, em síntese, estruturada a partir da conciliação, e não da dominação.

A urbanização brasileira é vista por Torres, segundo Martins (1975, p. 3), como um processo anômalo, na medida em que levaria à dissolução dos valores nucleares da sociedade. E como um processo postiço: o brasileiro construiu edifícios modernos, implantou no país um simulacro de modernidade; simulacro, precisamente, porque o "espírito brasileiro mantém-se alheio a ela". Segundo Torres (1982a, p. 14), "o espírito brasileiro é ainda um espírito romântico e contemplativo, ingênuo e simples, em meio de seus palácios e de suas avenidas, de suas bibliotecas e de seus mostruários de elegâncias e de vastos idealismos".

A cidade e o campo são vistos pelo autor a partir de uma rígida dualidade. No campo, impera o trabalho produtivo e organizado, herança da escravidão, o que o leva a fazer o elogio das consequências do sistema escravista. Segundo ele, "social e economicamente, a escravidão deu-nos, por longos anos, todo o esforço e toda a ordem que então possuímos, e fundou toda a produção material que ainda temos" (p. 32). Ela foi o alicerce da formação nacional e é sua herança que permanece servindo de base para o que o Brasil possui de organização nacional, em contraponto à desestruturação provocada pela influência urbana.

Ele faz, portanto, o elogio, se não da escravidão, pelo menos de seus efeitos – a criação das bases da organização nacional. Já a abolição é criticada por seu caráter exclusivamente humanitário e sentimental, e também pelas suas consequências, já que, para Torres (1982b, p. 58), "a abolição fez-se e a lavoura ficou desorganizada". Os abolicionistas foram impulsionados pelo "interesse sentimental pelo negro", mas a abolição não foi seguida pela preocupação em integrar o negro à sociedade, deixando-o à margem e preferindo a importação de imigrantes (p. 61).

O desenvolvimento, para Torres, passa não pela industrialização e urbanização, e sim pela exploração sistemática e racional dos recursos agrícolas, bem como pela preservação dos recursos naturais, o que o leva a desenvolver uma consciência ecológica consideravelmente aguçada para o período histórico no qual viveu. Mas, para que tal objetivo tivesse sido alcançado, entretanto, teria sido preciso adaptar o brasileiro ao meio em que vive, por ser este um meio novo e estranho ao europeu.

Nada disso, contudo foi feito, e o resultado histórico foi a criação e consolidação de um comportamento predatório. Segundo Torres (p. 96), "o colono e o comerciante localizados no Brasil, seus descendentes e seus discípulos, ficaram sendo seres, assim, estranhos a seu habitat, eternos desaclimados – exploradores vorazes, a princípio, de seus bens, vítimas, afinal, de novos exploradores". E, por serem estranhos, conclui Torres (1982a, p. 96) eles agiram como predadores:

A exploração colonial dos povos sul-americanos foi um assalto às suas riquezas; toda a sua história econômica é o prolongamento deste assalto, sem precauções conservadoras, sem corretivos reparadores, sem piedade para com o futuro, sem atenção para com os direitos dos pósteros.

Ele guarda profunda desconfiança em relação ao capitalismo. É um autor conservador, na medida em que busca resguardar a influência da tradição do domínio do que chama de "hierarquia argentária". Segundo Torres (1982b, p. 127), "o argentarismo, embora alheio à política, domina mais que os próprios poderes públicos e irrita a chaga da miséria". Cabe ao Estado, então, sobrepor-se ao poder de tal hierarquia e fazer predominar os verdadeiros interesses nacionais, ao invés de deixar-se dominar por interesses que ele considera alheios à nação. Seu nacionalismo, portanto, é nitidamente anticapitalista; daí ter sido ele elevado à condição de ícone também por autores ligados à esquerda, como Nelson Werneck Sodré.

Soares Neto (1917, p. 519), que foi amigo íntimo de Torres, afirma ter sido seu pensamento "não consentir a nenhuma companhia ou sindicato funcionar na indústria ou comércio brasileiros sem ao mesmo tempo ter sede no território nacional, ou, no pessoal e na administração brasileiros e estrangeiros residentes e domiciliados no Brasil". E tal proposta nasce de um pressuposto ao qual ele sempre se manteve fiel: a atração de capitais externos tende a favorecer apenas uma pequena elite, a fortalecer o processo de urbanização e a promover a migração do habitante do interior para a cidade, aprofundando, com isso, o abandono em que se encontra o interior.

Gera consequências, portanto, que negam todos os princípios do autor e contrariam frontalmente seu arraigado agrarismo, sendo esta a pedra angular de seu pensamento e de seu projeto para a nação. O Brasil deve ser, para Torres (1982b, p. 207), em primeiro lugar um país agrícola, sendo ridículo contestar-lhe esse destino, diante de seu vasto território. Deve manter, depois, o cultivo dos produtos necessários à vida e dos que empregam matéria-prima nacional.

E qual a importância de Torres para a afirmação do nacionalismo no Brasil? Em relação a ele, Fiori (1994, p. 135) acentua:

> O nacionalismo afirmou-se no Brasil como um discurso crítico à ordem liberal através dos "publicistas" que, a partir da obra germinal de Alberto Torres sobre a organização nacional (1914), conseguem introduzir na agenda política a idéia de nação associada ao progresso econômico e à centralização estatal.

Conservadorismo, agrarismo e nacionalismo caminham juntos em sua obra: são indissociáveis. Assim como seu nacionalismo, o agrarismo de Torres é essencialmente anticapitalista. Sua sociedade ideal –utópica, diria Lamounier (1983, p. 360) –, é "uma sociedade concorrencial fechada na qual a existência da pequena empresa é assegurada, e estimulada a competição entre os produtores".

O nacionalismo de Torres é radical, não conhece meias medidas. Como acentua Luz (1975, p. 98), "para ele todas as atividades econômicas exercidas por estrangeiros eram nocivas ao país, porque todas estavam destruindo as 'fontes vitais' do país em troca de futilidades, de gêneros supérfluos". E seu nacionalismo não foi, finalmente, apenas de cunho teórico; ganhou expressão prática quando ele e Alberto de Faria iniciaram, em 1912, uma campanha contra o império de Percival Farquar, dono de várias ferrovias no Brasil e de diversas propriedades rurais, entre elas a que hoje constitui o estado do Amapá.

A adoção de uma política nacionalista é, para ele, questão de sobrevivência nacional. Segundo Torres (1982a, p. 91), "a política de um povo moderno, para a paz ou para a guerra, consiste na arte de conservar, de obter e de aumentar riquezas. Tal é a política ofensiva de outros povos, tal precisa ser a nossa política defensiva". O nacionalismo seria, então, instrumento de defesa das riquezas nacionais: questão de segurança nacional, para usar uma expressão alheia ao seu tempo. Mas não é o que ocorre, e ele ironiza, ao presenciar o que considera ser a devastação das riquezas naturais brasileiras: "Para os nossos estadistas, esse ataque às reservas da nossa natureza, por sindicatos estrangeiros – que apenas usam, do nosso país, quando não as trazem, as máquinas estrangeiras – representam auspiciosas colocações de capitais" (p. 92).

Torres indica, portanto, a existência de dois caminhos a serem percorridos: a consolidação da independência social e econômica a partir da preservação do que ele chama de "órgãos vitais da nacionalidade", ou a transformação do país em "uma colônia tropical de companhias e sindicatos estrangeiros" (p. 107). A opção a ser feita, pois, é entre nacionalismo e alienação, com Torres retomando o conceito de alienação e o transformando em eixo de seu nacionalismo. Uma nação alienada é uma nação que ainda não tomou consciência de seus reais interesses e, por isto, permanece ainda – mesmo que seja formalmente independente – na condição de colônia. Elites desligadas da realidade nacional, alheias aos problemas nacionais e despreocupadas no que tange a seu estudo são elites alienadas.

Traçando tais alternativas e definindo a defesa das riquezas nacionais como condição para a criação de uma nação soberana, Torres transformou sua obra em ponto de partida para a criação de um ideário nacionalista – e não cabe, aqui, questionar seu anacronismo ou sua relevância para os dias atuais – que atravessaria todo o século e estaria no centro de inúmeras campanhas e debates. Fazendo isto, ele transformou-se em autor fundamental no pensamento social brasileiro.

Retomo, finalmente, as questões inicialmente colocadas, e concluo a partir delas: a adoção de uma política liberal inviabilizaria a adoção pelo Estado do papel que cabe a ele exercer, que é o de construir as bases da nacionalidade. E o nacionalismo permitiria às elites brasileiras firmarem um compromisso com a nacionalidade que até então, segundo ele, mal foi esboçado. Definindo esses dois caminhos – um autoritário, outro nacionalista – e conjugando-os, Alberto Torres disseminou sua influência.

Capítulo 5

Lima Barreto e a perspectiva do subúrbio

Marginalização, ressentimento, alcoolismo

Mulato, pobre, marginalizado em relação às elites intelectuais de seu tempo, Lima Barreto foi crítico contumaz das mesmas, dando ênfase ao vezo imitativo que as caracterizou, a ânsia em importar teorias pouco ou nada adequadas à realidade brasileira, a necessidade de demonstrar uma erudição importada, supérflua e superficial. Barreto (1952, p. 139) descreve essas elites ao mencionar os samoiedas, literatos que vivem em Bruzundanga, país fictício por ele criado para referir-se ao Brasil, em expediente muito comum em sua obra:

> Sábio, na Bruzundanga, é aquele que cita mais autores estrangeiros; e quanto mais de país desconhecido, mais sábio é. Não é, como se podia crer, aquele que assimilou o saber anterior e concorre para aumentá-lo com os seus trabalhos individuais. Não é esse o conceito de sábio que se tem em tal país.

Da mesma forma, em relação a uma personagem, Barreto (2010, p. 112) acentua como "ela tinha também a imprecisa e parva admiração que os ingleses, com a sua arrogância e língua pouco compreendida, souberam nos inspirar". E um outro personagem assinala:

> Há livros: fazemos ciência. Com eles, revistas, memórias dos outros, sem ir diretamente à natureza, estudam-se deta-

lhes, arquiteta-se uma teoria nova que escapou aos grandes mestres das grandes obras. A questão é combinar um com outro, embora antagônicos (p. 196)...

Há em sua obra um componente romântico que nunca o abandonou, corporificado em uma visão da literatura como missão e como estética descompromissada em relação a interesses comerciais. Os personagens que traem tal missão e comercializam seus escritos formam o contraponto negativo da mesma, representando a intromissão da realidade em um mundo idealizado. Seu protótipo é Floc, personagem de *Recordações do escrivão Isaías Caminha*, jornalista que vive a sonhar com uma vaga no corpo diplomático: "Era o seu sonho a diplomacia, o paraíso, a sua felicidade" (BARRETO, 1984, p. 127).

Hostil à imprensa de seu tempo, Barreto (1956a, p. 89) define-a e descreve-a pela voz de Gonzaga de Sá: "Um jornal, dos grandes, tu bem sabes o que é: uma empresa de gente poderosa, que se quer adulada e só tem certeza naquelas inteligências já firmadas, registradas, carimbadas, etc., etc.". E ainda, todo *Recordações do escrivão Isaías Caminha* é uma crítica a ela.

Sua época pede, segundo Barreto (1951, p. 15), "uma literatura militante para maior glória da nossa espécie na terra e mesmo no Céu". E quando alguém o acusa de empregar processos do jornalismo em seus romances, ele conclui:

> Poderia responder-lhe que, em geral, os chamados processos do jornalismo vieram do romance; mas mesmo que, nos meus, se dê o contrário, não lhes vejo mal algum, desde que eles contribuam por menos que seja para concorrer para diminuir os motivos de desinteligência entre os homens que me cercam.

A fusão entre jornalismo e ficção por ele empreendida faz, com que, em sua obra, os próprios limites entre o que é ou não ficção fiquem embaçados, o que Schwarcz (2010, p. 15) acentua:

Na obra de Lima Barreto, as separações canônicas entre ficção e não ficção, realidade e imaginação, são muitas vezes fugidias, e tal perfil fica ainda mais claro no caso dos "contos" de Lima Barreto, que na obra do autor misturam-se ao que hoje conhecemos como crônicas.

E, com isto, as estruturas romanescas tradicionais desabam igualmente, o que Rónai (1958, p. 37) assinala em relação à *Vida e morte de Gonzaga de Sá*: "Vendo o romancista sair sistematicamente da trilha de uma narrativa e entregar-se ao único fio condutor das associações soltas, como não nos lembrarmos dos processos revolucionários do romance moderno"?

Ele soube, de forma pioneira, utilizar os recursos jornalísticos para a elaboração de sua obra de ficção, transformando, nas palavras de Santiago (1989, p. 89), "os processos estilísticos da imprensa em recurso para uma estética popular do romance". Daí a originalidade do autor, também mencionada por Santiago (1982, p. 166): "A posição isolada e intrigante de Lima Barreto explica-se pelo fato de ter ele assumido uma estética popular numa literatura como a brasileira, em que os critérios de legitimação do produto ficcional foram sempre dados pela leitura erudita". E a utilização de recursos jornalísticos faz com que o instrumental tradicionalmente utilizado pelo ficcionista se amplie, o que gera consequências descritas por Oliveira (2007, p. 157), que salienta:

> A perspectiva assumida fundamenta e operacionaliza a corrosão das superioridades, mobilizando para isso instrumentos em vários níveis: a linguagem simples, a satura, a solidariedade entre os mais fracos, a inclusão a sério da perspectiva dos pobres sobre os assuntos atuais do mundo, como o progresso e a modernização.

Barreto foi jornalista e, como tal, escreveu vasta obra, só reunida em livro após sua morte, além de *Triste fim de Policarpo Quaresma* ter sido publicado em folhetins pelo *Jornal do Comércio*. Soa como uma queixa de quem sempre se sentiu e foi incompreendido, portanto, a seguinte constatação: "O povo é avesso a guardar os nomes dos autores, mesmo os dos romances, folhetins que custam dias e dias de leitura. A obra é tudo, para o pequeno povo; o autor, nada" (BARRETO, 1994, p. 51).

A literatura, para ele, é uma missão e um testemunho; deve visar à denúncia das injustiças de seu tempo, ser um instrumento na luta contra as mesmas, e deve ser um testemunho dos excluídos e injustiçados. Adotando esse compromisso e vivendo-o em seu cotidiano, ele transformou sua obra em uma crítica particularmente lúcida de sua época, mas sacrificou às vezes, o valor literário da mesma em detrimento de sua capacidade de crítica social. Se ele, afinal, conseguiu equilibrar valor estético e crítica social em *Triste fim de Policarpo Quaresma* e em diversos contos, em um romance como *Numa e a ninfa*, por exemplo, o desequilíbrio é gritante; o desencontro entre ideal e real por ele fixado no primeiro romance tende à caricatura da realidade política no segundo.

A literatura proposta por Barreto é, ainda, uma literatura militante, não institucionalizada e distante dos salões literários que são objeto permanente tanto de seu desprezo quanto de seu ressentimento por jamais ter sido neles aceito. Marginalizado em relação aos mecanismos de institucionalização e consagração literária, Barreto se vinga transformado a recusa em mérito, a marginalização em consagração de seus ideais.

Hidalgo (2008, p. 125) acentua: "Para a maioria de seus contemporâneos, Lima obteve embaçada repercussão no cenário literário nacional não só pelos excessos de si derramados na ficção, mas por precipitar um estilo enxuto e distante dos padrões vigentes na época". A pouca repercussão_ o silêncio feito em torno de sua obra_ de qualquer forma, o fere, e Barreto (2010, p. 56) acentua: "A única crítica que me aborrece é a do silêncio, mas esta é determinada pelos invejosos impotentes que foram chamados a coisas de letras para enriquecerem e imperarem". Sua obra, afinal, foi construída praticamente à margem do mercado editorial, o que Scliar (2001,

p. 102) exemplifica: "Lima Barreto não conseguindo editor para *Policarpo Quaresma*, teve de pagar a edição com dinheiro emprestado por amigos e agiotas. E assim, veio a público a pequena brochura, em papel ordinário".

Tal marginalização deriva de diversos fatores. Ele sofre de carência de padrinhos e de um orgulho que o impede de aceitar ser apadrinhado, valendo, aqui, a observação de Bosi (1977, p. 307): "Ai dos desapadrinhados nesse imenso cabide de empregos que é o Rio de Janeiro em 1905". Em uma sociedade na qual a proteção é instrumento indispensável para o sucesso social, Barreto não concorda em assumir o papel de protegido. Recusa, por exemplo, a proteção de Ouro Preto, e afasta-se dele, ressentido e humilhado, quando este lhe estende uma cédula de 10 mil réis (BARBOSA, 1952, p. 106). E um contemporâneo do autor, como Bastos Tigre (2003, p. 201), já sublinha essa característica de sua personalidade: "Os seus raros amigos eram de escassos meios que lhes não permitiam dar ao escritor uma assistência financeira eficiente. De resto, Lima Barreto, naquela casca de pedinte, era demasiado orgulhoso para solicitar dinheiro a quem quer que fosse".

E ele faz questão de acentuar e expressar sua própria exclusão, a partir de uma trajetória descendente descrita nestes termos por Schwarcz (2010, p. 40): "O dândi dos primeiros momentos, o 'mulato elegante', que, conforme relatos da época, se vestia com primor, transformava-se aos poucos num personagem incômodo da capital federal, mais e mais deprimido, alcoolizado e descaracterizado". É este personagem, por exemplo, que Pedro Nava (1977, p. 207) descreve, ao relatar seu contato com o autor:

> Quando fui cumprimentá-lo ele segurou meus dedos e começou a apertá-los, sem largar, numa lentidão que me dava aflição e susto. Seria balda de bêbado, porque ele estava que nem gambá, todo ardido e suado de vir rolando de seus subúrbios, da sua repartição na Guerra, dos passos de sua paixão que eram todos os botequins da via dolorosa estendida da Praça da República à Garnier.

Mas, por outro lado, há muito de proposital nesta trajetória. Barreto vestia-se de forma pobre e descuidada, e esta não é uma observação casual. Vestir-se mal em 1911, época na qual ele aprofunda o mergulho, afinal sem volta, na vida boêmia e avessa às normas sociais foi, exatamente, uma maneira de representar tal recusa. Como lembra Barbosa (1952, p. 207),

> A preocupação, àquele tempo, seria a de acentuar cada vez mais a própria miséria, vestir-se mal, numa espécie de dandismo às avessas, ao mesmo tempo que faz praça em negar a tudo e a todos, em franca disponibilidade política ou estética, assumindo posição que parece a de um aprendiz de filosofia do cinismo.

A atitude de desleixo como recusa revoltada a um mundo convencional que o exclui marca, ainda, sua produção literária. Ao utilizar, assim, uma linguagem propositalmente desleixada. Barreto, segundo Silva (1998, p. 109), "estaria indo não apenas contra tudo aquilo que a estética oficial representava, mas também contra o próprio poder político-social que a retórica oficial acabava detendo". E tal desleixo, por fim, ao mesmo tempo deriva de sua situação de exclusão e a acentua, com Engel (2003, p. 65) assinalando a posição ambígua do autor: "Pobre e mulato, mas sem estudo, alimentava uma sensação de não-pertencimento, oscilando como um pêndulo entre o lugar de observador e o de observado".

Barreto (2010, p. 160), ao descrever um personagem, descreve como ele próprio se vê:

> Não achando campo para a sua atividade intelectual, muito pouco atraído para o estudo das "picaretas automáticas", muito orgulhoso para bajular os professores e aceitar aprovações por comiseração, o meu amigo ficou naquela exuberante terra sem norte, sem rumo, absolutamente sem saber o que fazer.

Ao mesmo tempo, Barreto (1956a, p. 40) se sente excluído e esmagado, e acentua: "Diante da serra dos Órgãos, cujo grandioso anseio de viver em Deus fui sentindo desde menino, aprendi a desprezar as fofas cousas da gente de consideração e a não ver senão a grandeza de suas inabaláveis agulhas, que esmagam a todos nós".

Ele retrata-se nesta situação a partir da conclusão de um personagem: "Nem o estudo lhe valeria, nem os livros, nem o valor, porque quando o olhassem diriam lá para os infalíveis: aquilo lá pode saber nada" (p. 123)! E o mesmo personagem, autor da fictícia biografia de Gonzaga de Sá, compara-se a estes infalíveis: "Tinham saltado por cima de todas as conveniências, por cima de todos os preceitos morais_ tiveram coragem, enquanto eu... oh! Algumas vezes por aí, umas pândegas e muito álcool! Narcótico! Era isso." (p. 158).

É na Escola Politécnica que Barreto começa a sentir-se diferente em relação aos mais afortunados, e é ali que nasce o sentimento de revolta e exclusão que iria acompanhá-lo ao longo da vida. Seu ressentimento e revolta nascem aí, de um sentimento de recusa e rejeição e, em relação a ele, os caminhos escolhidos por Isaías Caminha e Policarpo Quaresma apontam as alternativas que o autor encontra. Isaías não busca, como Policarpo, transformar a realidade, e sim integrar-se a ela tal como ela é, e sua revolta deriva do fato de que, aceitando-a, ela não o aceita.

Descrevendo as frustrações impostas a Caminha, Barreto retoma o vezo autobiográfico, mais presente neste livro que em qualquer outro momento de sua obra. Recusado, por exemplo, no salão literário de Coelho Neto, um dos mais concorridos de seu tempo, Barreto vinga-se escrevendo uma série de artigos contra o escritor consagrado, demonstrando que o ressentimento de Caminha também era o seu.

Melo (2004, p. 183) acentua a presença, em *Vida e morte de Gonzaga de Sá*, da "trajetória de dois personagens problemáticos que, imersos num espaço social flutuante, incerto e contingente, não têm outra saída a não ser olhar o seu meio a partir de uma perspectiva extremamente cética, amargurada e irônica". E ambos fazem isto como *flaneurs* que são.

Mas também Caminha, como Barreto, é um *flaneur*, um personagem baudelairiano fascinado pela modernidade expressa nas vitrines da Rua do Ouvidor. A obra de Barreto é essencialmente urbana, mas a cidade é vista de baixo para cima, por personagens que povoam seus subúrbios e deslumbram-se com uma modernidade que os recusa: a partir de uma perspectiva do subúrbio.

Funcionário da Secretaria dos Cultos, diretor geral dos cultos católicos, o Barão do Inhangá, que aparece em apenas uma página de *Vida e morte de M. J. Gonzaga de Sá* é, por sua vez, a antítese de Policarpo Quaresma: "Em falta de qualquer mais útil aos interesses da pátria, o barão fazia a toda hora e a todo o instante a ponta no lápis. Era um gasto de lápis que nunca mais se acabava; mas o Brasil é rico e aprecia o serviço de seus filhos" (BARRETO, 1986, p. 57). Já o que define Quaresma é sua recusa ao conformismo e sua ação permanente em contraposição à inércia dominante, o que Bosi (1975, p. 359) acentua:

> O Major Quaresma não se exaure na obsessão nacionalista, no fanatismo xenófobo; pessoa viva, as suas reações revelam o entusiasmo do homem ingênuo a distanciá-lo do conformismo em que se arrastam os demais burocratas e militares reformados, cujos bocejos amornecem os serões do subúrbio.

Barreto ironiza o nacionalismo patrioteiro de Quaresma, embora guarde toda sua simpatia para o personagem. Funcionário do Ministério da Guerra, este "aspirava diariamente aquele hálito de guerra, de bravura, de vitória, de triunfo, que é bem o hálito da pátria" (BARRETO, 1986, p. 22); uma ilusão que iria, afinal, custar sua própria vida. E a contradição que leva Quaresma à prisão e à morte é assim definida por Costa (2004, p. 1673): "Mergulhado no imaginário que buscava a construção da identidade nacional, Quaresma imagina um país que a elite, na verdade, ainda não tinha podido criar".

Por outro lado, as trajetórias de autor e personagem confundem-se no amor aos estudos e aos livros sem o objetivo de ganhos materiais, assim como na consequente incompreensão que cerca a ambos, e que Barreto (1986, p. 70) sintetiza na perspectiva de seus críticos: "Andar com livros, anos e anos, para não ser nada, que doideira"! Mas não é apenas Quaresma que se situa fora da ordem, o que Favalli (2001, p. 39) acentua, ao definir a sociedade na qual vive o personagem como uma sociedade "fora do lugar", descrevendo-a: "Os militares não tem exército ou navio, as noivas não tem noivo, se o têm, no caso de Olga, não há laços afetivos entre eles, os médicos não curam, são todos dependentes do governo ou desejam sê-lo".

Há, ainda, uma contradição no personagem: Quaresma, segundo Oliveira (1990, p. 100), é nacionalista, mas todo seu esforço como agricultor baseia-se na importação de teorias e técnicas que terminam fracassando em contato com a realidade. Mas, como salienta Pesavento (1997, p. 31), se Quaresma cai no ridículo por seu nacionalismo ingênuo, as elites incidem no mesmo ridículo devido a seu europeísmo deslumbrado. E ambos afinal, Quaresma e Caminha, caminham rumo ao fracasso e ao desencanto, o que Figueiredo (1998, p. 168) assinala:

> Enquanto o percurso de Policarpo Quaresma levara-o ao conhecimento da cultura brasileira, e seus dilemas, Isaias Caminha transita pelos bastidores da palavra, seu movimento, da criação ao real e vice-versa, projetando-se como narrador e personagem, vítima dos ludíbrios dos enunciados sociais.

Excluído dos canais de consagração literária, Barreto (1956b, p. 34) defende sua igualdade em relação aos escritores que a eles tiveram acesso, argumentando que "se me meto, como agora, entre eles, é por ser as letras uma república onde todos devem ser iguais". Na busca dessa igualdade, ele publica, em 1921, artigo na *Careta* anunciando sua terceira candidatura à Academia, novamente mal sucedida, e justifica-se atacando: "Se não disponho do *Correio da Manhã* ou do *O Jornal* para me estamparem o nome e o retrato, sou alguma coisa nas letras brasileiras e ocultarem o meu nome ou o desmerecerem, é uma injustiça contra a qual eu me levanto com todas as armas ao meu alcance (BARRETO, 1953a, p. 32).

Referindo-se à recepção de um acadêmico qualquer em um certo Instituto de Ciências Morais e Políticas a ser inaugurado em Petrópolis, Barreto (1956b, p. 50) ironiza: "Será chic e quantas mais forem as sociedades sábias e chics a que pertencermos, mais sábios seremos nós daquilo que não sabemos". E Barreto (2010, p. 136) acentua em relação à chegada de alguns personagens a uma cidade: "Quando aportaram, havia na praça principal uma grande disputa, tendo por motivo o preenchimento de uma vaga na Academia dos Lambrequins". Resta saber, contudo, se ele manteria tal postura crítica caso, enfim, tivesse realizado seu sonho de se transformar em acadêmico.

A intelectualidade brasileira faz questão, para ele, de ignorar o meio em que vive, refugiando-se, por exemplos, em estudos clássicos, o que faz Barreto (2010, p. 56) afirmar: "Implico solenemente com a Grécia, ou melhor: implico solenemente com os nossos cloróticos gregos da Barra da Corda e pançudos helenos da praia do Flamengo".

Ao mesmo tempo, segundo Barreto (1956a, p. 133), "a nossa emotividade literária só se interessa pelos populares do sertão, unicamente porque são pitorescos e talvez não se possa verificar a verdade das suas criações". E a literatura, para os javaneses, utilizados como metáfora para a descrição dos literatos brasileiros, "não é uma atividade intelectual imposta ao indivíduo, determinada nele, por uma maneira muito sua e própria do seu feitio mental; para os javaneses, é, nada mais, nada menos, que um jogo de prendas, uma sorte de sala, podendo esta ser cara ou barata" (p. 29).

Ao realçar o que considera ser a ignorância institucionalizada, Barreto contrapõe seu autodidatismo como uma forma de realçar seu valor.

E sua crítica tem como base a constatação da discriminação da qual é vítima como mulato, como pobre, como intelectual. Machado (1998, p. 197) destaca a existência desse rancor: "Marginalizado e discriminado, Lima Barreto não perdoa o 'doutor'. As constantes críticas à Academia Brasileira de Letras, *locus* por excelência do 'doutor' catalisam o ponto de vista do autor". E Barreto (1956a, p. 48) o deixa claro, ao acentuar: "Há muita gente que, sem queda especial para médico, advogado ou engenheiro, tem outras aptidões intelectuais, que a vulgaridade do público brasileiro ainda não sabe apreciar, animar e manter".

O sentimento de superioridade que o autor vê nos bacharéis é descrito, quando Barreto (2010, p. 488) acentua em relação a eles: "Para estes, ter um pergaminho, como eles pretensiosamente chamam o diploma, é ficar acima e diferente dos que não os têm, ganhar uma natureza especial e superior aos demais, transformar-se até de alma". E, em oposição a este sentimento de superioridade, a fatuidade do conhecimento destes bacharéis é exemplificada, quando Barreto (2010, p. 116) salienta em relação a um personagem:

> O bacharel usava e abusava desse fácil darwinismo de segunda mão; era o seu sistema favorito, com o qual se dava ares de erudição superior. A bem dizer, nunca lera Darwin e confundia o que o próprio sábio inglês chama de metáforas, com realidades existentes, verdades inconcussas.

Ser um bacharel, ou, pelo menos, casar-se com um bacharel, ainda, é um ideal cuja existência Barreto (2010, p. 110) acentua em relação a uma personagem:

> Irene caíra do seu ideal de doutor até aceitar um burocrata, sem saltos, suavemente; e consolava-se interiormente com essa degradação do seu sonho matrimonial, sentindo que o seu namorado era tão ilustrado como muitos doutores e tinha razoáveis vencimentos.

Mas resta saber até que ponto este não seria um sonho do próprio autor, e até que ponto suas críticas ao bacharelismo não seriam a expressão de um intelectual que se vê discriminado exatamente por não possuir os títulos acadêmicos que lhe permitiriam obter o reconhecimento social e intelectual que sempre lhe fugiu.

Autodidata discriminado e consciente de seu valor, Barreto (1956e, p. 40) expõe de forma obsessiva, enfim, seu desprezo, e ao mesmo tempo seu ressentimento, pelo título de doutor: o que chama de "birra do doutor". Tal título deriva, segundo ele, de uma situação de desigualdade e ao mesmo tempo a agrava, em um processo perante o qual ele sente-se claramente como vítima, e que é assim descrito:

> Só os ricos podem formar-se e nós já sabemos como, em geral, eles se formam. Os pobres que procuram lugares subalternos, logo na adolescência e são diligentes e capazes, adquirem, por isso mesmo, nas suas especialidades um tirocínio maior e uma prática mais estimável para os ofícios do que o duvidoso saber da maioria dos medíocres que saem das nossas escolas (p. 48).

E Barreto (1952, p. 91) busca, ainda, definir as causas sociais de sua exclusão: "A sociedade da Bruzundanga mata os seus talentos, não porque os desdenhe, mas porque os quer idiotamente mundanos, cheios de empregos, como enfeites de sala banal".

Se Barreto hostiliza a cultura oficial, ele não é, por outro lado, menos crítico em relação ao modernismo, que ainda chama de futurismo. Ao receber de Sérgio Buarque de Holanda um exemplar de *Klaxon*, Barreto (1956b, p. 68) exprime sua oposição à iniciativa paulista em um artigo escrito em setembro de 1922, por ele definido como "a manifestação da minha sincera antipatia contra o grotesco 'futurismo', que no fundo não é senão brutalidade, grosseria e escatologia, sobretudo esta". Barreto, enfim, manteve-se à margem do movimento, o que Oliveira (2005, p. 121) acentua:

> Lima Barreto chegou a organizar e defender uma proposta razoavelmente definida para uma literatura brasileira renovada, mas não chegou a constituir em torno de si um movimento coletivo de redefinição de valores culturais e critérios literários e culturais como ocorreu no nosso primeiro modernismo.

A crítica de Barreto a qualquer forma de institucionalização cultural, seu radical individualismo, o leva, igualmente, a condenar a criação de uma universidade no Rio de Janeiro, que geraria, segundo ele, apenas festividades e sessões solenes, reforçando, ainda, os privilégios concedidos ao doutor e o ingênuo respeito com que o povo o cerca (BARRETO, 1956b, p. 119). No lugar da universidade, deveria ser valorizado o conhecimento prático e exaltada a livre concorrência a partir da qual, evidentemente, excluídos como ele próprio teriam, enfim, seu lugar ao sol.

O principal alvo de suas críticas é Coelho Neto, criticado por Barreto (1956c, p. 76) por não ter transformado sua literatura em veículo de difusão de ideias, e por não ter dado voz aos injustiçados. Por não ter, em síntese, criado uma literatura militante como sempre foi a sua. Por tudo isso, conclui ele em outro artigo, "o Senhor Coelho Neto é o sujeito mais nefasto que tem aparecido em nosso meio intelectual" (p. 189). E o caráter nefasto de sua influência é potencializado pela extensão que ela alcança, o que o leva a lamentar:

> Decididamente o imortal romancista está ficando um ditador das nossas letras; e me parece, vai sair-nos um Porfírio Diaz da pena. Tem em cada jornal de importância um embaixador; possui na Academia um bando, o dos cabots; é conselheiro dos editores e, agora, toma conta do maior teatro oficial do Brasil. Não há remédio! Qualquer que seja o caminho que tomemos, o encontro com ele é inevitável. Ai dos vencidos (p. 261)!

Entre os vencidos, é claro, Barreto inclui a si próprio, surgindo ele assim, aos seus próprios olhos, como um anti-Coelho Neto: ele, que nunca soube ou nunca quis manejar os cordéis que levam à consagração e ao poder no terreno cultural. E ele que assumiu a literatura como missão, nas palavras atribuídas pelo autor a Leonardo Flores. Isso porque o anti-Coelho Neto é, também, Leonardo Flores, o poeta alcoólatra, suburbano e esquecido que surge em *Clara dos Anjos* e que, para completar a semelhança, é amargurado por um caso de loucura na família (BARRETO, 1994, p. 57). A maneira como Flores descreve sua relação com a poesia é uma clara descrição da própria postura de seu criador perante a literatura:

> Pois tu não sabes que tenho sofrido tudo, dores, humilhações, vexames, para atingir o meu ideal? .... Nasci pobre, nasci mulato, tive uma instrução rudimentar, sozinho completei-a conforme pude.... Humilharam-me, ridicularizaram-me, e eu, que sou homem de combate, tudo sofri resignadamente... A Arte só ama a quem a ama inteiramente, só e unicamente; e eu precisava amá-la, porque ela representava, não só a minha redenção, mas toda a dos meus irmãos, na mesma dor (p. 87).

E, referindo-se a si próprio, Barreto (1956b, p. 294) faz afirmação idêntica: "Eu quero ser escritor, porque quero e estou disposto a tomar na vida o lugar que colimei. Queimei os meus navios; deixei tudo, tudo, por essa coisa de letras".

Leonardo Flores pode ser descrito, ainda, a partir da seguinte afirmativa de Barreto (2010, p. 276):

> Os delicados de alma, nos nossos dias, mais do que em outros quaisquer, estão fatalmente condenados a errar por toda a parte. A grosseria dos processos, a "embromação" mútua, a hipocrisia e a bajulação, a dependência canina, é o que pede a nossa época para dar felicidade ao jeito burguês.

Mas neste trecho, certamente, Barreto está se incluindo entre estes delicados. E a trajetória de Leonardo Flores também pode ser descrita a partir desta observação de Barreto (p. 275):

> A vida de cada um de nós, que é feita e guiada mais pelos outros do que por nós mesmos, mais pelos acontecimentos fortuitos do que por qualquer outro plano traçado de antemão, arrasta-nos, às vezes, nos seus pontapés e repelões, até onde nunca julgaríamos chegar.

Mas, aqui, é a sua própria trajetória, evidentemente, que Barreto está descrevendo.

Há, ainda, outros pontos de contato entre autor e personagem, uma vez que o alcoolismo de Flores é um retrato do alcoolismo do autor. Freire (2005, p. 125) acentua:

> A morte da mãe e a doença do pai imprimiram-lhe marcas profundas na vida, pois vê-se obrigado a abandonar os estudos para trabalhar. Somam-se a isso as constantes reprovações na Politécnica, o preconceito, a discriminação e o tédio do trabalho na repartição.

E, perante todos estes desgostos, o álcool, para Lima Barreto, transforma-se em refúgio.

Seu alcoolismo leva-o mais de uma vez a ser internado, com Hidalgo (2008, p. 181) salientando em relação às internações sofridas por ele:

> Desta experiência traumática não se pode eximir o caráter de imprevisto, de incidente na trajetória de um alcoólatra sem quadro psiquiátrico, necessitado, porém, de tratamento para os delírios provocados pelo alcoolismo e para a degeneração física decorrente do vício.

Mas, já em 1910, Barreto (1953a, p. 25) tem plena consciência da ruína à qual o álcool o levaria, e exclama: "Vai me faltando a energia. Já não consigo ler um livro inteiro, já tenho náuseas de tudo, já escrevo com esforço. Só o álcool me dá prazer e me tenta...Oh! meu Deus! Onde irei parar"? E cinco anos depois, a bebida forma par com o desalento:

> Não tenho editor, não tenho jornal, não tenho nada. O maior desalento me invade. Tenho sinistros pensamentos. Ponho-me a beber; paro. Voltam eles e também um tédio da minha vida doméstica, do meu viver cotidiano, e bebo. Uma bebedeira puxa a outra e lá vem a melancolia. Que círculo vicioso! Que lástima! Despeço-me de um por um dos meus sonhos (p. 117).

Barreto não aceita passivamente o alcoolismo, contudo; busca compreendê-lo e reagir a ele: "Como eu tenho feito o possível para extirpá-lo e, parecendo-me que todas as dificuldades de dinheiro que sofro são devidas e ele, e por sofrê-las, é que vou à bebida. Parece uma contradição; é, porém, o que se passa em mim" (p. 167). Hospedado na casa de um médico e admirador no interior paulista, em 1921, Barreto (1956d, v. II, p. 239) reage, porém, às recomendações para que abandone a bebida: "Tu sabes bem a que nós somos levados à bebida. Eu sou só e tímido e bobo e idiota e selvagem e doente de imaginação. É preciso um derivativo e esse derivativo é....".

Mencionando o alcoolismo de Flores, portanto, Barreto está falando de si próprio. Aqui, como sempre, as amarguras e frustrações dos personagens são as amarguras e frustrações do autor. Se os bem-sucedidos são vis é, em boa parte, porque o autor não o foi e descarrega seu ressentimento, por exemplo, em Cassi, personagem de *Clara dos Anjos*, sedutor da protagonista, bem-sucedido com as mulheres e de uma canalhice quase grotesca, enquanto Barreto é um idealista malsucedido com o sexo oposto. Já os fracassados demonstram-se incapazes de manejar os cordéis do sucesso, por questões éticas ou por incompetência, e merecem, por isso, a simpatia do autor, assim como os alcoólatras que povoam sua obra são, invariavelmente, pessoas de bons sentimentos.

O idealismo de Barreto choca-se com a necessidade de sobrevivência, o que o faz encarar com amargura sua atividade jornalística e afirmar: "É bem ignóbil esta minha vida de escriba assalariado a jornalecos de cavação e de pilhérias! Estou tratando de me libertar dessa infame cousa" (v. I, p. 61). A esta carta, escrita em 1908, segue-se outra escrita no ano seguinte, na qual Barreto (v. I, p. 76) manifesta igual descontentamento e desejo de abandono em relação à sua atividade como funcionário público: "Ando imaginando o meio de sair daqui. Sinto-me incompatível e cheio de rancores".

Após abandoná-lo, Barreto (1956e, p. 179) exprime o desgosto que seu emprego sempre lhe causou: "Sem que me atribua qualidades excepcionais, detesto a hipocrisia e por isso digo que deixo o emprego sem saudades. Nunca o amei, jamais o prezei". E da mesma forma, ele revela as humilhações que os anos de estudo lhes trouxeram: "Todos os meus colegas, filhos de graúdos de toda sorte, que me tratavam, quando me tratavam, com um compassivo desdém, formavam uma ambiência que me intimidava, que me abafava, se não me asfixiava" (p. 195). Por fim, Barreto (2010, p. 476) descreve como vê a burocracia à qual pertenceu durante anos:

> A vida não é unicamente um caminho para o cemitério; é mais alguma coisa e quem a enche assim, nem Belzebu o aceita. Seria desmoralizar o seu império; mas a burocracia quer desses amorfos, pois ela é das criações sociais aquela que mais atrozmente tende a anular a alma, a inteligência, e os influxos naturais e físicos ao indivíduo.

UM NOSTÁLGICO CRÍTICO DA TRADIÇÃO E DA MODERNIDADE

Crítico implacável de seu tempo, Barreto tem, ao mesmo tempo, uma visão tradicional e conservadora da mulher e da família, que faz parte de um certo conservadorismo que sempre esteve presente em sua personalidade e em sua obra. Se Clara dos Anjos é vítima inerte de uma injustiça, como mulher e como mulata, a mulher deve, para ele, manter uma postura submissa e subordinada na estrutura social e familiar.

O autor é ferrenho antifeminista e critica o movimento feminista de seu tempo por seu elitismo: exatamente por ignorar as injustiças das quais as Clara dos Anjos da vida são vítimas. E é ainda coerente com seu conservadorismo, neste ponto ter sido Barreto (1956b, p. 267) contrário ao voto feminino e ridicularizado a luta pela entrada das mulheres no serviço público, definindo-a como a luta pela "liberdade de trabalho para as gentis senhoritas, bem recomendadas e empistoladas, nas repartições públicas".

Vasconcelos (1992, p. 258) acentua: "Lima Barreto denuncia o movimento feminista de então, por sua conivência com a política do oportunismo e com a corrupção governamental, que instituía, sem a menor cerimônia, a política do favor e do pistolão". Já o divórcio seria para Barreto, segundo Engel (2006, p. 229), "uma reivindicação muito mais legítima e consequente politicamente do que as bandeiras levantadas pelas feministas na época_ como o acesso das mulheres aos empregos públicos e o voto feminino".

Da mesma forma, a missão das mulheres elegantes, para Barreto (1956a, p. 105), "era trazer aos intelectuais as emoções dos traços corretos apesar de tudo, das fisionomias regulares e clássicas daquela Grécia de receita com que eles sonham". E, da mesma forma, ele questiona em relação às feministas: "Nos subúrbios, dá vontade de perguntar_ quem há de dar de mamar aos futuros filhos dessas meninas" (p. 84).

Por outro lado, sua vida foi desprovida de paixões amorosas, o que Barreto (1956c, p. 140) reconhece no ano de sua morte: "Nunca amei; nunca tive amor; mas sempre tive amigos nos transes mais dolorosos da minha vida". Ele não tem, ainda, as mulheres em grande conta: todas as moças presentes em uma festa, por exemplo, deixam-se arrebatar pela presença de Cassi, "tão poderosa é a fascinação da perversidade nas cabeças femininas"

(BARRETO, 1994, p. 47). E após um encontro um tanto casual com a amante de um amigo, Barreto (1953a, p. 87) sintetiza sua vida sexual até então:

> Tenho vinte e seis anos e até hoje ainda não me encontrei com uma mulher de qualquer espécie de maneira tão íntima, tão perfeitamente a sós; mesmo quando a cerveja, a infame cerveja, me embriaga e me faz procurar fêmeas, é um encontro instantâneo, rápido, de que saio perfeitamente aborrecido e com a bebedeira diminuída pelo abatimento.

Seu relacionamento com as mulheres, após um breve namoro aos 16 anos, resume-se, em síntese, a eventuais visitas a bordéis, com estes sendo descritos, em seus contos, como locais sórdidos. Assim. Barreto (2010, p. 92) descreve um de seus frequentadores:

> Por todo ele havia aspectos de um suíno, cheio de lascívia, inebriado de gozo. Os olhos arredondaram-se e diminuíram; os lábios se haviam apertado fortemente e impelidos para diante se juntavam ao jeito de um focinho; o rosto destilava gordura; e, ajudado isto pelo seu físico, tudo nele era de um colossal suíno.

E Barreto (2010, p. 93) acentua em relação a um prostíbulo: "Desprendimento do tabaco, emanações alcoólicas, e, a mais, uma fortíssima exalação de sensualidade e lubricidade, davam à sala o aspecto repugnante de uma vasta bodega". Não é por acaso, portanto, que a única história de amor que ocupa maior espaço em uma de suas obras seja, em *Clara dos Anjos*, a narrativa de um logro e de uma decepção.

Barreto é, então, tradicionalista em alguns aspectos, o que não o impede de criticar a tradição e denunciar seus alicerces retrógrados e oligárquicos, embora não aceite a modernidade apenas por ser nova. Como acentua Figueiredo (1995, p. 112), ele não se limita a criar uma dicotomia entre o novo e o antigo: "Através da criação ficcional procura superar esses limites, desmascarando a representação dos princípios da ordem racional burguesa ao deixar evidentes as bases em que estes se assentavam".

A tradição brasileira, carioca, pelo menos, é frágil, contudo, assim como são frágeis e recentes as construções arquitetônicas, o que Barreto (2010, p. 142) salienta: "Frágeis eram os artefatos dos índios e todas as suas obras; frágeis são também as nossas de hoje, tanto assim que os mais antigos monumentos do Rio são de século e meio; e a cidade vai já para o caminho dos quatrocentos anos". E, mais que preservar o que é antigo, é preciso para o autor, como salienta Gruner (2009, p. 127), a criação de uma outra memória: "A uma memória oficial e histórica, erigida para ser a celebração e a legitimação de um passado em que se cristaliza a vontade dos dominadores, ele opõe uma memória subterrânea, urgida no cerne de uma sensibilidade a um só tempo revoltada e vigilante". É preciso, portanto, criar uma espécie de memória dos vencidos, oposta à memória oficial, que é a memória dos vencedores.

Sua crítica à tradição incorpora uma visão eminentemente negativa da vida rural. Sua obra é toda urbana, e sua perspectiva também. Barreto (1956c, p. 105) não vê no campo mais que um "depósito de preconceitos e superstições pessoais" onde impera a estagnação, enquanto "a cidade é a evolução". E Barreto (1956a, p. 113) assinala em relação à população urbana:

> Operários e pequenos burgueses, eram eles que formavam a trama da nossa vida social, trama imortal, depósito sagrado, fonte de onde saem e sairão os grandes exemplares da Pátria, e também os ruins para excitar e fermentar a vida do nosso agrupamento e não deixá-lo enlanguescer.

Sua obra funciona, então, como uma afirmação do Brasil urbano e como uma crítica à idealização dos valores ligados à vida rural. Neste sentido, em uma literatura ainda marcada pelo regionalismo, ela tem o caráter de uma ruptura. Por outro lado, mesmo tendo sido um crítico intransigente de todos os governos sob os quais viveu, Barreto guarda inegável simpatia em relação à figura de Pedro II e tem da monarquia uma visão nostálgica e idealizada, o que é surpreendente em um autor tão atento a perseguições e discriminações raciais.

Barreto (2010, p. 172) acentua: "Dos chefes de Estado que tem tido o Brasil, o que mais amou, e muito profundamente, o Rio de Janeiro, foi sem dúvida D. João VI". E esta idealização dos monarcas brasileiros pode ser explicada a partir da idealização da abolição e a partir da decepção que também foi a sua perante os rumos da república.

Bosi (1973, p. 94) interpreta tais contradições a partir da origem social do autor, mencionando o conservadorismo sentimental característico da pequena classe média suburbana a qual ele sempre pertenceu, mas a nostalgia de Barreto pode ser vista, também, como uma tentativa de preservação da infância. Ainda segundo Bosi (1977, p. 307), "crítico, mas patético, o discurso de Lima Barreto quer conservar, ao menos nas dobras do afeto, a memória daquela infância, histórica e mítica, que a queda no mundo adulto abruptamente interrompeu". Ela pode, assim, ser explicada a partir de uma associação entre os últimos anos da monarquia e a idealização de sua infância, que ficou para ele, para sempre, como uma espécie de paraíso perdido.

E há, por fim, para o autor, a tradição dos ricos e a tradição dos pobres. A tradição defendida pelos ricos é vista como um mero disfarce para a espoliação, já que a riqueza deriva, normalmente, do roubo. A riqueza, nas obras de Barreto, raramente é consequência do trabalho honesto, Coleoni, compadre de Quaresma, funciona como exceção praticamente isolada, em um universo no qual os ricos e bem-sucedidos são vistos, quase sempre, de uma perspectiva crítica.

Não se cria, porém, uma dicotomia entre ricos gananciosos e pobres honestos, uma vez que os pobres também sonham com a riqueza e, como ele demonstra em *A Nova Califórnia*, não hesitam em abandonar qualquer prurido ético que interfira em sua busca. Mas toda sua simpatia, ao fim e ao cabo, vai para eles, com Hanner (1993, p. 152) salientando em relação ao autor: "Suas simpatias eram depositadas nos trabalhadores pobres do Rio de Janeiro, que há muito tempo reclamavam da vida mais fácil e da jornada de trabalho menor dos funcionários públicos".

Ao relembrar, ainda, um negro humilde, que fizera um empréstimo a sua família em um momento de necessidade, Barreto (2010, p. 666) acentua:

> Muitos outros fatos se passaram entre nós dessa natureza, e agora, que o desalento me invade, não posso relembrar essa figura original de negro, sem considerar que o que faz o encanto da vida, mais do que qualquer outra coisa, é a candura dos simples e a resignação dos humildes...

E, ao mesmo tempo, Barreto (2010, p. 121) salienta a perseguição da qual os pobres são vítimas, ao ironizar: "A polícia da República, como toda a gente sabe, é paternal e compassiva no tratamento das pessoas humildes que dela necessitam; e sempre, quer se trate de humildes, quer de poderosos, a velha instituição cumpre religiosamente a lei".

Já as elites são descritas como uma patologia sem direito à existência. Assim, durante uma apresentação no Teatro Lírico frequentada pela elite social, um personagem observa: "Estamos como que diante de um Museu de casos de patologia social". E, segundo Barreto (p. 108), "a nossa plutocracia, como a de todos os países, perdeu a única justificação da sua existência como alta classe, mais ou menos viciosa e privilegiada, que era a de educadora das massas, propulsora do seu alevantamento moral, artístico e social".

A modernidade burguesa é definida como uma farsa de mau-gosto, quando Barreto (p. 233) acentua:

> Hoje, com bondes elétricos, automóveis e o mais, os nossos grandes burgueses, alguns, dados todos os descontos, mais ricos do que o príncipe regente, só sabem amontoar-se em Botafogo, em palacetes de um gosto afetado, pedras falsas de arquitetura, com as tabuletas idiotas de "vilas" disto ou daquilo.

E a morte futura da burguesia é proclamada, quando Barreto (p. 234) assinala:

> Encarando a burguesia atual de todo gênero, os recursos e privilégios de que dispõe, como sendo unicamente meios de alcançar fáceis prazeres e baixas satisfações pessoais, e não se compenetrando ela de ter, para com os outros, deveres de todas as espécies, falseia a sua missão e provoca a sua morte. Não precisará de guilhotina...

O processo de enriquecimento desta classe, tantas vezes descrito em seus contos e romances é, por fim, sintetizado por Barreto (1956e, p. 294) em uma de suas crônicas:

> A fortuna nas mãos dos que tem dinheiro ou alcançam possuir algum, por este ou aquele processo inconfessável, graças a toda a sorte de expedientes administrativos e legislativos, em breve é triplicada, quintuplicada, até decuplicada, em detrimento da economia dos pobres e dos remediados que não conhecem a governamental galinha dos ovos de ouro e são chamados de tolos pelos ativos pró-homens bafejados pelos graúdos da política e da administração.

Barreto, enfim, não é tradicionalista, e insiste neste ponto: "Repito: Não gosto do passado. Não é pelo passado em si; é pelo veneno que ele deposita em forma de preconceitos, de regras, de prejulgamentos nos nossos sentimentos" (p. 85). Mas ele lamenta, ao mesmo tempo, o crescente predomínio do dinheiro sobre as relações sociais, por este eliminar certas características brasileiras: "Certa modéstia, certo desprendimento, certa generosidade" (p. 191). Sem ser tradicionalista, ele é inequivocamente nostálgico.

Seu inarredável anticlericalismo, finalmente, faz parte de sua crítica à tradição. Em artigo chamado *Simples reparo*, publicado em 1920 a respeito do ensino religioso, Barreto (1956b, p. 125) dá vazão a ele, definindo a religião como "narcótico transcendente" a agir sobre os pobres. E acentuando o nefasto poder político da Igreja a partir da articulação de uma curiosa cadeia de influências:

> O governo da nossa república está de fato entregue aos padres graúdos, porque estes governam as nefastas irmãs de caridade, que, por sua vez, dominam as suas antigas discípulas e, por fim, estas últimas, os seus maridos que são os ministros, os presidentes, os deputados, os juízes de alto coturno, etc.

Em contraposição, as crenças populares possuem uma eficácia aos olhos da população que o catolicismo não possui, o que Barreto (2010, p. 143) acentua:

> O padre, para o grosso do povo, não se comunica no mal com ela; mas o médium, o feiticeiro, o macumbeiro, se não a recebem nos seus transes, recebem, entretanto, almas e espíritos que, por já não serem mais da terra, estão mais perto de Deus e participam um pouco da sua eterna e imensa sabedoria.

Crítico da Igreja, Barreto (1956c, p. 85) aponta seu declínio moral e sua irrelevância para as questões mais prementes de seu tempo: "A força moral da Igreja é toda aparente; ela, a força, já se esvaneceu ou vai se esvanecendo (...). Não creio, portanto, que a Igreja possa resolver a questão social que os nossos dias põem para ser solucionada urgentemente". E ele se proclama um descrente na mais ampla acepção da palavra: descrê da religião, mas descrê também da ciência. Ambas estão mortas e são inúteis, como Barreto (1956d, v. II, p. 186) afirma em carta de 1919: "Todo o objeto de fé está morto; um Deus matou o outro. Na ciência, que parecia mais pimpona, não se pode crer mais. A sua falência é total; ela não deu a regra da nossa conduta; nem nos trouxe a felicidade".

Mas a crítica desenvolvida por Barreto, enfim, faz com que sua obra adquira, muitas vezes, um caráter curiosamente nostálgico, pouco condizente com suas ideias revolucionárias. E essa contradição não se limita a sua obra, englobando seu próprio comportamento, em flagrante contraste com seu sempre apregoado desdém pela igreja. Nas palavras de Lúcia Miguel Pereira (1950, p. 287), "esse anticlerical, afilhado de Nossa Senhora da Glória, galgava o Outeiro no dia 15 de agosto para rezar. Esse anarquista defendeu em várias ocasiões o Império, o imperador, as tradições e até a nobreza".

Barreto (1956a, p. 40) é carioca e identifica-se plenamente com sua cidade: "Vivo nela e ela vive em mim"! Mas também o carioquismo do autor é nostálgico, conservador. O Rio de Janeiro antigo encarna os princípios de solidariedade e desprendimento que estão sendo sepultados pela modernidade ávida de lucros da qual São Paulo é o símbolo e, neste ponto, a nostalgia singular de Barreto exprime-se de forma candente em *Vida e morte de Gonzaga de Sá*. Como lembra Broca (1992, p. 150), "temos aí um símbolo meio lírico e meio satírico da velha cidade que reage contra as influências desnaturadoras do seu caráter urbano, de sua fisionomia moral". Por outro lado, Barreto (1956d, v. I, p. 150) vê com ceticismo e ironia o processo de remodelação pelo qual passa o Rio de Janeiro no início do século, sublinhando a necessidade de importação, também, de hábeis ladrões. Afinal, "avenidas, boulevards, parques, teatros, palácios, Paris, enfim, sem *scrocs* geniais, não se compreende".

Há, para o autor, um fascínio da população pela modernidade que Barreto (2010, p. 83) exemplifica a partir da paixão de uma personagem por um motorista:

> O automóvel, aquela magnífica máquina que passava pelas ruas que nem um triunfador, era bem a beleza do homem que o guiava; e, quando ela o tinha nos braços, não era bem ele quem a abraçava, era a beleza daquela máquina que punha nela ebriedade, sonho e alegria singular da velocidade.

Mas Barreto, por outro lado, busca decodificar uma espécie de lado escuro da modernidade, o que Vecchi (2004, p. 462) acentua a partir da análise de seu romance mais famoso:

> Em *Triste fim de Policarpo Quaresma* se dá (como já ocorrida, por exemplo, em *Os sertões*) a des-coberta discursiva da realidade brasileira, desmetaforizada pela transcodificação do *logos* em práxis, da eloquência nacionalista promovida pelo ingênuo protagonista do romance, que devolve à realidade abstrata o seu sentido próprio, evidenciando o lado obscuro e inconfessado de uma modernização lacunosa e de uma modernidade falha.

E Oliveira (2007, p. 117) salienta como a temática da modernidade se encontra presente na obra do autor:

> A obra de Lima Barreto vincula-se a processos de modernização importantes, como a urbanização e a mudança de *status* econômico e social das finanças no Brasil. A questão de fundo de sua obra parece ser, na maioria das vezes, o que acontece em um país fragmentado socialmente, cujo cotidiano está sendo, cada vez mais, regido pelas formas desorganizadoras do dinheiro ou da mercadoria.

O autor manifesta profunda antipatia por expressões de seu tempo, como o carnaval. Assim, Barreto (2010, p. 172) acentua em relação a um baile de carnaval:

> Aqueles fantasiados tinham guardado na memória muscular velhos gestos dos avoengos, mas não sabiam mais coordená-los nem a explicação deles. Eram restos de danças guerreiras ou religiosas dos selvagens de onde a maioria deles provinha, que o tempo e outras influências tinham transformado em palhaçadas carnavalescas.

Mas, das novidades de seu tempo, nenhuma é mais detestada por ele que o futebol, objeto de inúmeras críticas ao longo de sua obra, o que leva ao ponto de filiar-se a uma certa Liga Contra o Futebol, da qual dá notícia em carta de 1919 (BARRETO, 1956d, v. II, p. 174). Ele, enfim, vê o processo de modernização pelo qual sua cidade passaria do ponto de vista de um *outsider*; de alguém que foi excluído da festa e, do lado de fora, denuncia precisamente seu caráter injusto e excludente. Ele vê todo um processo de circulação de elites se constituindo e denuncia o caráter perverso de todo o processo; aponta o cinismo e egoísmo que o fundamentam.

O SUBÚRBIO COMO RETRATO DA IDENTIDADE NACIONAL

Mais que um inimigo de modismos, Barreto manteve irredutível hostilidade a determinadas novidades, o que o fez ver com desconfiança o futebol, o feminismo, a nova arquitetura, as mudanças urbanísticas. Para ele, o subúrbio era um refúgio onde a modernidade ainda não havia entrado: "No subúrbio Lima Barreto almejou esquecer dos homens com quem era obrigado a conviver, daí raramente frequentar teatros, negar-se a ir aos cinemas" (BERTOLLI FILHO & BOM MEIHY, 1985, p. 158). E é válida, neste sentido, a observação de Santos (1998, p. 95): "Sua opção era por uma literatura despojada do ornamental e pela valorização da pequena burguesia do subúrbio com seus costumes e culturas próprios". Sua perspectiva, enfim, é a perspectiva do subúrbio.

Mas tampouco o subúrbio é retratado de maneira idílica. Barreto o retrata e as pobres vidas que ali se encerram, mas sem idealizá-las. Não há, em sua obra, a luta entre as elites cruéis e os pobres imaculados, já que sua visão da condição humana é por demais amarga para comportar qualquer tipo de idealização, o que se reflete inclusive em sua sátira, definida por Rosenfeld (1994, p. 120) como "um sorriso amargo, sarcástico, por vezes furioso de um náufrago na vida, que amiúde se torna um esgar".

Há uma hierarquia também entre os suburbanos, assim descrita por Barreto (2010, p. 554):

> Os senhores, com certeza, não sabiam que os subúrbios têm uma aristocracia. Pois têm. É uma aristocracia curiosa, em cuja composição entrou uma grande parte dos elementos médios da cidade inteira: funcionários de pequena categoria, chefes de oficinas, pequenos militares, médicos de fracos rendimentos, advogados sem causa etc.

E quem vive no subúrbio sonha em dar-se ares de grandeza, mas não apenas eles. Para Barreto (1956b, p. 150), "o brasileiro é vaidoso e guloso de títulos ocos e honrarias chochas". Assim, um dos personagens de *Clara dos Anjos* tem como motivo de orgulho ter convivido, no passado, com poetas famosos; outro se orgulha do irmão médico e capitão. E os moradores do subúrbio, "refúgio dos infelizes", na definição de Barreto (1994, p. 73. 4), mal se toleram: "A gente pobre é difícil de se suportar mutuamente; por qualquer ninharia, encontrando ponto de honra, brigando, especialmente as mulheres".

Entre eles, prevalece a inveja e a rivalidade, embora não seja apenas entre os suburbanos que os laços de solidariedade e união sejam precários ou inexistentes. Afinal, morando na roça, Quaresma percebe a mesma característica em seus vizinhos: "Não se associavam para cousa alguma e viviam separados, isolados, em famílias geralmente irregulares, sem sentirem a necessidade de união para o trabalho da terra" (BARRETO, 1986, p. 94). Em síntese: crítico do subúrbio, alheio a qualquer idealização da vida rural, o pessimismo de Barreto extrapola limites geográfico e engloba a própria identidade nacional. Não por acaso, o ignóbil Cassi, ignóbil por completo, em todos os sentido, é, segundo Barreto (1994, p. 29), "um tipo bem brasileiro". E o sonho de ser funcionário público, conclui Barreto (2010, p. 473), é uma espécie de obsessão nacional:

Mas, como dizia, todos nós nascemos para funcionários públicos. Aquela placidez de ofício, sem atritos, nem desconjuntamentos violentos; aquele deslizar macio durante cinco horas por dia; aquela mediania de posição e fortuna, garantindo inabalavelmente uma vida medíocre, tudo isso vai muito bem com nossas vistas e nossos temperamentos.

Vendo a reação da plateia a peças exibidas em clubes dramáticos suburbanos, Barreto (1953a, p. 71) define-a: "Traduzia perfeitamente o fundo burro, inestético da nossa gente". Mas não é só neste aspecto que o autor faz a crítica da identidade nacional, uma vez que as músicas de carnaval levam Barreto (1956b, p. 209) a refletir: "Uma tal pobreza de pensamento no nosso povo causa a quem medita, piedade, tristeza e aborrecimento". E o brasileiro é um conservador nato, avesso a inovações: "É dos nossos característicos mentais, não dar importância senão ao consagrado e ao que é respeitável a toda a gente. Poucos somos os que queremos achar a verdade, a independência, onde estiverem, dando-lhes o valor por elas mesmo" (p. 156). Por fim, para Barreto (1956a, p. 123), "a mais estúpida mania dos brasileiros, a mais estulta e lorpa, é a da aristocracia". Oprimido, o povo brasileiro antes admira que combate seus opressores.

Se tem uma visão crítica do caráter nacional, por outro lado Barreto (1956d, v. II, p. 74) é descrente quanto ao futuro do Brasil, definido por ele como um país antigo, sem vestígios de civilizações passadas e fadado a não criar nada de seu: sem passado e sem futuro, portanto. Mas é preciso colocar tal questão em sua obra com cautela, já que o incessante retorno às origens que Quaresma precisa empreender em busca de algo que seja genuinamente brasileiro deixa uma questão: existe algo que seja genuinamente brasileiro, ou, em outras palavras, existe, para Barreto, uma identidade nacional? Mostrar como seu personagem precisa remontar aos tupis para ter sucesso em sua busca é uma maneira que o autor encontra de ironizar os esforços de seu personagem e, por tabela, de colocar entre parênteses toda a discussão sobre a existência dessa identidade.

Ao mesmo tempo em que passa à margem de qualquer idealização da vida rural e do trabalhador brasileiro, Barreto critica as propostas de importar mão-de-obra para suprir as supostas deficiências, sejam raciais, sejam culturais, inerentes a esse trabalhador. Denuncia com precisão o caráter racista de tais propostas e situa-se, como ocorre com frequência, na contramão do discurso predominante em seu tempo, com a denúncia da questão racial situando-se no cerne de sua obra.

Barreto (1953a, p. 9) busca, já em 1903, definir os rumos desta: "No futuro, escreverei a História da escravidão negra no Brasil e sua influência na nossa nacionalidade". Um plano irrealizado, evidentemente, mas que acentua a importância que ele desde cedo atribui à questão racial; o peso que ela teria em sua obra e em sua vida.

O discurso racial de seu tempo é, segundo Figueiredo (1995, p. 91), combatido por ele a partir de estratégias como retirar dele sua pompa, projetando-o em situações corriqueiras como uma viagem de bonde. E Barreto (2010, p. 602) desmascara o sentido preconceituoso deste discurso, ao assinalar: "A capacidade mental dos negros é discutida *a priori* e a dos brancos, *a posteriori*".

A partir daí, Barreto (1956b, p. 22) transforma a ciência em vilã: "Em nome da religião têm-se praticado muitos crimes; em nome da arte têm-se justificado muitas sem-vergonhices; mas, atualmente, é a ciência que justifica crimes e também assaltos aos minguados orçamentos do país". Barreto (1956a, p. 121) ainda alerta: "Se no século XVII, o que separava os homens de raças várias era o conceito religioso, há de ser científico que as separará daqui a tempos". E, igualmente, Barreto (2010, p. 603) acentua: "A ciência é um preconceito grego, é ideologia, não passa de uma forma acumulada de instinto de uma raça, de um povo e mesmo de um homem".

Barreto (1956b, p. 188) contesta a idéia mesmo de raça, lembrando variarem de autor para autor os critérios raciais, e afirmando: "Nada mais falso do que apelar para a Ciência em tal questão". Mas ele não se limita a denunciar as teorias raciais, acentuando, também, suas consequências práticas. Assim, mencionando um texto todo pontilhado por princípios e expressões raciais escrito por um norte-americano, ele deduz: "Toda esta embrulhada de Baer, antropomorfos, etc., etc., quer dizer que Vossa Excelência admite como justas as execuções em massa de negros e mulatos que se fazem comumente nos Estados Unidos" (p. 89). E ao mesmo tempo, ao ler um livro de C. Bouglé, sociólogo durkheimiano francês, em 1906, Barreto (1956d, v. I, p. 158) escreve ao autor ressaltando a importância da contribuição de autores mulatos à cultura brasileira.

Mas, ao mesmo tempo, ele incorpora em seus textos elementos do discurso racialista que tanto combate. A existência de traços raciais positivos e negativos é enfatizada, por exemplo, quando Barreto (2010, p. 147) acentua em relação a uma personagem: "Tinha todos os traços de sua raça, os bons e os maus; e muita doçura e tristeza vaga nos pequenos olhos que quase ficavam no mesmo plano da testa estreita". E Barreto (p. 261) descreve "um petulante crioulo, muito preto, de um preto fosco e desagradável, cabeleira grande, gordurosa, repartida ao alto, e o chapéu a dançar-lhe em cima dela".

Barreto, finalmente, não confere valor algum ao que seria definido como cultura negra; à música e à religião negras, por exemplo. Ele, como salienta Schwarcz (2010, p. 17), "negava a importância da música de origem africana ou de costumes que, em seu entender, afastavam essa população das benesses do progresso". E Rabassa (1965, p. 387) acentua:

> Lima Barreto não está interessado nas tradições africanas como outros autores que escreveram sobre o negro. Sentiu que a interação cultural seria um processo de europeização e que qualquer herança africana teria que ser relegada à posição de antigas lendas que não teriam nenhuma conexão com o presente.

Cabe ao negro, portanto, adequar-se à cultura europeia: assimilá-la e produzi-la, como o francófono Lima Barreto sempre procurou fazer. Mas, por outro lado, ele não consegue escapar de sua condição racial, produzindo literatura na condição de negro, sendo discriminado por isto, sendo lembrado por isto o tempo todo e buscando reagir a esta contradição, que é a contradição, afinal, que estrutura sua obra e lhe confere muito de sua grandeza.

A crítica ao preconceito desenvolvida por Barreto é fundamentada em amargas experiências pessoais, que ele retrata na trajetória de seus personagens e que relembra ao narrar vivências de seu cotidiano. Como, por exemplo, quando, caminhando pela repartição na qual trabalha, ele é tomado por um contínuo, o que já havia ocorrido duas vezes antes. A partir daí, Barreto (1953a, p. 25) questiona sua condição racial e conclui: "Eu, mulato ou negro, como queiram, estou condenado a ser sempre tomado por contínuo. Entretanto, não me agasto; minha vida será sempre cheia desse desgosto e ele far-me-á grande".

Nesse contexto, ajuda a entendermos Clara dos anjos e seu criador uma observação que Barreto (p. 37) faz em 1905, referente ao comportamento de sua irmã: "Minha irmã, esquecida que como mulata que se quer salvar, deve ter um certo recato, uma certa timidez, se atira ou se quer atirar a toda espécie de namoros, mais ou menos bem intencionados, que lhe aparecem". É como se os negros e mulatos precisassem primar pelo bom comportamento para serem aceitos no mundo dos brancos.

Barreto estabelece uma dualidade entre elites indiferentes e preconceituosas e uma população excluída, discriminada e miserável. E como ele situa o Estado neste contexto? A missão do Estado, para Barreto (1956b, p. 58), deveria ser combater a miséria, mas o que ocorre no Brasil é precisamente o contrário: o Estado termina por ampliá-la através de impostos e ostentações.

Para apontar tal distorção, Barreto utiliza um expediente comum em sua obra, que é a utilização de exemplos exóticos para a descrição de realidades brasileiras. Ele menciona, então, a construção de palácios governamentais em nações asiáticas habitadas por miseráveis, para concluir: "Essa regra geral das administrações asiáticas obedece a certo critério de origem divina, em que se estatui que o senhor e os senhores têm direito a tudo; e os restantes, no máximo, a vida, e são obrigados a pagar impostos para gáudio daqueles" (p. 103).

De resto, ele pouco se envolve em disputas políticas, com a atitude de Gonzaga de Sá perante o Estado sendo bem a atitude de seu criador, ex--funcionário público:

> Apesar de enfronhado na legislação, não tinha uma idéia das suas origens e dos seus fins, não a ligava à vida total da sociedade. Era uma coisa à parte; e a comunhão humana, um imenso rebanho, cujos pastores se davam ao luxo de marcar, por escrito, o modo de aguilhoar as suas ovelhas (BARRETO, 1956a, p. 38).

Barreto (1956d, v. I, p. 194) manda uma carta de apoio a Rui Barbosa em 1909, mas nunca vai além disso. A esfera política é, para ele, objeto de permanente desprezo, o que transparece ao longo de toda a sua obra e o que Barreto (1953b, p. 73) faz questão de deixar bem claro:

> Não gosto, nem trato de política. Não há assunto que mais me repugne do que aquilo que se chama habitualmente política. Eu a encaro, como todo o povo a vê, isto é, um ajuntamento de piratas mais ou menos diplomados que exploram a desgraça e a miséria dos humildes.

E é a partir deste desprezo que Barreto (1956a, p. 140) descreve, de forma desolada e irônica, o entusiasmo de cidadãos pobres assistindo ao desfile das Forças Armadas em dia de feriado nacional, sua paixão pela pátria: "Porque a queriam de pé, vitoriosa, eles que nada recebiam dela, eles que seriam espezinhados pela mais alta ou pela mais baixa das autoridades, se alguma vez caíssem na asneira de ter negócios a liquidar com alguma delas"?

E a república, para ele, é um regime que já nasceu distante da população, com Barreto (2010, p. 466) acentuando em relação à proclamação da república em Bruzundanga: "O povo, propriamente, vem assim, àquela hora, nas janelas, para ver o que se passava; e, no dia seguinte, quando se soube da verdade, um olhava para o outro e ambos ficavam estupidamente mudos". E assinalando: "A fortuna particular de alguns, em menos de dez anos, quase que quintuplicou; mas o Estado, os pequeno-burgueses e o povo, pouco a pouco, foram caindo na miséria mais atroz" (p. 467).

Barreto despreza, então, o mundo político, mas angustia-se com seus efeitos sobre a população. Se a política é uma farsa, suas consequências são reais, gerando abandono, miséria e marginalização. A denúncia do autor é a denúncia destes efeitos. O mundo oficial gera uma discriminação que se infiltra no cotidiano e toda sua obra é um relato de pequenas injustiças, sonhos desfeitos, exclusões injustas e recompensas imerecidas. O mundo real e o mundo oficial são igualmente alicerçados no preconceito; os de baixo mimetizam os de cima e adotam seus valores.

Bosi (1988, p. 53) fala em "um anarquismo comunista difuso", referindo-se à obra do autor. De fato, ele não se declara anarquista, mas justifica a existência de anarquistas no Brasil, dadas as condições morais e econômicas em que se encontra imersa a nação, e expressa sua simpatia por eles. E Barreto (1956b, p. 218) declara sua repulsa ao capitalismo, definido como um regime de miséria e opróbrio. Ele, contudo, nunca foi um militante anarquista, mas suas ligações com o movimento foram estreitas. Segundo Konder (1988, p. 107), em 1907, ele transformou *Floreal*, revista por ele dirigida, em espaço para a difusão de ideias anarquistas, escreveu artigos para *A Lanterna*, de Edgar Leuenroth e foi colaborador de *Vida*, revista anarquista. E ele foi um revolucionário, definindo com clareza seus objetivos: "Queria reformas, revoluções, inversões nos valores *chics*" (BARRETO, 1956a, p. 60).

Barreto (1956e, p. 72) expressa sua simpatia pela Revolução Soviética e sonha com a eclosão de movimento semelhante no Brasil. Tal revolução iria liquidar a sociedade burguesa e a ordem republicana por trás da qual políticos e industriais saqueiam o país. E ele conclui: "É preciso, pois não há outro meio de exterminá-la" (p. 164). No lugar desta ordem e desta sociedade, Barreto (p. 90) constrói o que podemos considerar como sendo sua sociedade ideal:

> A propriedade é social e o indivíduo só pode e deve conservar, para ele, de terras e outros bens tão somente aquilo que precisar para manter a sua vida e de sua família, devendo todos trabalhar da forma que lhes for mais agradável e o menos possível em benefício comum.

Como situá-lo, então? Suas ideias, no fundo, resumiam-se a um solidarismo um tanto vago e a uma intransigente recusa ao sistema capitalista, no qual enxergava apenas uma plutocracia predatória e preconceituosa; um retrato, aliás, consideravelmente fiel das elites brasileiras. Sua obra representa uma interpretação do Brasil traçada do subúrbio, desenhada de fora para dentro; daí, talvez, sua argúcia e daí, certamente, sua amargura.

Capítulo 6

Explicando o fracasso: Monteiro Lobato e a identidade nacional

EM BUSCA DO LEITOR MÉDIO

Podemos começar por uma questão: Monteiro Lobato escreveu uma obra literária ou, pelo menos, sustentou sua atividade como literato ao longo das décadas nas quais escreveu milhares de páginas? Isto porque o conceito de obra literária, em seu caso, torna-se problemático. Quase tudo que ele escreveu, à exceção de seus textos literários iniciais e de sua literatura infantil, foram textos de circunstância, vinculados à sua vida de empreendedor incansável, ligados a um jornalismo que ele sempre colocou em segundo plano, mas do qual sempre se utilizou na defesa de suas ideias.

Podemos, ainda, partir de outra questão: é possível pensar o autor no contexto vago, indistinto, conhecido como pré-modernista? Uma historiadora da literatura brasileira define os motivos de tal inserção:

> A própria inclusão de Lobato entre os escritores pré-modernistas é motivada pelo caráter nacionalista e participante de uma obra literária instrumental e instrumentalizada como poucas e, consequentemente, inavaliável no plano puro da realização poética (PICCHIO, 2004, p. 396).

E aqui, alguns paralelos podem ser traçados. Bernucci (1995, p. 88) aproxima Lobato de Euclides da Cunha a partir do "gosto pelo telúrico, a indignação pelas disparidades socioculturais, a denúncia dos desmantelos governamentais, a literatura como missão e o jornalismo combativo". Ambos, de fato, foram autores engajados, escrevendo sempre a partir da defesa de ideais a serem concretizados.

Um de seus opostos, por outro lado, é Lima Barreto, o que Prado (2004, p. 208) acentua: "Ao contrário de Lobato, cujo tino comercial completava o perfil ostensivo do burguês que se impunha (bacharel, promotor, fazendeiro, editor), Lima Barreto ficara pelo caminho: os projetos inacabados, o anonimato, o alcoolismo, e o hospício".

E outro de seus opostos foi Ricardo Gonçalves, poeta anarquista e suicida, que foi seu amigo de juventude e que Lobato transformou em mito para ele próprio, terminando por editar *Ipês*, único livro de poesias do amigo. Em relação a essa amizade póstuma, Prado (1986, p. 111) menciona "o desapontamento pelo poeta que se aniquilava como um caso perdido".

Mais que um caso perdido, Gonçalves foi o literato romântico e poeta frustrado que Lobato se recusou a ser, convertendo-se, acima de tudo, em um homem de ação. E no momento em que Gonçalves caminhava para o suicídio, Lobato (1951a, v. II, p. 31) traçava seus planos para o futuro e declarava, em 1915, haver trocado a literatura pelo desenho: "Não escrevo mais. Nunca mais. Se há quem escreva nos outros países é que existem por lá compensações sérias, renome e dinheiro. Desde que não nos aparece compensação nenhum, escrever não passa de pura manifestação de cretinice".

E, finalmente, Lobato foi um Oswald de Andrade bem sucedido: empresário e escritor de sucesso, popular (o que Oswald nunca conseguiu ser, apesar de seu sonho de distribuir o que ele chamava de seu "biscoito fino" para as massas) e editor bem sucedido, cuja inovação foi pensar sua atividade em termos de indústria cultural; foi pensar o livro como mercadoria que demanda uma ampla e eficiente rede de distribuição para chegar ao público, gerando uma nova mentalidade em relação à qual Koshiyana (2006, p. 17) salienta: "E na ação de empresários editores dos anos quarenta estavam presentes várias ideias e práticas preconizadas por Monteiro Lobato nos anos vinte e trinta".

Lobato revolucionou, segundo Broca (1993, p. 115), o relacionamento entre escritores e editores, "levando os primeiros a encararem os segundos não como adversários, como acontecia antes, mas na verdadeira categoria de confrades, trabalhando em setores que se articulam intimamente". Fazendo isso, ele, pioneiramente, montou essa rede, enquanto Oswald nunca conseguiu recuperar-se da falência que o vitimou em 1929. Oswald manteve-se fiel ao experimentalismo que caracterizaria sua obra, enquanto Lobato o recusou conscientemente, preocupado, sempre, em atingir, como editor e como escritor, grandes públicos (e conseguindo em ambos os casos).

Sem colocar em termos comparativos o mérito artístico de cada um, é importante lembrar jamais terem possuído os modernistas a capacidade de Lobato de mobilizar leitores em torno de um tema, capacidade esta que se manifestou já em 1917, quando ele elaborou o famoso inquérito sobre o saci, convidando leitores de *O Estado de São Paulo* a contribuir com relatos e informações sobre o ente. Uma pesquisa que contou, pioneiramente nos estudos folclóricos, com a elaboração de um questionário sobre o tema e que visava registrar a percepção sobre uma figura mítica do imaginário popular. E uma pesquisa nascida da atração de Lobato por este imaginário ou, pelo menos, pela expressão popular, que ele considera mais autêntica que a cultura oficial de seu tempo.

Imaginário popular, cultura oficial. Em 1923, Lobato (1951b, p. 62) acentua tal dualidade, ao afirmar: "Como é viva a língua do povo! E como é fria, morta, a língua erudita, embalsamada pelos grandes escritores"! A cultura e a sociedade brasileiras são, assim, duais:

> Temos duas civilizações, ou melhor, duas culturas: a cultura importada, dos que vivem nas cidades, sabem ler e escrever e até livros escrevem! e a cultura local, filha da terra como um cogumelo é filho dum pau podre, desenvolvida pelos homens do mato – o caboclo, o caipira, o jeca, em suma (LOBATO, 1969, p. 29).

Entre os dois polos, contudo, ele adota posição ambígua, tanto que, nos contos regionalistas, Lobato narra histórias ocorridas no meio rural e, ao mesmo tempo, busca distanciar-se dele, encarando seus personagens, como acentua Polinésio (1994, p. 315), com ironia e uma boa dose de desprezo. E conclui a autora: "A inclusão, bastante frequente, de citações eruditas, contribui para frisar a superioridade cultural e social desse narrador diferenciado".

Mas a imagem de Lobato como o polo nacionalista dessa dualidade já está configurada no início dos anos vinte, do que dá prova um texto de Antonio Torres em que ele menciona uma sessão da Academia Brasileira de Letras na qual um acadêmico – Luís Guimarães – teria lido um grande número de brasileirismos retirados, em sua maior parte, de Monteiro Lobato. A partir daí, Torres (1921, p. 145-153) conclama Lobato a transformar-se em fornecedor de brasileirismos para os acadêmicos, ou seja, para o outro polo da dualidade.

Para Lobato (1951b, p. 102), o Brasil não alcançou ainda sua autonomia cultural: "Somos um povo de mentalidade colonial. Nascemos colônia e até agora só conquistamos a independência política. Econômica, espiritual, mental e cientificamente, continuamos colônia". Causa e consequência deste processo é o fato de imigrantes dominarem setores inteiros da economia, enquanto o país continua mergulhado no academicismo e no bacharelismo, o que o leva a ressaltar, ironicamente:

> Temos doutores em leis, doutores em comércio, doutores em farmácia, doutores em dentaduras, doutores em engenharia, doutores em medicina. E academias sobre academias se fundam cá e lá, de Comércio, de Letras, de Poucas Letras, de Nenhumas Letras, de Costura (p. 147).

E contra um sistema educacional e cultural acadêmico e bacharelesco, Lobato (p. 108) propõe a adoção de um ensino eminentemente técnico: "O nosso mal é a incapacidade técnica. Ninguém trabalha porque ninguém aprende a trabalhar. E o remédio é uma coisa só: escolas de trabalho. Foram estas escolas que fizeram a Alemanha. Foram as criadoras dos Estados Unidos".

Dos estatutos da Liga Nacionalista, criada em São Paulo em 1917, consta o seguinte propósito: "Será ainda um aparelho de ação, pois manterá escolas primárias e profissionais e cursos públicos destinados a difundir a cultura, o civismo, a compreensão dos deveres, a consciência da nacionalidade e a promover a educação política do povo" (*apud* BOTO, 1994, p. 151).

Essa é a preocupação também de Lobato. Ele constata, então, o grande problema brasileiro e sua solução: "O nosso problema capital, magno por excelência, é criar a cultura. Escolas profissionais para o povo, não cinco ou dez, mas cem, mil, uma em cada cidade" (LOBATO, 1968, p. 219). E, no futuro, assevera Lobato (1951c, p. 213), ocorrerão grandes mudanças: "Nas escolas futuras muitas disciplinas inúteis, ensinadas hoje, serão substituídas por outras de alto utilitarismo". O ensino teórico será, em síntese, substituído por um conhecimento ligado às necessidades práticas e ao desenvolvimento tecnológico.

Um conhecimento que seria a antítese da literatura produzida no período em que ele começou a escrever, vista por ele, segundo Nunes (1969, p. 42), como um exercício formal e estéril, acadêmico e embalsamado. Sua teoria do estilo, descrita por Nunes, foi uma reação a esse estado de coisas, e reação que fundamentou todos seus escritos. Foi uma reação à cultura oficial, representada com tudo o que possui de negativo pela Academia Brasileira de Letras, que transformou-se em uma "panelinha de gente equívoca", como ele a define em 1912. E, se assim ocorre, é porque essa é a sina das instituições nacionais, que são apenas um reflexo da nação. Portanto, para Lobato (1951a, v. I, p. 331), "a Academia está descendo porque a sina deste país é a descida".

Mas a crítica ao academicismo caminha a par com um conservadorismo que fica patente já em 1905, quando Lobato (1959, v. I, p. 84) faz a defesa do Conselheiro Acácio contra seu próprio criador: "E pensar a gente que aquele homem, o protótipo das boas maneiras, do bom senso, da sisudez, é tomado como alvo de gracejos dum peralvilho como o Eça"; conservadorismo, enfim, que jamais o abandonou, e que o fez manter-se resolutamente à margem do modernismo, embora Oswald de Andrade (1973, p. 197) tenha definido-o, em 1945, como precursor do movimento: "Você foi o Gandhi do modernismo. Jejuou e produziu quem sabe, nesse e em outros setores a mais eficaz resistência patriótica de que se possa orgulhar uma vocação patriótica". E Bedê (2007, p. 70) contesta o conservadorismo atribuído a Lobato, ao afirmar: "Ao defender o naturalismo nas artes plásticas (aqui sinônimo de moderno), Lobato assume, sem dúvida, uma posição de vanguarda para o seu tempo, pois lutava contra o academicismo (arte oficial) esterilizante".

Mas, quando Lobato (1965, p. 22) escreve, em 1922, uma crítica elogiosa a *Os condenados*, romance de estreia de Oswald, ele não se furta a aconselhar o estreante a abandonar experiências estéticas e inovações, atendo-se ao gosto do leitor, já que "se o objetivo de um escritor é transmitir ideias e sensações, essa transmissão será tanto mais perfeita quanto mais respeitar a psicologia média dos leitores". E Leite (1996, p. 214) identifica, na obra de Lobato, o "objetivo de criar uma literatura mais próxima ao gosto popular, do leitor médio, que o escritor sistematicamente, nas mais distintas áreas de atuação (imprensa, atividade editorial, literatura) se empenha em conquistar e manter"

Celebrizado a partir de sua reação ao modernismo que surgia, seu academicismo, no que se refere às artes plásticas, permaneceria intacto ao longo das décadas seguintes, o que Lobato (1959, v. II, p. 174) mesmo torna claro em carta datada de 1946 – quase trinta anos, portanto, após a famosa exposição de Anita Malfatti – quando faz uma espécie de síntese do ocorrido após aquela data: "E a coisa ficou assim: para os pintores modernistas, todos os louvores da crítica e a fome em casa; para a arte normal e eterna, o silêncio da crítica ou a coima de fotógrafos – mas intenso apoio público, recompensa farta e vida boa.

O que ele chama de "arte normal e eterna", em literatura como em artes plásticas, é o realismo, e Chiarelli (1995, p. 182) aponta a importância deste como critério estético para Lobato: "Mesmo na arte 'irrealista', ou seja, composta a partir da pura imaginação do artista, o estudo da 'natureza real', da 'verdade' natural, devia ser a base".

Se em artes plásticas o autor é academicista, em literatura Lobato (1951a, v. I, p. 222) é formalista, e afirma: "A forma perfeita é *magna pars* numa literatura... Sem limpidez, nem asseio de forma, a idéia vem embaciada, como copo mal lavado". Escritos ainda em 1908, tais princípios estéticos sempre norteariam o gosto literário do autor, que toma, por exemplo, Camilo Castelo Branco como exemplo a ser seguido: "Saber a língua é ali! Camilo é a maior fonte, o maior chafariz moderno donde a língua portuguesa brota mijadamente, saída inconscientemente, com a maior naturalidade fisiológica" (v. I, p. 241). Da mesma forma, quando menciona Rui Barbosa: "Tens os discursos do Ruy? Que maravilha! Que deslumbramento! Que incomparável mestre e que artista da palavra" (v. I, p. 274)! Não admira, assim, que ele jamais demonstrasse o menor entusiasmo por qualquer forma de experimentação literária, o que o fez passar ao largo do modernismo. A literatura, para ele, sempre teve um caráter instrumental, de denúncia ou catequese social.

Lobato, enfim, sempre se preocupou em ser popular; daí suas críticas aos modernistas. Assim, Lustosa (2004, p. 229) acentua:

> Mesmo apoiando o rompimento com os formalismos, que foi a marca do modernismo da primeira fase, Lobato criticava-lhes o desprezo pela aceitação do público, implícito no uso de uma linguagem que, pelo radical rompimento com as regras gramaticais e com a lógica que deve presidir a sintaxe, tornava-se inacessível à maior parte da população.

E tal preocupação foi coroada de êxito, transformando-o em um nome reconhecido mesmo por quem tem pouco ou nenhum contato com a literatura, assim como conhecido nacionalmente tornou-se a figura do Jeca Tatu, nascido de sua atividade como fazendeiro nos primeiros anos da década de 1910. Um período no qual não sobrou tempo para a literatura, mas no qual, em contato com os caipiras da região, ele pensou na figura que os representaria, daí em diante, no imaginário brasileiro.

JECA TATU: DA CRÍTICA AO PERSONAGEM À CRÍTICA AO SUBDESENVOLVIMENTO

O caipira já é descrito por Zaluar (1953, p. 73), em meados do século XIX, em traços muitos semelhantes aos utilizados no retrato lobatiano: "O Caipira, se não anda nas suas aventuras e excursões, encontrá-lo-eis sentado à porta do lar, fumando o seu cigarro de fumo mineiro, e olhando seu cavalo que rumina, tão preguiçoso como ele, a grama da estrada". E onde ele mora as riquezas permanecem intocadas, mercê de suas vidas "quase completamente improdutivas" (p. 109), da indolência que o caracteriza.

Pensando a figura do Jeca, criando-a, Lobato não estava sendo, necessariamente, original. A figura do caipira ora visto como representante da tradição a ser preservada, ora definido como atrasado, supersticioso, avesso e alheio à modernidade que se implantava e que se desejava, já fazia parte do imaginário paulista e em torno dele já se delineara toda uma literatura regionalista que às vezes o louvava, às vezes o criticava como, por exemplo, em *Quadro rural*, poema de Raul Bopp:

> Paisagem deprimida
> Com uma linha de mato mutilada a machado
> João Candango subnutrido e apático senta-se à porta do rancho.

Em relação a ele, Lobato, então, não inovou; apenas criou o personagem que o encarnaria de forma definitiva. O Jeca foi inspirado por um personagem real que tinha o mesmo nome e era neto de uma senhora que sempre o elogiava, até que Lobato (1951c, p. 191) o conheceu pessoalmente: "Que decepção! Um bichinho feio, magruço, barrigudo, arisco, desconfiado, sem jeito de gente. Algo horrível. Por isso mesmo, o seu nome ficou na minha cabeça". E sua figura surge em *Velha Praga*, artigo que o fazendeiro Lobato envia à seção de reclamações de *O Estado de São Paulo*, e no qual a reclamação dirige-se às constantes queimadas feitas pelo caipira. Temos, então, um ser essencialmente negativo que, em carta de 1914, surge como um personagem em gestação, a ser desenvolvido em um romance ou em uma série de contos, sendo definido como um caboclo da serra incapaz de viver em outro lugar (LOBATO, 1951a, v. I, p. 362).

A indignação de Lobato com o Jeca nasceu de seu fracasso como fazendeiro e misturou-se a questões raciais. Como salienta Moraes (1997, p. 102), "ele havia esbarrado em inúmeros obstáculos: terras improdutivas, região decadente, falta de mão-de-obra qualificada, etc. Apesar de todos esses fatores, Lobato coloca a culpa exclusivamente no último". Lobato (1951a, v. II, p. 40) escreve inicialmente contra o Jeca, criticando, em 1915, a idealização do caipira levada a cabo por um autor regionalista como Cornélio Pires: "O caboclo de Cornélio é uma bonita estilização – sentimental, poética, ultra-romântica, fulgurante de piadas – e rendosa". E em 1916, Lobato (v. II, p. 68) afirma: "O caipira estilizado das palhaçadas teatrais fez que o Brasil nunca pusesse tento nos milhões de pobres criaturas humanas residuais e sub-raciais que abarrotam o Interior". Segundo ele, portanto, o caipira tem sido antes objeto de riso que de análise, cumprindo inverter a equação.

O Jeca pode, ainda, ter até ascendentes ilustres, mas estes já esmoreceram de todo, tanto que, em *Urupês*, Lobato (1982, p. 146) inverte conscientemente a mitologia indianista, com o índio alencariano descaindo para a condição de caboclo inerte: "O cocar de penas passou a chapéu de palha debatido à testa; a ocara virou rancho de sapé: o tacape afilou, criou gatilho, deitou ouvido e é hoje espingarda truxada; o bode descaiu lamentavelmente para o pio de inhambu; a tanga ascendeu a camisa aberta no peito".

Feitas as contas, ainda, o Jeca terminou por consolidar-se como um índice negativo da nacionalidade. Lobato retratou o caipira como que em oposição ao sertanejo euclideano, e quando Euclides da Cunha (1975b, p. 132) dedica-se, igualmente, a descrevê-lo, o faz em termos que acentuam o perfil traçado por Lobato:

> O caipira desfibrado, sem o desempeno dos titãs bronzeados que lhe formam a linha obscura e heroica, saúda-nos com uma humildade revoltante, esboçando o momo de um sorriso, deplorável, e deixa-nos mais apreensivos, como se víssemos uma ruína maior por cima daquela enorme ruinaria da terra.

E, da mesma forma, Rui Barbosa (1973, p. 172) define assim o Jeca em seu elogio a Lobato, feito em plena campanha presidencial de 1919: "Um fatalismo cego o acorrenta à inércia. Nem um laivo de imaginação, ou o mais longínquo rudimento de arte na sua imbecilidade".

Devido a seu potencial de negatividade, o Jeca foi recusado por quem gostaria de ver ressaltadas suas diferenças em relação a ele. Assim, um senhor de engenho como Júlio Bello (1944, p. 40) recusa ao caboclo do Norte, em suas memórias, qualquer semelhança com o Jeca, definindo este como filho do proletariado rural paulista. E concluindo: "O Jeca Tatu, entre nós, como tipo padrão de uma classe, é exagero e injustiça. Entre nós, o caboclo foi muito corrigido pela coragem e atividade produtiva dos outros sangues. Mais do que no Sul". E no que tange a São Paulo, Almeida (2001, v. II, p. 661) salienta, estudando um município do Vale do Paraíba: "O empenho da 'sociedade' luisense em distanciar-se da civilização rústica traduz um sentimento de inferioridade. A imagem do município era dominada pelo vulto de Jeca Tatu e emoldurada pelo estigma de cidade morta".

Por outro lado, já no período em que a figura se consolidava no imaginário brasileiro, alternativas a ele eram buscadas. Rui Barbosa e Santos

Dumont, por exemplo, segundo Gilberto Freyre (1959, v. II, p. 502) foram celebrizados como os brasileiros franzinos que se impuseram perante a Europa, assim como a figura do cearense – do imigrante que se transformava em seringueiro – foi idealizada, no período, como o desbravador que iria conquistar a Amazônia. Contudo, é uma idealização já criticada por Lima Barreto no período mesmo em que ela se concretiza. Assim é que, escrevendo sobre Monteiro Lobato, o que Barreto (1956b, p. 109) coloca em questão é exatamente a apologia dos sertanejos do Norte: "Todos os nortistas, especialmente os cearenses, estão dispostos a fazer deles, senão esforçados *preux*, ao menos tipos de uma energia excepcional, de uma capacidade de trabalho extraordinária e não sei o que mais".

Houve, entretanto, uma outra maneira de ver o Jeca, regionalista e marcadamente positiva, presente nos contos de Waldomiro Silveira e também nas artes plásticas, com Silva (1993, p. 279) ressaltando-a nos quadros de Almeida Júnior: "Penso particularmente em *Cozinha na Roça*, cuja rusticidade demarca nova maneira de olhar os costumes do homem do povo, em cenas cotidianas de seu viver". E o retrato crítico do Jeca gerou, por sua vez, segundo Camargos (1998, p. 138), uma ânsia renovada de estudar e conhecer o caipira que desaguou em nova onda de valorização do mesmo, expressa nas obras de Leôncio de Oliveira, Leonardo Motta e Cornélio Pires.

Segundo Santos (1980, p. 196), Lobato explicaria as deficiências do Jeca a partir de critérios raciais: "A miscigenação explicava tudo. Éramos um povo fraco". Mas o determinismo acentuado por Lobato não é ligado primordialmente nem ao meio nem à raça; relaciona-se, sim, com a saúde da população. O brasileiro é doente, constata Lobato (1951c, p. 276), e urge curá-lo: "A população rural, esteio que é da riqueza pública, fonte de onde tudo promana, quanto mais doente se torna menos eficiente na produção de riqueza é".

Se o problema central, enfim, relaciona-se à saúde do brasileiro, sua solução deriva da área econômica. Só enriquecendo, só deixando de ser miserável, o brasileiro poderá resolver os problemas básicos que o afligem. E

Lobato (1968, p. 88) conclui: "Evidente, pois, que só uma solução existe para todos os problemas nacionais: a indireta, a solução econômica. Só a riqueza traz instrução e saúde, como só ela traz ordem, moralidade, boa política, justiça". E é possível, aqui, fazer um contraponto: temos em Lima Barreto (1956d, p. 133) como que uma crítica às soluções propostas por Lobato e, também, uma proposta que abre perspectivas bem mais radicais:

> O problema conquanto não se possa desprezar a parte médica propriamente dita, é de natureza econômica e social. Precisamos combater o regime capitalista na agricultura, dividir a propriedade agrícola, dar a terra ao que efetivamente cava e planta a terra e não ao doutor vagabundo e parasita, que vive na "Casa-Grande" ou no Rio ou em São Paulo.

Mas, se outras questões assumem importância primordial, o determinismo racial é, porém, fator relevante na construção do Jeca. Sua crítica ao personagem evolui da constatação da inferioridade racial que o define para a crítica ao subdesenvolvimento que o torna possível. Se o Jeca, enfim, é criado sob a influência de teorias raciais que postulam sua inferioridade, a ênfase recai, logo depois – como o próprio Lobato é o primeiro a reconhecer – na necessidade de estudar e transformar o contexto social no qual ele se forma, o que o leva a concluir em artigo publicado em 1915: "O caipira não é assim. Está assim" (*apud* AZEVEDO, REZENDE & SACHETTA, 1997, p. 115).

Temos, então, o sucesso do personagem provocando, como salienta Cavalheiro (1962, v. I, p. 188), uma rotação na maneira como Lobato o vê: "Convencido de que restaurar a saúde do povo é bater-se pela riqueza do país, Lobato volta a analisar o Jeca, mas agora para defendê-lo e, indiretamente, acusar-se a si mesmo". Acusar-se de que? De não ter visto o Jeca como vítima de um sistema que o espoliava. O Jeca, para seu criador, mais que uma figura regional, é um símbolo da nação, e assim Lobato (1951a, v.

II, p. 40) o define: "O Brasil é uma Jecatatuasia de oito milhões de quilômetros quadrados".

E ele inclina-se cada vez mais para a crítica social da "Jecatatuasia", tanto que, em entrevista feita durante a Segunda Guerra, Lobato parte de uma notícia de jornal onde se lê: "O trabalhador agrícola não está sob a proteção da legislação social-trabalhista brasileira", para acentuar a situação de exclusão social na qual o Jeca, segundo ele, ainda se encontra: "A situação desses homens é exatamente a mesma dos felás do Egito, que morriam de miséria nos trigais das margens do Nilo para que os privilegiados de Alexandria e outras cidades vivessem na abundância" (LOBATO, 1951d, p. 162). A miséria do Jeca tem, portanto, uma função, que é sustentar a civilização brasileira: "Sobre a miséria infinita desses desgraçados está acocorada a nossa 'civilização', isto é, o sistema de parasitismo que come, veste-se, mora, e traz a cabeça sob a asa para evitar o conhecimento da realidade" (LOBATO, 1969, p. 55).

Por outro lado, Lobato manteve sempre certa ambiguidade ao abordar a questão racial. Foi um firme defensor da eugenia, nunca aceitou de fato a igualdade racial e nunca teve o negro em grande conta, definindo-o como um ser que trabalhava enquanto escravo devido ao "chicote espevitador dos seus brios". Liberto, entregou-se à bebida e deixou de contar como elemento produtivo (LOBATO, 1951b, p. 145).

O fator racial sempre foi motivo de preocupação para ele e sempre foi definido como uma das causas do fracasso nacional, sendo que, já em 1903, Lobato (1969, p. 111) atribui o atraso do Brasil à formação racial do brasileiro, definido como "um tipo imprestável, incapaz de continuar a se desenvolver sem o concurso vivificador do sangue dalguma raça original – desses que possuem caracteres inconfundíveis".

Os defeitos do brasileiro derivariam, em escala considerável, de sua formação racial. Embora nunca tenha demonstrado conhecimento amplo das teorias raciais que tanto foram mencionadas por autores como Euclides da Cunha ou Sílvio Romero, tais defeitos e tal formação ainda são relacionados por Lobato (1951a, v. II, p. 332) em carta estrita em 1940: "O supremo gosto entre nós é ver alguém cair, fracassar, levar a breca. Começo a duvidar da viabilidade da nossa sub-raça".

Se a formação mestiça do brasileiro é um entrave ao desenvolvimento nacional, a solução é promover o branqueamento via imigração europeia; proposta largamente debatida e aceita no início do século XX e que Lobato (1959, v. I, p. 76) adota sem restrições em carta datada de 1905, onde ela é definida como uma vacina contra os problemas nacionais:

> É pelo italiano e pelo alemão que esse vírus, essa vacina será lançada em nossas veias, e portanto o maior patriota no momento atual é aquele que se casa com uma italiana ou uma alemã e vai trabalhar como um mouro nos campos a fazer bons filhos, sacudidos e espertos.

A migração europeia – o fortalecimento de seu fluxo – é, portanto, uma das soluções apontada por Lobato (1951c, p. 32): "O Brasil inteiro se transformará num Estado de São Paulo, que se é o que é deve-o sobretudo a um pouco de braço e cérebro europeu que para lá se encaminhou". E os resultados bem-sucedidos da imigração nas regiões onde ela se instalou é contrastada por Lobato (1965, p. 202) com a miséria reinante no resto do país: "Descontadas as áreas felizes do sul, onde um conjunto de circunstâncias miseráveis atraiu a imigração estrangeira e criou um relativo progresso, o resto do Brasil é uma pura calamidade".

Outra solução proposta é a eugenia, da qual Lobato (LOBATO, 1964, p. 208) é um firme defensor: "Temos de chegar à Eugenia. Esta sim. Esta será o grande remédio, o depurativo curador das raças. Pela Eugenia teremos afinal o homem e a mulher perfeitos – perfeitos como os cavalos e éguas do puro sangue". E em O Presidente negro, romance futurista escrito em 1926 e cuja ação se passa nos Estados Unidos durante o ano de 2228, ele faz sua defesa enfática. Imagina a criação de um Ministério da Seleção Artificial, destinado a colocar em prática as ideias de Francis Galton, e descreve o resultado de sua ação: "Essas restrições melhoraram de maneira impressionante a qualidade dos homens. O número dos mal-formados do físico desceu a proporções mínimas – sobretudo depois do ressurgimento da sábia lei espartana" (LOBATO, 1951e, p. 211). E define, ainda, o vadio, o doente e o pobre como os "três pesos mortos" existentes em toda sociedade, menos na sociedade do futuro por ele descrita, na qual eles foram suprimidos: "A eugenia deu cabo do primeiro, a higiene do segundo e a eficiência do último" (p. 233).

Lobato, enfim, é determinista, o que torna pouco sustentável a afirmativa de Skidmore (2002, p. 15), segundo a qual ele teria desempenhado a função de abrir o caminho, em São Paulo, para o anti-determinismo de Freyre ao negar qualquer determinismo a atuar sobre o Jeca, embora Freyre, conclua Skidmore, sempre tenha feito mais sucesso no Rio que em São Paulo. Afinal, como pode desempenhar tal função alguém que, já em crônica publicada em 1906, define-se como determinista, ao afirmar: "O homem é uma moldagem do meio. Verdade velha, mas de lei" (LOBATO, 1969, p. 260). E esse pressuposto ele jamais abandonaria.

Seu determinismo não atua, ainda, apenas a partir da raça. Lobato (1964, p. 85) pensa o clima como fator determinante do atraso reinante no Brasil, país tropical onde o inverno não existe como fator de incentivo à atividade humana:

> A gente das terras quentes, não se vendo sujeita a essa chibata, jamais aprende a acumular – além de que possuem um trabalho de muito fraco rendimento. O melhor das energias é gasto na luta contra o calor depressivo, pois que a boa arma nesse combate se chama inação.

E o clima tropical é, finalmente, hostil ao homem branco: "Só negros ou índios poderão deleitar-se ou sentir-se ambientados num cenário de verde eterno, com palmeiras, bananeiras e mais plantas de folhas enormes" (p. 19).

O brasileiro é descrito por Lobato (1918a, p. 7) como um degenerado, um decaído em meio aos parasitas tropicais, sendo o trópico uma região hostil à evolução humana. E a higiene é a solução: "A higiene é a defesa artificial que o civilizado criou em substituição da defesa natural que perdeu. Ela permite ao inglês, na Índia, uma vida próspera, exuberante de saúde, no meio de nativos derreados".

Condições de saúde, clima e raça são, portanto, os fatores determinantes do atraso nacional, atraso este que, visto dos Estados Unidos, torna-se mais gritante, ainda mais quando realçado em termos raciais, como Lobato (1959, v. I, p. 204) o faz em carta de 1927: "Só agora meço em toda a extensão o atraso infinito e a estupidez maior ainda da nossa gente. Somos África pura, meu caro Heitor". E em contraste ainda com os longamente descritos defeitos do brasileiro, Lobato (v. I, p. 211) realça a solidez moral do norte-americano: "A base moral deste povo só pode equiparar-se à base rochosa de Manhattan. Esta permitiu a ereção dos estupendos arranha-céus; aquela está permitindo que os Estados Unidos se tornem um mundo maior e melhor dentro do resto do mundo".

O AMERICANISMO COMO SOLUÇÃO

Maior e melhor: Tota (2000, p. 11) define Lobato como "um dos que se apaixonaram pela via americana como saída para o nosso atraso", e Lobato é americanófilo, francófobo e lusófobo.

Bedê (2007, p. 63) acentua: "Monteiro Lobato nunca visitou a França e, segundo seus principais biógrafos, não teve laços de amizade nem se correspondeu com nenhum escritor francês". Ele vê, ainda, na imitação das coisas francesas, uma manifestação do subdesenvolvimento a ser superado, vê na colonização portuguesa nada mais que um desastre cujas consequências devem ser remediadas e define os Estados Unidos como o caminho a ser seguido. Mas o americanismo de Lobato gera uma questão colocada por Flores (2005, p. 214): "Se o americanismo exigia, para seu funcionamento, a construção de um homem novo, como atingi-lo num país tropical, de passado colonial de raiz humanista europeia"?

Os Estados Unidos são a promessa, o antídoto contra a influência do passado colonial, o que enseja uma análise comparativa. Temos, então, um artigo publicado na edição de lançamento da revista *Brasiléia*, em 1917, que conclama: "Brasileiros! Precisamos criar uma pátria para nós. E, portanto, todo esforço deve convergir para libertar-nos da pesada ditadura lusitana que se exerce pelo poder do ouro e pela força mágica da imprensa" (*apud* TRINDADE, 1979, p. 24).

O abandono do passado é, nesse sentido, visto como condição para a construção do futuro. E algumas décadas depois, tal conclusão é retomada na perspectiva de Werneck Sodré (1963, p. 136), para quem "só a eliminação dos restos do colonialismo que permanecem na estrutura brasileira permitirá criações originais, nacionais, em todos os campos". Assim, a superação da herança colonial é considerada por ele como pressuposto para a criação de uma genuína cultura nacional, sendo o nacionalismo visto como uma libertação: "De seu conteúdo libertador provém o teor apaixonado de que se reveste e que leva os seus opositores a considerá-lo mais como paixão do que como política" (SODRÉ, 1957, p. 35). Ao nacionalismo que seria o de Sodré, contudo, Lobato prefere a adoção de um modelo externo.

Situar, ainda que sumariamente, o pensamento de Lobato em contraste com o ideário nacionalista brasileiro ajuda-nos, por sua vez, a compreender ambos. Tal ideário possui uma de suas matrizes em Alberto Torres, com o ideário nacionalista tomando, a partir dele, o protecionismo como base, tanto que, nas pegadas de Torres, segundo Luz (1975, p. 80), "como os outros nacionalistas, Serzedelo Correa invocava a favor do protecionismo a situação de dependência econômica em que o Brasil se encontrava, país colonial, com uma frágil economia, comprometendo a sua soberania nacional".

O nacionalismo dominante a partir dos anos 1920 apresenta, porém, segundo Faoro (1985, v. II, p. 671), diferenças fundamentais em relação às ideias predominantes no início do século:

Não se trata, agora, do nacionalismo antiluso, jacobino, dos dias de Floriano Peixoto. A perspectiva, mais larga e com base mais ampla, não se limita à defesa raivosa dos nativos contra os estrangeiros, mas, sobre inspirações próprias, reconstruir, reorganizar, reformar o país, por meio do Estado.

E é esta a tarefa assumida pela Revolução de 1930, tanto que a Constituinte de 1934, assim como a Constituição que virá depois, adota diretrizes nacionalistas a partir de medidas protecionistas em relação às jazidas naturais e às reservas hidráulicas, além de medidas de cerceamento de atividades de empresas estrangeiras em áreas ligada ao serviço público, dentre outras.

Temos, assim, uma convergência entre o regime e seus contestadores, já que, em 1935, a luta contra as empresas estrangeiras é um dos itens incluídos no programa da Aliança Nacional Libertadora. Cria-se, portanto, uma política de cunho nacionalista que pode estar, inclusive, relacionada à entrada relativamente tardia do capital estrangeiro no setor de bens de capital, segundo dados comparativos coletados por Boschi (1979, p. 188), que conclui: "Isso significa que a presença de capital estrangeiro no setor é, de fato, muito recente, correspondendo aos estágios posteriores do período de substituição de importações".

Já se referindo ao período correspondente ao final dos anos 1950, Velho (1976, p. 163) lembra que "o nacionalismo continuou sendo a face externa da política estatal, sobretudo na medida em que o Desenvolvimentismo se identificava com o Nacionalismo". Gera-se um novo ideário nacionalista, presente nos discursos de Juscelino. Tomemos, para compreendê-lo, a síntese elaborada por Cardoso (1977, p. 159), para quem, em tal ideário, "o nacionalismo inteligente é aquele que racionalmente procura encontrar os meios para a consecução dos objetivos nacionais. Definido o mais alto deles como sendo o desenvolvimento, o que dificulta o principal objetivo fere a própria nação".

Atuando dentro de tal corrente, Lobato notabiliza-se pela defesa de medidas estatizantes – da qual a campanha pelo petróleo é exemplo eloquente –, mas seu modelo é sempre os Estados Unidos. Para Lobato (1968b, p. 17), a chave para a riqueza de uma nação, como afirma durante a campanha do petróleo, é a riqueza mineral: "O segredo da América, bem como da Inglaterra, da Alemanha, da França e dos demais países ricos em poder e cultura vem do subsolo. No subsolo é que estão entesourados os materiais enriquecedores do homem". E em relação à exploração mineral, por exemplo, resta ao Brasil, para Lobato (1951b, p. 101), seguir o modelo norte-americano: "Fazer o que os Estados Unidos fizeram. Arrancar do seio da terra o ferro e transformá-lo em mil máquinas que nos aumentem a eficiência dos músculos".

Mas o atraso brasileiro neste setor refere-se, basicamente, a uma questão de mentalidade e, novamente, para Lobato (1964, p. 275), os Estados Unidos funcionam como parâmetro, uma vez que a mentalidade norte-americana permite a compreensão da importância do minério: "Sabem que são ricos e poderosos e temidos e donos do mundo porque compreenderam desde o início a verdadeira significação do ferro. Como explicar a uma mentalidade dessas que a palavra ferro nada significa para os países de pau"? A partir desse paralelo torna-se possível explicar porque, afinal, os Estados Unidos são um sucesso enquanto nação, ao passo que o Brasil fracassou: "Porque nos Estados Unidos o homem adquiriu elevada eficiência e no Brasil a eficiência do homem está pouco acima da do homem natural" (LOBATO, 1969, p. 43).

De forma mais específica, Henry Ford é o modelo a ser seguido pelos brasileiros. O homem que enriqueceu sem causar ressentimentos, o homem mais rico do planeta a distribuir prosperidade, o formulador de um novo paradigma que Lobato (*apud* AZEVEDO; REZENDE; SACHETTA, 1997, p. 206) define como o fim a ser visado pelo processo de modernização a ser adotado no Brasil:

> Neste paradigma, o fim visado não é o lucro, mas o bem comum; não é a exploração, mas a felicidade do operário; não é enganar o consumidor, mas melhorar o nível da coletividade. Não é, enfim, a acumulação financeira a qualquer preço, mas a resolução das mazelas que afligem o planeta.

E é das ideias de Ford, não do socialismo, para Lobato (1968b, p. 67) que nasce a solução para a miséria:" Extingue-se o sinistro antagonismo entre o capital e o trabalho, que ameaça subverter o mundo. Reajusta-se a produção ao consumo e graças à distribuição equitativa desaparece o monstruoso cancro da miséria humana". Nos Estados Unidos, portanto, Henry Ford é o parâmetro a ser adotado, o que Lobato (1951c, p. 146) o faz para ressaltar o atraso nacional:

> O Brasil, com os seus incontáveis recursos naturais e seus 30 milhões de habitantes, produz menos que... a fábrica Ford! Henry Ford, à testa de 50 mil operários, transforma matéria prima em utilidades no valor de 8 milhões de contos por ano. Nós um país! Não chegamos lá...

Os Estados Unidos são pensados, em resumo, como uma espécie de antítese do Brasil, o avesso de seus defeitos, o futuro perante o atraso, e entender como Lobato pensa a nação norte-americana é condição indispensável para compreender como ele pensa a nação brasileira. Sua viagem aos Estados Unidos foi para ele, uma viagem a um país que pertencesse, já, ao futuro, o que Lobato (1951a, v. II, p. 309) assinala em carta de 1928: "O sonho que localizei em séculos futuros encontrei realizado aqui".

E a antítese proposta leva Lobato a criticar um líder como Sandino, que transformar-se-ia em herói aos olhos da esquerda latino-americana, e a enaltecer o que seria o imperialismo norte-americano tão execrado por essa esquerda. Seria, aliás, porque tal imperialismo, aos olhos de Lobato (1959, v. I, p. 258), inexiste, o que, para ele, é motivo de lástima: "Só não lamento que a América não seja imperialista, e não varra de uma vez essa corja de descendentes de degredados que ocupou e está estragando um tão lindo território das Américas, como é esse trecho istmático que liga os 2 continentes".

O autor faz, assim, o elogio do imperialismo norte-americano, mesmo salientando sua inexistência. Após a criação do Canal do Panamá, segundo Lobato (1951b, p. 141), faz-se necessária a criação de um novo canal, agora na Nicarágua, o que será feito após a dominação do país, apesar dos protestos internacionais. O desfecho? "A águia faz um muxoxo e continua. Realiza a obra que o progresso do mundo impõe e permite mais tarde que passem pelo canal os gritadores do 'não pode', proporcionando-lhes a economia de maçada e dinheiro que a volta pelo cabo Horn exigiria".

Lobato (1968b, p. 323) define o Império Americano, ainda, em entrevista concedida em 1947, como o sucessor do Império Britânico, e analisa sua trajetória:

> Sim, é uma injunção da fatalidade histórica. Vem, crescerá, se desenvolverá tremendamente; depois entrará em decadência e morrerá, como está morrendo o Britânico. E meus votos são para que o Império Americano tenha a linda morte que este está tendo.

Mas uma ressalva é indispensável: admirando o industrialismo norte-americano, Lobato não menciona sua tradição democrática. Os Pais Fundadores não são seus personagens, o que diz muito a respeito de suas ideias políticas.

A INVIABILIDADE DA DEMOCRACIA BRASILEIRA

Em termos políticos, Lobato não é conservador; é, antes, apolítico, sempre vendo com desconfiança a esfera estatal e as atividades a ela relacionadas. Lobato (1959, v. I, p. 252) define, em carta escrita em 1928, quando atuava como representante do governo brasileiro nos Estados Unidos, como gostaria que fosse seu relacionamento com esse mesmo governo: "Quanto a governo, presidente, ministros, etc., não pretendo agradá-los, porque não pretendo fazer carreira nem permanecer nesta humilhante posição de funcionário da coisa mais ridícula e cretina que se possa conceber – governo brasileiro".

Seu desprezo pela atividade política o leva ainda a descrer de soluções revolucionárias e a apostar todas suas fichas no desenvolvimento econômico, em uma antítese por ele formulada com toda a clareza em 1929: "Chega de revoluções. Cuidemos de um remédio indireto e seja ele o remédio número 1- FERRO, ferro velho cansado de guerra. Só ele, só ferro cura realmente anemias – tudo o mais é panacéia, paliativo" (v. I, p. 271). E a revolução que ocorreria, de fato, no ano seguinte, é vista, em 1935, com característica desconfiança e desprezo: "Toda a luta partidária, dos partidos velhos e dos que estão se formando, outra mira não tem senão avançar na gamela de angu existente. A revolução de 30 só mirou uma coisa: arredar da gamela os que estavam debruçados no cargo" (v. I, p. 341). Em seu último ano de vida, finalmente, Lobato expressa sua "grande simpatia" pelo comunismo e pelo PCB, mas recusa o rótulo de comunista e descarta qualquer possibilidade de participação política (v. II, p. 270).

A visão do Estado expressa por Lobato (1951a, p. 56) em 1920 aproxima-o do anarquismo: "São destruidores os que armam arapucas à massa e chamam a isso estado; estes suspendem sobre a cabeça do povo um gládio e cem apetites. Onde ainda há povo, este não compreende o Estado e o detesta". E sua desconfiança perante ele o faz retomar o conceito de parasitismo social – fundamental no pensamento de Manoel Bomfim –, utilizando-o em sua análise da sociedade brasileira. O Estado funciona de maneira parasitária em relação à sociedade, na descrição irônica de Mr. Slang, inglês criado pelo autor para denunciar os males brasileiros (LOBATO, 1951c, p. 77). E funciona de forma camuflada e com o consentimento da população como ocorre no caso do Exército: "É impossível extinguir aqui os aparelhos de defesa inúteis e que muitas vezes se voltam contra o país. O povo brasileiro não o consentiria" (p. 81).

Lobato busca situar a democracia política dentro de um contexto mais amplo. Ela deve possuir uma dimensão social sem a qual ele a define como insuficiente: "No seu modo de ver, apenas quando respaldadas pelo mercado, pelo acesso aos bens, pelo progresso cultural e material, as propostas de democracia adquiriam fundamento e deixavam de ser ficção discursiva dos políticos (AZEVEDO; REZENDE; SACHETTA, 1997, p. 270).

Ele possui, por outro lado, uma perspectiva francamente elitista da prática política, perspectiva esta que nunca foi deixada de lado ao longo de sua obra. O problema da política brasileira, afirma Lobato (1964, p. 302) em carta endereçada a Artur Bernardes e escrita em 1924 é o fato da "multidão ignara, verdadeiramente boçal", ter direito a voto, dentro, ainda, de um regime de eleições de cabresto, o que faz com que as elites culturais tenham horror a política e afastem-se dela, quando o contrário é que deveria ocorrer:

> Deixando de ir às urnas essa massa bruta, desaparece o motivo que delas afastava a elite da nação, e veremos apresentarem-se os homens de bem, os homens cultos, todos enfim que constituem a parte nobre do país. E isto tudo automaticamente, naturalmente, sem forçar a ninguém e sem infringir essa grande ilusão do sufrágio universal, que é ainda a base das democracias modernas.

E importar a democracia parlamentar, para Lobato (1968, p. 173), significa importar um sistema político inaplicável ao Brasil:

> O artifício chamado parlamento de fato não passa de um artifício, isto é, coisa inatural, não decorrente dum modo lógico da árvore da nação. Salvo na Inglaterra. Só lá ele é natural, porque só lá o parlamento se originou por força de uma contingência orgânica inelutável e intraduzível por outra forma.

Mas tal sistema funciona, também, constata Lobato (1964, p. 171), nos Estados Unidos, o que o leva a nova conclusão:

Copiamos da América as suas leis básicas. Esquecemos de fazer o resto. Daí o fato dessas leis básicas funcionarem na América e falharem no Brasil. Tais leis requerem um alicerce econômico que nos falta. Sem criá-lo, impossível sairmos do regime do curral. Ainda que o suprimamos nas capitais, persistirá por toda a vastidão do interior. As capitais constituem minoria. O interior é a grande massa. É o Brasil.

Não é, portanto, pelo caminho da política que a modernidade chegará ao Brasil, e essa é a tarefa premente acima de todas, segundo Lobato, embora seu pensamento, aqui, não prime pela linearidade. Pelo contrário, exemplifica a maneira contraditória como Lobato vê a modernidade as perspectivas contrastantes a partir das quais ele aborda o cinema americano. Em livro publicado em 1920, Lobato (1951a, p. 23) denuncia a dominação por ele exercida: "O Brasil de amanhã não se elabora, pois, aqui. Vem em películas de Los Angeles, enlatado como goiabada. E a dominação yankee vai se operando de maneira agradável, sem que o assimilado o perceba". Mas, no mesmo livro, o cinema é definido como a arte americana e exaltado como tal: "A arte americana abre, areja, ventila, fortifica, fecunda o cérebro da humanidade em bloco. Não mais fronteiras, nem a muralha das línguas. É a música nova- a música do movimento. E é sobretudo, o amanhã" (p. 121).

A ânsia modernizante de Lobato o leva a antecipar avanços técnicos típicos de ficção-científica, com pilotos levando no bolso tabletes de energia com os quais alimentará o avião, e desenhando um futuro no qual o arcaico será redimido pela tecnologia: "Até o Jeca Tatu voará nesse dia. O avião será como o guarda-chuva de hoje. Cada criatura trará o seu, enrolado debaixo do braço (LOBATO, 1951b, p. 111).

Ao mesmo tempo, e em que pese seu incisivo elogio da modernização, ele é um crítico do processo de urbanização, tanto que, para Lobato (1968b, p. 37), "o Rio é um imenso parasita dourado com bananina". Para ele, "o urbanismo é um mal nocivo à espécie humana", cabendo ao meio rural restaurar o equilíbrio alterado pelas grandes cidades. E Lobato (1951c, p.

255) faz o elogio das populações rurais: "São a força, são o futuro, são a garantia biológica dos grupos étnicos". Por isso, em 1918, Lobato (1918b, p. 12) vê na recuperação agrícola a panaceia universal:

> Esta solverá todos os problemas em causa. Restaurada sistematicamente a terra, cessará o nomadismo; extinguir-se-á o taperismo: a riqueza criada subsistirá definitiva e crescente; as cidades mortas renascerão: regiões e estados inteiros voltarão à vida salvos da marasmeira em que apodrecem; – e aqui está tudo – o povo reentrará na posse da sua perdida energia vital- e poderá arrancar violentamente do gasnete a coroa que o enforca.

Lobato é, portanto, um crítico da urbanização, e o processo de desenvolvimento por ele proposto passa não pela industrialização, mas pelo fortalecimento da atividade agrícola, com as soluções propostas caminhando nesta direção. Uma delas:

> A nossa salvação como povo não está em nenhuma das regenerações micantes buzinadas por aí em vários tons e estilos – mas pura e simplesmente em revitalizar indiretamente o povo pela adoção de processos agrícolas que restituam à terra o rompido ritmo químico (LOBATO, 1968b, p. 208).

Ele, igualmente, não pode ser definido como um revolucionário, limitando-se a distinguir o que chama de capitalismo benéfico, ligado à produção, do capitalismo maléfico, ligado à manipulação da moeda, e a fazer a apologia do primeiro: "Esse capitalismo é bom, humano, benéfico à comunidade, estimulador do trabalho, criador de todos os aspectos grandiosos da civilização – e indestrutível" (LOBATO, 1951b, p. 200).

Quando cria sua editora, Lobato propõe um programa a seus operários no qual afirma que patrões, funcionários e consumidores devem ser vistos como sócios com direito a participação nos lucros, com os lucros dos patrões sendo a obtenção de dividendos razoáveis e o lucro dos operários vindo na forma de aumentos salariais (p. 287). E Lobato (1965, p. 36) faz, finalmente em 1919, a crítica do protecionismo, definindo-o como "destruição da concorrência, proteção ao incapaz".

Apesar de ter sido um incansável homem de ação, a característica que define o pensamento de Lobato, em síntese, é o pessimismo perante o Brasil, o que o leva, nos anos 40, a defini-lo como uma nação fracassada e sem futuro: "O Brasil é uma pobre coisa enorme, inerme e condenada a um triste destino porque somos muito pobres de inteligência. Essa pobreza determina a outra, a material" (1969, p. 48).

Trata-se de diagnóstico que vem de longa data e que Lobato (1951c, p. 260) já formula nos anos vinte, quando acentua a baixa estima do brasileiro, expressa em uma constatação que é, segundo ele, comum à sociedade brasileira: "Falimos como povo, como raça – e falimos moral, intelectual e fisicamente". Mas ele próprio compartilha tal pessimismo, fazendo suas as palavras de Mr. Slang e transformando a falência nacional em consequência de questões raciais e identitárias, ou seja, em consequência da própria formação nacional, que condena o país à senilidade precoce:

> O Brasil é velho, meu caro, é um dos povos mais velhos do mundo. Idade, nas pessoas ou nos povos, não se calcula pelo número de anos. Há velhos de vinte anos e septuagenários moços. No Brasil, só vejo sinais de velhice. A raça que o habita é o velhíssimo português, misturado com o arqui-velho africano, mais o venerável pele-vermelha que por séculos e séculos ocupou este território. A terra tem a idade comum de qualquer outro trecho da crosta terrestre. País novo por quê? (p. 52).

A visão crítica, ácida, de Mr. Slang – que é a visão de Lobato sobre o Brasil – poupa, contudo, as elites. E ele afirma: "Eu creio na existência de uma elite moral no Brasil. Apenas admito que está arredada da sua função orgânica. Está à margem, à espera de que a chamem. Uma reserva, por enquanto – mas uma bela reserva, creia" (p. 114).

Mas é apenas uma promessa perante uma realidade marcada pela miséria. O Brasil é um país acostumado à sua miséria, na perspectiva de Lobato (p. 47), que define seu atraso a partir de uma metáfora: "Entre Argentina e Estados Unidos, o Brasil dá-me a idéia duma lesma ensanduichada entre duas locomotivas". E sequer a idéia de uma nacionalidade brasileira Lobato (1951a, v. II, p. 32) leva em conta, como afirma em carta escrita em 1914: "Não somos país, somos região. O que há a fazer é ganhar dinheiro e cada um que viva como lhe apraz aos instintos". Inexistência, aliás, que Lobato (1969, p. 142) constata já em 1903, ao descrever a cidade de São Paulo: "Em nada expande uma originalidade de raça, em nenhum edifício e em nenhuma instituição um cunho do caráter nacional quebra a monotonia da mesmice.

O pensamento de Lobato pode, portanto, ser definido, em linhas gerais, como uma tentativa de explicar o que ele considera o fracasso brasileiro, mais nítido quando contraposto ao sucesso norte-americano. Deste fracasso, o Jeca é o símbolo, embora Lobato tenha dedicado sua vida à tarefa de pensar alternativas capazes de redimi-lo. E, com isso, de redimir a nação.

Capítulo 7

Ruptura e incorporação: a utopia antropofágica de Oswald de Andrade

A viagem antropofágica

Podemos tomar como ponto de partida para a compreensão do pensamento de Oswald de Andrade um momento de sua vida que funcionou como ruptura em termos existenciais, artísticos e ideológicos. Sua falência em 1929 trouxe consequências que ele descreve ao longo de sua obra: consequências não apenas econômicas, mas em termos de perspectiva política e em termos, ainda, da própria posição por ele ocupada no contexto cultural brasileiro.

Nesse sentido, ao traçar a trajetória de um comunista, personagem central de *Marco Zero*, é a si próprio que Oswald (ANDRADE, 1974a, p.149) está descrevendo: "De fato, a minha vida e a minha vocação não podem esconder a origem de senhor rural, mas a crise de Wall Street trazendo a ruína da minha família, como a ruína de todo o trabalho paulista me fez sentir que éramos vítimas da luta imperialista". E Oswald (ANDRADE, 1972, p.31) associa o isolamento literário do qual teria sido vítima a partir de 1929 à ruína financeira que o acometeria neste ano, quando, "num dia só de débâcle do café, em 29, perdi tudo – os que se sentavam à minha mesa, iniciaram uma tenaz campanha de desmoralização dos meus dias". A partir dali, descreve ele, sua contribuição ao modernismo seria ignorada, o silêncio seria usado como arma contra sua carreira literária.

Antes disso, ao longo dos anos vinte, Oswald administrou ao mesmo tempo sua fortuna e sua carreira literária. Foi empresário e artista, fracassando, evidentemente, no desempenho do primeiro papel, com a falência coroando todos seus esforços. Lidava com café e com imóveis e jamais desistiria de tentar investir no setor imobiliário, embora com sucesso sempre irrisório.

Mas, além de empresário e de artista, ele foi uma espécie de membro titular da boemia paulistana dos anos 10 e 20. A vida boemia de Oswald reflete muito de sua personalidade, assim descrita por Antônio Cândido (2002, p. 196): "A norma lhe aparece como limite, e a sua sensibilidade busca o ilimitado. O menino reponta no adulto como tendência constante de negar a norma; como fascinação pelo proibido". E um de seus mais importantes personagens também a reflete. Assim, Saraiva (2004, p. 239) define Serafim Ponte Grande como "um personagem direto, violento, brutal, excêntrico, que em certo momento decidiu pôr termo ao convencionalismos e artifícios da sua vida, de modo radical e definitivo".

Mesmo como boêmio, contudo, Oswald foi uma figura de transição entre a boemia dos cafés e restaurantes da qual Olavo Bilac, por exemplo, foi o representante bem sucedido e Lima Barreto a figura trágica e o que Martins (1986, p. 262) chama de "boemia dourada" dos salões; uma boemia bem pensante, bem situada, aceita; a boemia da qual ele fez parte.

Para melhor compreendê-lo é necessário, portanto, equilibrar no mesmo mosaico a irreverência e descompromisso do boêmio, a obra do artista e a atividade do empresário bem nascido, mas falido. Mais ainda, as lutas e incertezas do revolucionário e, por fim, as mal sucedidas tentativas do intelectual ansioso por reconhecimento, principalmente universitário e, também, acadêmico.

Em relação às suas tentativas nesse sentido, Martins (1996, v. VII, p. 149) chama a atenção para a maneira com a qual Oswald encarava a Academia Brasileira de Letras, chamando-a de "ambivalência esquizofrênica". Sempre interessado em fazer parte dela, sempre criticando-a, candidatando-se em 1940 mas recusando-se a fazer as visitas de praxe aos acadêmicos. Mas essa é, também, uma etapa de sua vida; uma faceta, entre tantas, de uma mesma trajetória.

Dentro dessa trajetória, as leituras desempenharam um papel maior do que o habitualmente reconhecido, e pouco condizente com o retrato do artista eminentemente intuitivo que dele ficou. Ele não foi o iletrado que é costume colocar-se em oposição ao erudito Mário de Andrade. Como acentua Boaventura (1995, p. 252), "Oswald procurava estudar seriamente, não obstante a lenda propagar o contrário. Fazia questão de manter-se atualizado e dava prosseguimento às leituras dos filósofos".

E, dentro desta trajetória, as viagens, principalmente as efetuadas em seu período de formação e durante os anos vinte ocupam papel de fundamental importância em sua biografia e na gestação de sua obra. Não é por acaso, assim, que ele se retrata, em Miramar, como um viajante. A trajetória do personagem é construída a partir de viagens, assim como a trajetória de Oswald. Por isso, Haroldo de Campos (1975, p.xxx) define Miramar como um "Ulisses ingênuo, sem as manhas do *rusé personnage* homérico, mas para o qual a viagem representa uma primeira perspectiva, se bem que ainda imprecisa e indefinida, de abertura para o mundo e de situação crítica". É bem assim que Oswald experimentou suas primeiras viagens à Europa, e é bem este o significado que elas adquiriram em sua formação humana e cultural.

E aliada à importância das viagens há ainda a ideia de exílio. O exílio é frequentemente tematizado por Oswald, o que Pedrosa (2004, p. 97) acentua: "Ele é um dos grandes temas modernistas, desenvolvido, entre outros, por Oswald de Andrade, tanto na formulação teórico-crítico da Antropofagia, na viagem ficcional de Serafim Ponte Grande, quanto em sua própria vivência de viajante cosmopolita"

O conceito de Antropofagia proposto por Oswald não pode ser compreendido, ainda, se não o pensarmos a partir das viagens por ele empreendidas, uma vez que a Antropofagia surgiu, segundo o autor, de suas viagens à Europa. Destas viagens ele trouxe "o Brasil mesmo". Criou-se a partir daí, a Antropofagia, que Oswald (ANDRADE, 1972, p. 96) define como o primeiro contato do modernismo com a realidade política brasileira; um contato feito fora do Brasil.

Oswald foi, portanto, um viajante e sua obra foi construída sob o signo da viagem. A Antropofagia foi um movimento nascido da tentativa de incorporar os conhecimentos e impressões obtidos das viagens à Europa, das viagens pelo Brasil. Ela nasceu, também, sob o signo da divergência e da alteridade: da incorporação de pensamentos e costumes divergentes, da valorização dos marginalizados, do outro, simbolizado especialmente pelo índio, erigido como paradigma de uma estrutura cultural na qual a identidade oposta ao branco europeu seria contraposta à cultura européia para absorvê-la a partir do confronto.

A "revolta artística da antropofagia" é assim definida por Subirats (2006, p. 98): 'Momento radicalmente reflexivo da arte do século XX na América Latina. Metáfora de um pensamento renovador de tudo o que é humano – politicamente, espiritualmente, sexualmente". E há um sentido antropológico no movimento, assim definido por Sallas (1994, p. 165): "A antropologia passa a ser tematizada no Brasil em 1928 com o Movimento Antropofágico, que procurará resgatar o sentido ritual antropofágico para a cultura brasileira, realçada pela ação colonial e pela catequese".

A tese fundamental da Antropofagia baseia-se, segundo Nunes (1979, p.32), na contradição entre a cultura intelectual e a cultura em seu sentido antropológico. Trata-se de reconhecer tal contradição e, dialeticamente, superá-la através da absorção, por parte da cultura intelectual, de elementos da cultura tomada em seu sentido mais amplo, seja moderno, seja primitivo. Conciliar, ainda, segundo Nunes (1978, p.xxiii), a floresta e a escola.

Trata-se de incorporar – deglutir – a cultura europeia, o que Couto (2011, p. 94) acentua:

> Lembremo-nos que, ao cunhar o conceito de antropofagia, o escritor tencionava posicionar-se de outra maneira em relação à herança cultural europeia, não mais servindo-se dela como modelo, rejeitando fórmulas preestabelecidas de composição poética e proclamando a abolição de todo eruditismo.

E Santiago (2006, p. 135) descreve nestes termos a perspectiva de Oswald:

> Para o Brasil poder se exteriorizar com dignidade, é preciso que acate antes o *exterior* em toda a sua concretude. A consciência nacional estará, menos no reconhecimento do seu interior, e mais no complexo processo de interiorização do que lhe é exterior, isto é, do que lhe é estrangeiro.

Trata-se, ainda, de incorporar, por exemplo, desde as técnicas cinematográficas que Oswald usou generosamente até elementos das culturas negra e indígena. E incorporar, por outro lado, a cultura intelectual à vivência do povo. Incorporar à culinária popular o "biscoito fino" produzido por artistas como ele, na expressão que ele mesmo tornou famosa, em um processo que possui, contudo, pelo menos a partir dos anos trinta, perspectivas bem mais amplas.

Isso porque a obra de Oswald, a partir da falência, foi marcada pelo engajamento e por um sentimento de participação social que faltava, como ele constata, à sua etapa modernista (e tal constatação ele a faz como uma condenação). Um sentimento expresso em termos de transformação social, como Oswald (ANDRADE, 1976, p.57) mesmo a define, ressaltando o papel do artista, em um discurso pronunciado em 1937 perante a Frente Negra Brasileira: "Ao poeta falta a massa para que seus grandiosos pleitos se consolidem e se cumpram. É desse fermento ligado à vossa consistência, que se fazem as transformações do mundo". Retoma-se, dentro de uma perspectiva marxista, um projeto de transformação que já estava presente, contudo, segundo Scwhartz (1983, p. 89), no movimento antropofágico: "O projeto antropofágico transcende a mera especulação estética para lançar-se num amplo projeto revolucionário, que visa em última instância a transformação social".

Se o próprio Oswald, mais tarde, não reconheceria a existência de tal projeto é porque no Manifesto Antropofágico ainda não é possível pensar em termos de influência marxista. Por outro lado, a influência freudiana torna-se explícita a partir de um objetivo, aliás, que é ultrapassar os horizontes freudianos. A Antropofagia é definida como a "transformação permanente de Tabu em Totem", e é o mundo no qual Freud viveu que deve ficar para trás: "Contra a realidade social, vestida e opressora, cadastrada por Freud – a realidade sem complexos, sem loucura, sem prostituições e sem penitenciárias do matriarcado de Pindorama" (ANDRADE, 1978, p.15 e 19).

A revolução aqui proposta é ao mesmo tempo uma viagem de volta e a transformação do exótico perante o europeu na especificidade brasileira perante o patriarcado estudado por Freud. Mas é importante lembrar que Oswald (p. 125) não faz, necessariamente, a crítica dos princípios freudianos, adotando-os, pelo contrário, em sua análise do advento do Matriarcado:

> Numa sociedade onde a figura do pai se tenha substituído pela da sociedade, tudo tende a mudar. Desaparece a hostilidade contra o pai individual que traz em si a marca natural do arbítrio. No Matriarcado é o senso do Superego tribal que se instala na formação da adolescência. Numa cultura matriarcal, o que se interioriza no adolescente não é mais a figura hostil do pai-indivíduo, e sim, a imagem do grupo social.

E Dantas (2006, p. 157) acentua: "Oswald insistirá na utopia, doravante fundindo temas da Antropofagia, do marxismo, do existencialismo, do comunismo, como retorno do matriarcado às vezes sem muita consistência, mas sempre dando precedência à literatura sobre a ciência".

Seria, ainda, uma viagem de volta que contestaria os fundamentos também do cristianismo, já que "no apóstolo Paulo, ergue-se a monogamia como um instituto agressivo do Patriarcado, frente ao grupo sexual da Idade de Ouro matriarcal (ANDRADE, 1978, p. 97). De fato, na evolução da humanidade, o cristianismo é um dos inimigos a serem combatidos: "Todas as chamadas guerras pela liberdade não passam senão de episódios da guerra contra o regime da desigualdade e da herança, imposto pelo Direito Romano e sagrado pelo Cristianismo" (p.190).

Se estes são os inimigos a serem combatidos, qual seria o processo revolucionário que, por fim, os levaria ao desaparecimento? Seria uma revolução inscrita no horizonte da utopia, baseada em um igualitarismo utópico no qual o tempo primitivo ressurgiria em um tempo pós-histórico. Delineia-se, assim, uma síntese histórica que reproduz o evolucionismo marxista e seria retomada, inclusive, em um momento de sua obra no qual ele já havia abandonado o comunismo, e que é descrita por Nunes (1979, p. 67): "Numa sociedade planificada, em que o progresso material assegure a todos uma grande margem de ócio, a existência humana, desafogada da luta pela satisfação de suas necessidades primárias, passará a ser atividade gratuita e criadora". E seria, igualmente, uma revolução cultural, de deglutição de elementos externos, exercida, segundo Nunes (NUNES, 1978, p.xli) "sob a forma de uma vingança tribal imaginária, que ritualizou a violência romântica da rebelião individual, uma reação anticolonialista, deglutidora dos imperialismos".

Na síntese por ele proposta, a Antropofagia como movimento cultural e os textos filosóficos escritos no final de sua vida nos quais ele estuda o que chama de crise da filosofia messiânica formam as etapas indissociáveis de uma mesma linha de pensamento, no qual a Antropofagia surge como a superação possível dessa crise, que é, afinal, a crise do patriarcalismo e da burguesia: uma crise anunciada, na perspectiva oswaldiana, ao mesmo tempo por Marx e por Freud.

A Antropofagia representa uma ruptura com o mundo patriarcal que possui, nas filosofias messiânicas, sua expressão e sua justificativa, e a ruptura com elas significa também, em seus textos filosóficos assim como no Manifesto Antropofágico, um retorno à utopia matriarcal, caraíba, mas um retorno antropofágico, ou seja, que incorpore na utopia a ser construída os valores e elementos da modernidade.

O pensamento de Oswald é marcadamente utópico e ele estabelece uma linha evolutiva em termos históricos cujo fim é a instauração de uma utopia de caráter coletivista e libertário. Ele está sempre preocupado em demarcar etapas evolutivas para o desenvolvimento da humanidade, como o faz em seu depoimento para a coletânea de Edgard Cavalheiro, publicada em 1944.

Ali, ele define a existência de dois períodos de "forte caráter coletivista e social", cujas expressões são a Judéia dos profetas e a Idade Média Européia, seguidos por dois outros preponderantemente humanistas, que incluem o período que vai do século V a.c até a queda de Roma e outro que vai do Renascimento até a atualidade. E Oswald (ANDRADE, 1978, p.25) define, ainda, um quinto período, contemporâneo, "cujo caráter é eminentemente social", ressaltando, enfim, a entrada em um novo ciclo social, caracterizado pelo desaparecimento das classes sociais e pelo coletivismo (ANDRADE, 1991, p.29). Não se trata de colocar em questão a divisão histórica proposta, mas, sim, de destacar o nítido viés utópico (e eu estou usando a expressão sem conferir a ela nenhum sentido valorativo) que molda o pensamento do autor.

A utopia oswaldiana nasce no bojo da revolução caraíba e o trajeto que leva à sua instauração é pelo autor sintetizada;

    1ª termo: o homem natural
    2ª termo: o homem natural civilizado
    3ª termo: o homem natural tecnizado (ANDRADE, 1978, p. 79).

E o terceiro termo é encarado, enfim, como algo próximo à redenção da humanidade, já que a tese por ele proposta em *A crise da filosofia messiânica* é sintetizada, no final do texto, em treze conclusões, uma das quais é: "Que só a restauração tecnizada duma cultura antropofágica resolveria os problemas atuais do homem e da Filosofia" (p.129).

Para Oswald (p. 80), o mundo do homem primitivo que foi o matriarcado foi sucedido pelo Estado de classes e pelas formas jurídicas patriarcais que estão em declínio, em uma análise histórica derivada de suas leituras de Engels, o que fica nítido quando contrastamos tal afirmativa com um trecho de *A origem da família, da propriedade privada e do Estado*, no qual Engels (19--, v. III, p. 48) refere-se ao " desmoronamento do direito materno, a grande derrota histórica do sexo feminino em todo o mundo" E isto embora o próprio Oswald (ANDRADE, 1978, p. 89) reconheça a inexistência de provas concretas de sua existência, já que "só uma paleontologia social possibilitaria a restauração e o estudo das estruturas matriarcais desaparecidas". Mas este mundo será restaurado por um futuro que se aproxima: "É um outro matriarcado que se avizinha" (p.83).

A crise da filosofia messiânica, onde tais ideias são expostas, é um texto no qual a terminologia marxista e os ideais do Manifesto Antropofágico convivem em busca de conciliação. No mundo dominado pela tecnologia que será o mundo do futuro, o homem poderá desfrutar da preguiça e resgatar seu instinto lúdico. Nele, para utilizar uma expressão oswaldiana, a alegria será, novamente ou enfim, a prova dos nove.

Não obstante, Oswald, na etapa final de sua vida, renega o marxismo, ligando as ideias de Marx à URSS, da qual ele possui uma visão radicalmente crítica. Também o Estado soviético é uma forma de poder patriarcal a ser superada com o futuro advento do matriarcado, já que "é pois no coração da URSS e mais no coração da ciência soviética, que foi se ocultar como um flagelado esse resíduo parasita do patriarcalismo messiânico" (p. 122). A leitura histórica e política de Oswald recusa, enfim, o que considera ser o sectarismo obreirista que caracterizaria o comunismo e ganha nítida dimensão anárquica.

Apesar de atrasado tecnologicamente, o Brasil é uma espécie de Matriarcado de Pindorama quando comparado ao que ele chama de aridez e desumanidade da Reforma. Mestiço, o Brasil definiu-se como utopia contraposta ao Ocidente Protestante: "Somos a Utopia realizada, bem ou mal, em face do utilitarismo mercenário e mecânico do Norte" (p. 153). E a Guerra Holandesa é vista por um ele como um momento dessa luta, vencida, felizmente, pelas forças do Matriarcado: "Era o ócio em face do negócio.

O ócio vencia a áspera e longa conquista flamenga, baseada no primeiro lucro e na ascensão inicial da burguesia (p. 184).

O encontro entre o matriarcado e a tecnologia estrutura-se a partir do encontro entre o índio e o branco: um encontro que é uma síntese. Nele, se o inimigo, o outro pólo da realidade, é o europeu, ele é, porém, como assinala Souza (2002, p. 102), um inimigo ambíguo: "É ele, ao mesmo tempo, quem fornece as condições do salto revolucionário e quem deverá ser consumido, em virtude dessas mesmas forças". E nele, se o índio representa a antítese a ser valorizada em sua relação com o universo colonial/europeu, o negro é escamoteado nos manifestos representativos do Movimento Pau-Brasil e da Antropofagia. Neles, como lembra Magalhães (2003, p. 80), a escravidão e a segregação racial não são questões abordadas ou o são apenas superficialmente. E Souza (1994, p. 171) acentua: "Com Oswald de Andrade e a versão antropofágica da cultura brasileira, a concepção de identidade nacional, embora também calcada em pressupostos étnicos por privilegiar traços da cultura indígena pré-colombiana, não confere importância ao fator da miscigenação".

Mas, pelo contrário, também aqui, ele pensa em termos de encontro e síntese. Oswald faz o elogio da mestiçagem, contrapondo o Brasil ao racismo norte-americano e, ao mesmo tempo, fazendo a crítica dos "sociólogos arianos", numa referência direta a Oliveira Vianna. Coloca-se no pólo oposto ao autor, fazendo o elogio da influência africana e desposando a simpatia que Gilberto Freyre sentiria pelo Sul dos Estados Unidos. Para Oswald (ANDRADE, 1972, p. 51), "no continente americano, o Brasil é o Sul sensível e cordial que venceu".

Temos, então, uma ruptura que efetiva uma desconstrução do discurso que define as identidades como essências. Segundo Helena (1994, p. 63), ele "precursoramente antecipa perspectivas não-essencialistas (neste caso, vale dizer: antropofágicas) de focalizar o tema das 'origens', que apenas hoje encontram-se mais divulgadas". E os dois manifestos escritos por Oswald podem ser lidos como dois momentos desta ruptura, tal como a define Miranda (1997, p.137): "Os manifestos oswaldianos, como boa parte do modernismo dos anos vinte, procuram se livrar de uma tradição beletrista considerada estéril da cultura brasileira".

Onde é possível igualmente pensar em termos de ruptura é na visão crítica, absolutamente não-idealizada, do agrarismo brasileiro. Oswald opõe o dinamismo urbano à pasmaceira rural que ele descreve de forma cáustica em *Marco Zero* a partir de uma questão: quem vive no campo? "No meio da fartura da terra, uma gente bichada e miserável vivia de agregada, de pequenos serviços e grandes lazeres" (ANDRADE, 1974a, p. 158). E quem manda no campo? "Dos seus latifúndios emanava o poder político e de sua igreja colonial a conformação e o milagre" (ANDRADE, 1974b, p. 77).

As pequenas cidades apresentam um panorama igualmente desolador: "Na cidade medíocre, uma ausência de vida encostava gente nas portas, unia os poucos estudantes no jardim folhudo. O sol esturricava a terra avermelhada das ruas. Crianças esfomeadas pelos pais, mulheres batidas pelos maridos bêbados" (p. 92).

Já na indústria reside o futuro redentor:

> O caminho era o entrosamento anunciado no ritmo que a história humana impunha. O Brasil... As proximidades econômicas do latifúndio, as proximidades étnicas do negro, do índio e do europeu medieval, tudo isso iria no roldão de um dia novo. De um dia industrial (p. 279).

Mesmo ao situar-se dentro de sua família, dentro do desenvolvimento geracional nela verificado, Oswald (1974c, p. 4) já se define como filho dos novos tempos: "Sinais dos tempos. A nossa geração integrara-se na consciência capitalista que gelara os velhos sentimentos da gente brasileira... Nossos pais vinham do patriarcado rural, nós inaugurávamos a era da indústria".

Mas se o pensamento de Oswald é estruturado sob o signo da ruptura (ruptura que foi tão dramática em sua trajetória pessoal), a permanência ocupa, em sua obra, lugar de igual importância. Ele busca, em seus textos, criar um amálgama entre elementos antigos e modernos, entre a formação brasileira e a contemporaneidade, entre o urbano e o rural. E enumera-os, colocando-os justapostos: "Rios, caudais, pontes, advogados, fordes pretos, caminhos vermelhos, porteiras, sequilhos, músicas, mangas. E no fundo os juncos milenários, as caravelas e os mamalucos" (ANDRADE, 1975, p. 10). Da mesma forma quando ele escreve: "As procissões saíram do bojo das fábricas" (ANDRADE, 1991, p. 66). Passado e presente, aqui, não mais se distinguem, com as procissões – símbolo religioso de um passado colonial – sendo produzidas no âmago da modernidade.

A antropofagia não é apenas deglutição de elementos externos à cultura brasileira, mas, também, valorização desta, especialmente em sua vertente popular e, no caso de Oswald, trata-se de uma valorização que encontra ressonâncias em sua infância, como ele deixa claro em sua autobiografia: "De qualquer lado, para onde olhasse minha curiosidade de criança, alimentavam-na do mais rico material da imaginação e da realidade brasileira" (ANDRADE, 1974c, p. 15). O desejo de continuidade se dá igualmente, portanto, a nível pessoal e, em busca desta continuidade, ele realiza um trabalho de escavação e redescoberta em relação ao qual Cunha (2006, p. 76) assinala:

> Descobrir o Brasil, para Oswald de Andrade, parece ter sido sempre um trabalho de escavação, uma arqueologia em busca de componentes recalcados pelo trabalho de ocidentalização, seja dos colonizadores, seja dos colonizados pós--independência política, quando investiram na configuração de uma nacionalidade sem reverter em si mesmos a postura herdada dos escritores coloniais.

Buscando a ruptura, privilegiando a permanência, Oswald transforma a Antropofagia no caminho escolhido para a criação de uma unidade nacional; um caminho que permitirá a ele construir um discurso que não seja apenas de ruptura mas, também, de incorporação. Segundo Nunes (1993, p. 48), "a posição antropofágica permite que o discurso progressista se instale, aliado à noção de dinamismo. Deste modo, a apropriação dos discursos anteriores é acompanhada de uma constante transformação subjetiva em vista das formações sociais". A ruptura, portanto, é, também, síntese, ainda que frequentemente paródica.

PARÓDIA E REVOLUÇÃO

O humor oswaldiano é ambíguo, uma vez que, como salienta Helena (2006, p. 90), "longe se uma linha reta, o tom eufórico contracena, neste autor, com o lado melancólico do procedimento alegórico que atravessa, em alta tensão, a sua rede textual". Mas é tomando a paródia como ponto de partida que podemos compreender a participação de Oswald no modernismo.

Ele se apropria, por exemplo, de cronistas do período colonial. Assim, segundo Nunes (1998, p. 140), Oswald se apropria, na primeira parte de *Pau Brasil* das fontes de nossa historiografia, tais como as crônicas de descoberta e exploração do Novo Mundo, que fixaram uma visão europeia e exótica do país. E Feitosa (2000, p. 147) acentua:

> Ao dispor em versos as impressões do olhar do navegante estrangeiro ante o Novo Mundo, Oswald parece quere iconizar esse mesmo olhar na moldura do poema que o transfere da ótica do deslumbramento da *Carta* para a ótica do selvagem que traduz, que devora o olhar do outro para entrar em comunhão com ele.

Mas também acontecimentos históricos são parodiados pelo autor, o que Helena (1983, p. 97) salienta:

> Oswald retoma acontecimentos da história mundial e brasileira, vultos da cultura internacional e nacional, catequistas que para cá vieram e, parodicamente, achincalha com o

"valor", com a "moral", com todo o aparato administrativo e coercitivo usado pelas culturas colonizadoras para corroer a medula óssea dos povos "descobertos".

A importância histórica da ironia oswaldiana é enfatizada por Pereira (2001, p. 221), que acentua: "Foi por meio da insistência oswaldiana em sua veia sarcástica, irônica, zombeteira, em seus trocadilhos exemplares, em suas sátiras bem direcionadas, que se operou uma oxigenação da vida intelectual de São Paulo no início do século XX". E Nunes (2009, p. 132) acentua como "o nível de *mimese*, como o humor, a paródia e a disponibilidade à fala só seriam retomados em nossos dias, após o renovo da recepção crítica às obras de Mário de Andrade e Oswald de Andrade".

Mas o constante uso da paródia pelos modernistas transformou-se, quando da avaliação do movimento, em arma utilizada contra eles, e Oswald (1972, p. 44) defende-se das críticas de Antônio Cândido a *Os condenados* usando como argumento comentários elogiosos de outros críticos, entre os quais Roger Bastide e Astrojildo Pereira.

Antonio Cândido (1992, p. 17) acentua, escrevendo em 1945:

> Que há uma mitologia andradeana, não resta dúvida. Mitologia um tanto cultivada pelo herói e que está acabando por interferir nos julgamentos sobre ele, tornando difícil ao crítico contemporâneo considerar objetivamente a produção destacada do personagem, que vive gingando em tono dela, no desperdício de um sarcasmo meio-secular.

E Oswald busca se defender, mas o ponto central de sua defesa, que é também ataque, é a recusa ao rótulo de leviana que ele considera colado à sua geração e à sua obra, em oposição à pretensa maior seriedade da geração de Cândido; os por ele denominados *chato boys*.

Oswald opera constantemente com a ressignificação de códigos, utilizando-os em um novo contexto e conferindo a eles, por meio de um processo de transposição, um sentido paródico. Fazendo isso, tradições e estilos culturais que o modernismo pretende superar são esvaziados de seu sentido primitivo, mas são incorporados, ao mesmo tempo, a novos meios de expressão cultural. O prefácio de Machado Penumbra em *Memórias Sentimentais de João Miramar* ilustra tal processo: um escritor castiço, ruibarboseano, personagem do próprio Oswald, saúda a obra recém-lançada:

> Torna-se lógico que o estilo dos escritores acompanhe a evolução emocional dos surtos humanos. Se no meu foro interior, um velho sentimentalismo racial vibra ainda nas doces cordas alexandrinas de Bilac e Vicente de Carvalho, não posso deixar de reconhecer o direito sagrado das inovações, mesmo quando elas ameaçam espedaçar nas suas mãos hercúleas o ouro argamassado pela idade parnasiana VAE VICTIS (ANDRADE, 1975, p. 10).

Fazendo isso, Oswald tornou-se influência decisiva dentro do próprio modernismo, e Haroldo de Campos (1973, p. 3) assinala sua influência sobre Mário, mais especificamente de *Memórias sentimentais de João Miramar* sobre *Macunaíma* a partir do ponto de vista paródico operante no texto e, na obra de Mário, na *carta para as Icamiabas*: influência que, acentua Campos, é reconhecida pelo próprio Mário.

Mesmo entre os modernistas, contudo, esse aspecto do movimento nem sempre foi bem visto, e se Mário (ANDRADE, 1982, p. 91) critica Oswald, ele o faz a partir deste aspecto, em carta a Drummond datada de 1926 na qual descreve o comportamento e a obra do então amigo e afirma: "A única censura até agora íntima que faço séria ao Osvaldo é justamente essa. Ele está mais perto de Graça Aranha do que imagina. Fez da vida um espetáculo de circo de que ele é o clown. Faz as graças e se ri ainda mais que os outros das próprias graças".

Já Antônio Cândido (1993, p. 36) ressalta, precisamente, a importância desse aspecto em sua obra. Segundo ele, "uma das grandes lições do nosso modernismo foi o papel profilático, regenerador e humanizador do humorismo". Mas a ironia, a paródia, a blague, o que Antelo (1984, p. 172) chama de "técnicas antropofágicas do avesso", perdem a espontaneidade, como afirma o autor, com o fim da República Velha e a rígida hierarquização social que a caracterizava.

Em *Os condenados*, Oswald aborda o processo de crescimento paulistano pelo lado dos excluídos, razão da celeuma produzida pela obra. Seus personagens, como os define Ferreira (2002, p. 302), não apresentam sequer o pitoresco comumente associados aos novos emigrados: "São apenas indivíduos desencontrados do passado paulista e das classes de origem".

A observação de Ferreira abre espaço, ainda, para abordarmos outro aspecto da obra do autor. O modernismo não pode, segundo Oswald (ANDRADE, 1972, p. 95), ser compreendido fora do contexto sócio-econômico paulista dos anos vinte. Suas origens enraízam-se no parque industrial paulista, seu apogeu coincide com o auge da valorização do café e seu declínio o acompanha, de tal forma que "o modernismo é um diagrama da alta do café, da quebra e da revolução brasileira". Aqui, ele identifica claramente a trajetória do movimento com sua própria trajetória pessoal e intelectual.

Oswald foi desde o início, de fato, muito cioso de sua participação no movimento e, em uma série de artigos publicados sobre a Semana intitulados "O triunfo de uma revolução" e publicados em 1922, ele já menciona o que considera seu pioneirismo em relação ao movimento, lembrando de ter ele, há um ano atrás, já dado início ao "bom combate" em sua contribuição para o *Jornal do Comércio* (AZEVEDO, 2002, p. 275). Tanto o foi que o desejo de afirmar sua influência e sua liderança no movimento foi a matriz de sua briga com Mário, que era possuído por desejo idêntico. Segundo Boaventura (1995, p. 140), "a origem dos desentendimentos envolvendo Mário e Oswald reduziu-se meramente a uma disputa de liderança. Por trás das agressões mútuas aflorava de fato o desejo narcísico de definir o condutor do modernismo".

Em carta escrita em 1930 para Alceu Amoroso Lima, Alcântara Machado (BARBOSA, 2002, p. 84) acentua: "Contra o Mário e outros que sempre o prestigiavam (por assim dizer os únicos que reconheciam o seu talento, simplesmente despeito), o Oeawald pretende ser o mentor. Não é. Ficou ressentido". E Bueno (1982, p. 171) salienta: "A antropofagia havia tentado a adesão do grupo de escritores mineiros de *A Revista* atrvés de Carlos Drummond de Andrade, mas não lograra êxito. Drummond recusara a proposta antropófaga e reafirmara sua amizade a Mário de Andrade". De uma forma ou de outra, a disputa da liderança por parte de Oswald – mas também por parte de Mário – aflora com nitidez.

A condenação do modernismo feita por ele no início dos anos trinta cedeu lugar, em meados dessa década, a uma avaliação mais equilibrada, que manter-se-ia a partir daí. O modernismo já não era mais apenas um movimento burguês, nem ele via-se apenas como "o palhaço da burguesia". Mas, nessa época, era nestes termos que o movimento era por ele avaliado. O prefácio a *Serafim Ponte Grande* escrito em 1933 representa, ao mesmo tempo, uma recusa da obra, tida como representativa da etapa burguesa do autor em um momento no qual ele já abraçara o comunismo, e uma atualização da mesma, que passa a ser vista como documento de uma época. A derrocada do "homemserafiniano/Oswald dá lugar ao homemcomunista/Oswald". Pelo menos, lembra Eleutério (1989, p. 51), é essa a intenção do autor.

Oswald, segundo Jackson (1978, p. 32), faz, em *Memórias sentimentais de João Miramar*, a paródia de um estilo e de um contexto social do qual ele é participante. Nesse sentido, ele parodia a si próprio e, nesse sentido, ainda, quando ele define *Serafim Ponte Grande*, no prefácio escrito em 1933, como o documento de uma época passada, ele transforma o romance em algo que pode ser pensado também como o documento de um Oswald que não existia mais aos olhos dele próprio; aos olhos de um Oswald que recusa o seu passado, com ele próprio rotulando-o como "epitáfio do que fui" (ANDRADE, 1975, p. 133). E, a partir daí, Corrêa (1976, p. 159) define o personagem:

> Serafim Ponte Grande, personagem criada por Oswald de Andrade pode ser tomado como tipo característico do agente social integrante dos setores médios, perplexo diante de uma situação que lhe é oferecida, sem ter sido solicitada, de uma 'revolução' que ocorre em sua cidade.

A crítica incisiva ao movimento coincide com sua adesão ao marxismo, que lhe era desconhecido quando da elaboração de seu ideário modernista, o que ele mesmo confessa: "Dos dois manifestos que anunciavam as transformações do mundo, eu conheci em Paris o menos importante, o do futurista Marinetti. Karl Marx me escapara completamente" (ANDRADE, 1974c, p. 70). E quando descreve sua reação à Revolução Soviética, ele reafirma seu desconhecimento: "Eu mesmo, como orador do Centro Acadêmico, vou urrar contra o bolchevismo de que não entendo nada. Como os outros" (p. 131).

Dantas (2006, p. 163) acentua:

> Colocamos Oswald como simpatizante porque, até onde foi possível averiguar, não há sequer provas de que se tenha consumado a sua filiação, ou se não foi ela rejeitada. O que é certo é que a partir de 1931 se inicia uma sucessão de tentativas suas de ingresso no PCB

E o marxismo de Oswald sempre foi dos mais heterodoxos, o que foi um dos motivos para seu rompimento com o PCB. O motivo alegado, porém, foi outro. Por ter apoiado Getúlio em 1946, Prestes é responsabilizado pelo fato de os intelectuais burgueses – ele próprio, em síntese – terem abandonado o comunismo. Segundo Oswald (ANDRADE, 1976, p. 130), "Prestes nos atirou para fora de suas hostes sectárias e obreiristas. No entanto, ninguém mais capaz de dar a sua vida pela transformação social do país do que nós". Uma avaliação que contrasta, porém, com o manifesto por ele lançado em 1945, por ocasião do discurso de Prestes no Pacaembu: "O Cavaleiro da Esperança vai falar, vai falar o mártir da liberdade. E no mártir e no herói falará o brasileiro, que acima de todos os ressentimentos e de todos os personalismos, levanta hoje o facho da União Nacional" (*apud* BOAVENTURA, 1995, p. 234).

Se iniciei abordando a falência econômica de Oswald, concluo com uma breve análise de sua religiosidade. Ele a vê como um sentimento órfico, embora ressalte ter da Igreja "a pior idéia". Mas tal sentimento é visto por ele como uma "dimensão do homem" da qual, ressalta, nunca buscou libertar-se (ANDRADE, 1974c, p. 44). Oswald (1978, p. 173) acentua, ainda, a universalidade deste "sentimento órfico" e como que o enaltece: "O que persiste no fundo é o sentimento do sagrado que se oculta no homem, preso ao instinto da vida e ao medo da morte".

Embora afirme, ainda, seu anticlericalismo, sua vida foi pontuada por práticas católicas descritas por Boaventura (1995, p. 38):

> Nos momentos de desespero, entregava-se às novenas, missas, romarias, promessas impossíveis. Quando viajava a negócios incumbia alguém de encomendar várias missas dedicadas aos santos de sua devoção em diferentes igrejas, celebradas pelos padres amigos e protegidos.

E escrevendo para Tarsila ausente, Oswald registra, mais uma vez, as idas e vindas de sua fé: "Eu? Uma tristeza. Regresso ao catolicismo. Uma revolta contra a separação. A vida já tão curta" (*apud* AMARAL, 1975, v. I, p. 151).

Porque concluir, enfim, com tais observações? Porque elas sintetizam uma entre tantas contradições que marcaram a trajetória do autor; trajetória pontuada por mudanças, por altos e baixos, pela constante adoção e abandono de idéias que sempre estiveram a serviço, contudo, de uma apaixonada vontade de compreender o seu tempo.

Conclusão

A interpretação do Brasil proposta por todos os autores aqui estudados também é um discurso sobre a modernidade. Euclides vê na educação o caminho para uma modernização enfim justa e igualitária, critica as elites por preferirem uma modernidade postiça e excludente e vê o sertanejo ao mesmo tempo como vítima do atraso e como símbolo da identidade nacional.

Araripe Júnior preocupa-se em definir a especificidade brasileira no contexto de contrução da nacionalidade, e estrutura tal definição a partir do conceito de obnubilação brasílica. Contrapõe, ainda, tal especificidade aos novos tempos, preocupado, basicamente, em preservá-la. Já Alberto Torres identifica a modernidade com a industrialização e o urbanismo e encara-a com profunda desconfiança. É um conservador, mantendo-se fiel às origens agrárias da sociedade brasileira e é um pensador autoritário, contrapondo a defesa de um Estado forte à inorganicidade da sociedade que deve, por isto, ser tutelada de forma autoritária. Concordando ou não com suas premissas, contudo, o que se torna impossível é negar a lucidez de vários tópicos de sua análise.

Manoel Bomfim, por sua vez, aproxima-se de Euclides na importância primordial que ambos concedem à educação como fator de ao mesmo tempo modernização e igualdade social. Contudo, foi além, derivando do elogio da educação para o elogio da revolução, passo que Euclides não chegou a dar. A solução proposta, principalmente na etapa final de sua obra é, pois, revolucionária, configurando-se na recusa à dominação por parte das elites existentes e defendendo, ao mesmo tempo, a criação de uma nova elite: revolucionária, composta por intelectuais dedicados a melhorar a sorte do povo. Uma proposta que remete a certo ideário bolchevista, mas toldada por uma visão eminentemente negativa do povo brasileiro, definido como bom, mas passivo, o que faz com que alguém tenha de agir em seu lugar.

Lima Barreto também defende uma saída revolucionária para os problemas brasileiros e o faz porque, para ele, excluídos e deserdados como ele próprio jamais teriam vez em uma sociedade capitalista. Barreto define a modernidade instaurada no Rio de Janeiro de sua época como ao mesmo tempo causa e consequência desta exclusão e dedica-se a criticá-la em seus mais diversos aspectos, como por exemplo, o futebol e o feminismo. Seu pensamento torna-se, assim, ao mesmo tempo, conservador como o de Alberto Torres e revolucionário como o de Manoel Bomfim e sua interpretação do Brasil adquire contornos marcadamente pessimistas.

E pessimismo é a palavra que melhor define a interpretação do Brasil elaborada por Monteiro Lobato. O Brasil, para ele, fracassou, e ele dedica-se a decifrar as causas dste fracasso, sintetizando-o na figura onipresente do Jeca Tatu que, de agente, torna-se vítima. Lobato dedica-se, então, a propor soluções, mas descrendo sempre delas, ao fim e ao cabo, devido às características identitárias – todas elas negativas – por ele atribuídas ao brasileiro. De uma forma ou de outra, parece concluir ele, Jeca Tatu é eterno.

Oswald de Andrade, por sua vez, propõe soluções fundadas na utopia. Utópica é a Antropofagia, utópico é o matriarcado caraíba. Ele propõe uma conciliação entre a modernidade e a identidade nacional que Lobato define como inviável, mas a conciliação proposta por Oswald não se afasta do terreno literário, o que ele próprio reconhece ao aderir ao comunismo e repudiar sua fase modernista, retomando seus pressupostos, contudo, ao afastar-se do comunismo, propondo, porém, uma síntese na qual certo milenarismo comunista está presente.

A interpretação do Brasil proposta por estes autores criou, enfim, personagens embemáticos, gerou soluções ora autoritárias, ora revolucionárias, ora conservadoras, ora modernizantes. E abriu caminho para as interpretações posteriores, que não podem ser compreendidas sem a adequada compreensão dos autores estudados ao longo destas páginas.

Referências

ABREU, Capistrano de. *Correspondência* (Org.). José Honório Rodrigues. São Paulo: INL, 1954.

ABREU, Capistrano de. *Ensaios e estudos*. Rio de Janeiro: Civilização Brasileira, 1975.

_____. *Capítulos de História Colonial*. Rio de Janeiro: Civilização Brasileira, 1976.

ABREU, Regina. O livro que abalou o Brasil: consagração de *Os sertões* na virada do século. *História, Ciência, Saúde, v. 5. Suplemento*. Manguinhos: Rio de Janeiro, 1998a.

ABREU, Regina. *O enigma de* Os sertões. Rio de Janeiro: Rocco, 1998b.

AGUIAR, Ronaldo Conde. *O rebelde esquecido: tempo, vida e obra de Manoel Bomfim*. Rio de Janeiro: Topbooks, 2000.

AGUIAR, Thaís. A história como recurso da mimesis na política brasileira. *Sociedade & Cultura, v. 10, n. 2*. Goiânia: UFG, 2007.

ALENCAR, José. de. *Como e porque sou romancista*. São Paulo: Pontes, 1990.

ALMEIDA, Jaime de. Revisitando São Luis do Paraitinga. Continuidades e rupturas. In: JANCSÓ, István & KANTOR, Iris (Orgs.). *Festa: cultura e sociabilidade na América Portuguesa*. São Paulo: Hucitec; EDUSP; Fapesp; Imprensa Oficial, 2001.

ALMINO, João. De Machado a Clarice: a força da literatura. In: MOTTA, Carlos Guilherme (Org.). *Viagem incompleta: a experiência brasileira (1500-2000)*. Formação: histórias. São Paulo: Editora SENAC, 2000.

AMADO, Gilberto. *Perfis parlamentares*. Brasília: Câmara dos Deputados, 1979.

AMARAL, Azevedo. *O Estado autoritário e a realidade nacional*. Rio de Janeiro: José. Olympio, 1938.

AMARAL, Aracy. *Tarsila: sua obra e seu tempo*. São Paulo: Perspectiva, 1975.

AMED, Fernando. *As cartas de Capistrano de Abreu: sociabilidade e vida literária na Belle Époque carioca*. São Paulo: Alameda, 2006.

ANDRADE, Mário de. *A lição do amigo: cartas de Mário de Andrade a Carlos Drummond de Andrade*. Rio de Janeiro: José Olympio, 1982.

ANDRADE, Oswald. *Ponta de lança*. Rio de Janeiro: Civilização Brasileira, 1972.

ANDRADE, Oswald. Carta a Monteiro Lobato. *Ciência & Trópico*, v. 9, n. 2. Recife: Fundação Joaquim Nabuco, 1973.

ANDRADE, Oswald. *Marco Zero-2: Chão*. Rio de Janeiro: Civilização Brasileira, 1974a.

ANDRADE, Oswald. *Marco Zero-1: a revolução melancólica*. Rio de Janeiro: Civilização Brasileira, 1974b.

ANDRADE, Oswald. *Um homem sem profissão: sob as ordens de mamãe*. Rio de Janeiro: Civilização Brasileira, 1974c.

ANDRADE, Oswald. *Memórias sentimentais de João Miramar. Serafim Ponte Grande*. Rio de Janeiro: Civilização Brasileira, 1975.

ANDRADE, Oswald. *Telefonema*. Rio de Janeiro: Civilização Brasileira, 1976.

ANDRADE, Oswald. *Do pau-brasil à antropofagia e às utopias*. Rio de Janeiro: Civilização Brasileira, 1978.

ANDRADE, Oswald. *Pau-Brasil*. São Paulo: Globo, 1991.

ANTELO, Raúl. *Literatura em revista*. São Paulo: Ática, 1984.

ARARIPE JÚNIOR. *Obra crítica. v. 1.*. Rio de Janeiro: Casa de Rui Barbosa, 1958.

ARARIPE JÚNIOR. *Obra crítica.v. 2.* Rio de Janeiro: Casa de Rui Barbosa, 1960.

ARARIPE JÚNIOR. *Obra crítica. v. 3.* Rio de Janeiro: Casa de Rui Barbosa, 1963.

ARARIPE JÚNIOR. *Obra crítica. v. 4.* Rio de Janeiro: Casa de Rui Barbosa, 1966.

ARAÚJO, Deusdedit. Euclides da Cunha em face da psiquiatria e da criminologia. *Revista Brasileira de Cultura, n. 18*. Rio de Janeiro: Conselho Federal de Cultura, 1973.

ATHAYDE, Tristão de. Política e letras. In: CARDOSO, Vicente Licínio (Org.). *Á margem da história da República*. Recife: Fundação Joaquim Nabuco; Editora Massangana, 1990.

AZEVEDO, Carmen Lúcia, RESENDE, Márcia Maria Mascarenhas de & SACHETTA, Vladimir. *Monteiro Lobato*: furacão na Botocúndia. São Paulo: SENAC, 1997.

AZEVEDO, Maria Helena Castro. *Um senhor modernista: biografia de Graça Aranha*. Rio de Janeiro: Academia Brasileira de Letras, 2002.

BARBOSA, Francisco de Assis. *A vida de Lima Barreto (1881-1922)*. Rio de Janeiro: José Olympio, 1952.

BARBOSA, Francisco de Assis. *Intelectuais na encruzilhada: correspondência de Alceu Amoroso Lima e Antonio Alcântara Machado (1927-1933)*. Rio de Janeiro: Academia Brasileira de Letras, 2002.

BARBOSA, Rui. A questão social e política no Brasil (1919). *Ciência & Trópico*, v. 9, n. 2. Recife: Fundação Joaquim Nabuco, 1973.

BARRETO, Lima. *Histórias e sonhos*.Rio de Janeiro: Gráfica Editora Brasileira, 1951.

BARRETO, Lima. *Bruzundangas*. São Paulo: Mérito, 1952.

BARRETO, Lima. *Diário íntimo*. São Paulo: Mérito, 1953a.

BARRETO, Lima. *Marginália*. São Paulo: Mérito, 1953b.

BARRETO, Lima. *Vida e morte de M. J. Gonzaga de Sá*. Rio de Janeiro: São Paulo: Brasiliense, 1956a.

BARRETO, Lima. *Feiras e mafuás*. São Paulo: Brasilense, 1956b.

BARRETO, Lima. *Impressões de leitura*. São Paulo: Brasilense, 1956c.

BARRETO, Lima. *Correspondência*. São Paulo: Brasiliense, 1956d.

BARRETO, Lima. *Bagatelas*. São Paulo: Brasilense, 1956e.

BARRETO, Lima. *Recordações do escrivão Isaías Caminha*. São Paulo: Ática, 1984.

BARRETO, Lima. *Triste fim de Policarpo Quaresma*. São Paulo: Ática, 1986.

BARRETO, Lima. *Clara dos Anjos*. São Paulo: Ática, 1994.

BARRETO, Lima. *Contos completos (Organização e introdução: Lilia Moritz Schwarcz)*. São Paulo: Companhia das Letras, 2010.

BECHELLI, Ricardo Sequeira. *Nacionalismos anti-racistas*: Manuel Bomfim e Manuel Gonzáles Prada (Brasil e Peru na passagem para o século XX). São Paulo: LCTE, 2009.

BEDÊ, Ana Luiz Reis. *Monteiro Lobato e a presença francesa em* A Barca de Gleyre. São Paulo: Annablume; Fapesp, 2007.

BEIRED, José Luis Bendichio. *Sob o signo da nova ordem: intelectuais autoritários no Brasil e na Argentina*. São Paulo: Loyola, 1999.

BELLO, Júlio Maria. *Memórias de um senhor de engenho*. Rio de Janeiro: José Olympio, 1944.

BENJAMIN, Walter. *Passagens*. Belo Horizonte; São Paulo: Editora UFMG; Imprensa Oficial do Estado de São Paulo, 2006.

BERNUCCI, Leopoldo M.. *A imitação dos sentidos: prógonos, contemporâneos e epígonos de Euclides da Cunha*. São Paulo: EDUSP, 1995.

BERTOLLI FILHO, Cláudio & BOM MEIHY, José Carlos. Morte e sociedade em Lima Barreto. In: MARTINS, José de Souza (Org.). *A morte e os mortos no Brasil*. São Paulo: HUCITEC, 1985.

BIEBER, Judy. *Power, patronage, and political violence: state building on a brazilian frontier, 1822-1889*. Lincoln and London: University of Nebraska Press, 1990.

BOAVENTURA, Maria Eugênia. *O salão e a selva: uma biografia ilustrada de Oswald de Andrade*. São Paulo; Campinas: Ex Libris; Editora da UNICAMP, 1995.

BOSCHI, Renato Raul. *Elites industriais e democracia (hegemonia burguesia e mudança política no Brasil)*. Rio de Janeiro: Graal, 1979.

BONFIM, Manoel. *O Brazil na História: deturpação das tradições: degradação política*. Rio de Janeiro: Francisco Alves, 1930.

BONFIM, Manoel. *América Latina: males de origem*. Rio de Janeiro: TopBooks, 1993.

BONFIM, Manoel. *O Brasil Nação: realidade da soberania brasileira*. Rio de Janeiro: TopBooks, 1996.

BONFIM, Manoel. *O Brasil na América: caracterização da formação brasileira*. Rio de Janeiro: TopBooks, 1997.

BOSI, Alfredo. *O pré-modernismo*. São Paulo: Cultrix, 1973.

BOSI, Alfredo. *História concisa da literatura brasileira*. São Paulo: Cultrix: 1975.

BOSI, Alfredo. As letras na Primeira República. In: FAUSTO, Boris (Org.). *História geral da civilização brasileira*, t. III, v. II. São Paulo: DIFEL, 1977.

BOSI, Alfredo. Introdução. In: BOSI, Alfredo. (Org.). *Araripe Júnior: teoria, crítica e história literária*. São Paulo: EDUSP, 1978.

BOSI, Alfredo. *Cultura brasileira*: temas e situações práticas. São Paulo: Ática, 1988.

BOTELHO, André. *O Brasil e os dias: Estado-nação, modernismo e rotina intelectual*. Bauru: EDUSC, 2005.

BOTO, Carolina. Nacionalidade, escola e voto: a Liga Nacionalista de São Paulo. *Perspectivas*, v. 17/18. São Paulo: UNESP, 1994.

BRANDÃO, Théo. O folclore em "Os sertões". *Revista Brasiliense*, n. 30. São Paulo: Brasiliense, 1960.

BROCA, Brito. *Pontos de referência*. Rio de Janeiro: Ministério da Educação e Cultura/Serviço de Documentação, 1962.

BROCA, Brito. *Horas de leitura: primeira e segunda séries*. Campinas: Editora da UNICAMP, 1992.

BROCA, Brito. *Teatro das letras*. Campinas: Editora UNICAMP, 1993.

BUENO, Antônio Sérgio. *O modernismo em Belo Horizonte: década de vinte*. Belo Horizonte: UFMG/PROED, 1982.

CAIRO, Luis Roberto. Araripe Júnior: um Taine às avessas? In: FIGEIREDO, M. Fátima Viegas Brauer et al. *Actas do Quarto Congresso da Associação Internacional de Lusitanistas*. Hamburgo: Universidade de Hamburgo, 1993.

CAIRO, Luis. Roberto. Araripe Júnior e a invenção da história da literatura brasileira. *Revista de Letras, v. 35*. São Paulo: UNESP, 1995.

CAIRO, Luis Roberto. *O salto por cima da sombra: o discurso crítico de Araripe Júnior: uma leitura*. São Paulo: Annablume, 1996.

CAIRO, Luis Roberto. A geração de 70 do século XIX e a construção da história da literatura. *Revista da Biblioteca Mário de Andrade, n. 58*. São Paulo: Biblioteca Mário de Andrade , 2000.

CAMARGOS, Maria Mascarenhas. As leituras de Lobato nos anos vinte. *Revista da Biblioteca Mário de Andrade, n. 56*. São Paulo: Secretaria Municipal de Cultura, 1998.

CAMPOS, Haroldo de. *Morfologia do Macunaíma*. São Paulo: Perspectiva, 1973.

CAMPOS, Haroldo de. Miramar na mira. In: ANDRADE, Oswald. *Memórias sentimentais de João Miramar*. Rio de Janeiro: Civilização Brasileira, 1975.

CANDIDO, Antônio. O método crítico de Sílvio Romero. *Boletim n. 266. Teoria Literária e Literatura Comparada n. 1*. São Paulo; USP, 1962.

CANDIDO, Antônio. *Brigada ligeira e outros escritos*. São Paulo: Editora UNESP, 1992.

CANDIDO, Antônio. *Recortes*. São Paulo: Companhia das Letras, 1993.

CÂNDIDO, Antônio. *Textos de intervenção.* (Org.) Vinícius Dantas. São Paulo: Duas Cidades; Editora 34, 2002.

CARA, Salete de Almeida. Esqueletos vivos e argumentos indecorosos. In: ABDALA JÚNIOR, Benjamin & CARA, Salete de Almeida (Orgs.). *Moderno de nascença: figurações críticas do Brasil.* São Paulo: Boitempo, 2006.

CARDOSO, Miram Limoeiro. *Ideologia do desenvolvimento: JK-JQ.* Rio de Janeiro: Paz e Terra, 1977.

CARNEIRO, Maria Luiza Tucci. *O anti-semitismo na era Vargas (1930-1945).* São Paulo: Brasiliense, 1988.

CARPEAUX, Otto Maria. *Reflexo e realidade.* Rio de Janeiro: Fontana, 19--a.

CASCUDO, Luis da Câmara. *Dicionário do folclore brasileiro.* Belo Horizonte: Itatiaia, 1984.

CASTRO, Maria Inês Malta. Cientistas, políticos, aventureiros: imagens da natureza e ocupação do território mato-grossense. *Textos de História*, v. 14, n. 1/2. Brasília: Pós-Graduação em História da Universidade de Brasília, 2006.

CAVALHEIRO, Edgard. *Monteiro Lobato: vida e obra.* São Paulo: Brasiliense, 1962.

CHIARELLI, Tadeu. *Um jeca nos vernissages: Monteiro Lobato e o desejo de uma arte nacional no Brasil.* São Paulo: EDUSP, 1995.

CHRISTINO, Beatriz. Os vaivens da rede (internacional) de Capistrano de Abreu. *Revista do Instituto de Estudos Brasileiros*, n. 45. São Paulo: Instituto de Estudos Brasileiros, 2007.

CORRÊA, Ana Maria Martinez. *A rebelião de 1924 em São Paulo.* São Paulo: HUCITEC, 1976.

COSER, Ivo. Civilização e sertão no pensamento social do século XIX. *Caderno CRH*, n. 44. Salvador: UFBA, 2005.

COSTA, Valeriano Mendes Ferreira. Vertentes democráticas em Gilberto Freyre e Sérgio Buarque. *Lua Nova*, n. 26. São Paulo: CEDEC, 1992.

COSTA, Cléria Botelho da. Lima Barreto: sonhos e desilusões com a República. *Fragmentos de Cultura*, v. 14, n. 9. Goiânia: Editora da UCG, 2004.

COSTA, Wilma Peres. A independência na historiografia brasileira. In: JANCSÓ, István (Org.). *Independência: história e historiografia*. São Paulo: HUCITEC; FAPESP, 2005.

COSTA, Sérgio. *Dois Atlânticos: teoria social, anti-racismo, cosmopolitismo*. Belo Horizonte: Editora UFMG, 2006.

COUTINHO, Afrânio. Os sertões, obra de ficção. In: CUNHA, Euclides da. *Obra completa*. Rio de Janeiro: Nova Aguillar, 1995.

COUTO, Maria de Fátima Morethy. A arte de vanguarda no Brasil e seus manifestos. *Revista do Instituto de Estudos Brasileiros*, n. 53. São Paulo: Instituto de Estudos Brasileiros, 2011.

CRULS, Gastão. *Antônio Torres e seus amigos (notas bio-bibliográficas seguidas de correspondência)*. São Paulo: Nacional, 1950.

CUNHA, Euclides da. *À margem da história*. São Paulo: Cultrix; MEC, 1975a.

CUNHA, Euclides da. *Contrastes e confrontos*. São Paulo: Cultrix; MEC, 1975b.

CUNHA, Euclides da. *Caderneta de campo*. São Paulo: Cultrix; MEC, 1975c.

CUNHA, Euclides da. *Os sertões*. Brasília: Francisco Alves, 1984.

CUNHA, Euclides da. *Obra completa*. Rio de Janeiro: Nova Aguilar, 1995.

CUNHA, Euclides da. *Correspondência*. GALVÃO, Walnice Nogueira & Galotti, Oswaldo (Org.), São Paulo: EDUSP, 1997.

CUNHA, Eneida Leal. *Estampas do imaginário: literatura, história e identidade cultural*. Belo Horizonte: Editora UFMG, 2006.

DANTAS, Vinicius. O canibal e o capital: a arte do "telefonema" de Oswald de Andrade. In: ABDALA JÚNIOR, Benjamin & CARA, Salete de Almeida (Orgs.). *Moderno de nascença: figurações críticas do Brasil*. São Paulo: Boitempo, 2006.

DECCA, Edgar Salvadori de. Os sertões e sua cena original. In: AGUIAR, Flávio e LEITE, Ligia Chipani Moraes (Orgs.). *Civilização e exclusão: visões do Brasil em Érico Veríssimo, Euclides da Cunha, Claude Lévi-Strauss e Darcy Ribeiro*. São Paulo: Boitempo, 2001.

DECCA, Edgar Salvadori de. Literatura em ruínas ou as ruínas na literatura? In: BRESCIANI, Stella e NAXARA, Márcia (Orgs.). *Memória e (res)sentimento: indagações sobre uma questão sensível*. Campinas: Editora UNICAMP, 2004.

DOCUMENTOS INTERESSANTES, VOL. LIV. Imprensa Oficial: São Paulo, 1932.

ELEUTÉRIO, Maria de Lourdes. *Oswald: itinerário de um homem sem profissão*. Campinas: Editora UNICAMP, 1989.

ENGEL, Magali Gouveia. A loucura, o hospício e a psiquiatria em Lima Barreto: crítica e cumplicidade. In: CHALHOUB, Sidney et al. (Org.). *Artes e ofícios de curar no Brasil: capítulos de história social*. Campinas: Editora UNICAMP, 2003.

ENGEL, Magali. Relações de gênero, violência e modernidade nas crônicas cariocas. In: SILVA, Gilvan Ventura da, NADER, Maria Beatriz,

FRANCO, Sebastião Pimenta (Orgs.). *História, mulher e poder.* Vitória: EDUFES; PPGHIS, 2006.

ENGELS, Friedrich. A origem da família, da propriedade privada e do Estado. In: MARX, Karl & ENGELS, Friedrich. *Obras escolhidas.* São Paulo: Alfa-Ômega, 19.

FAORO, Raymundo. *Os donos do poder (formação do patronato político brasileiro).* Porto Alegre: Globo, 1985.

FAUSTO, Boris. *A revolução de 1930: historiografia e história.* São Paulo: Brasiliense, 1970.

FAVALLI, Clotilde P. S.. Policarpo Quaresma: República e pré-modernismo. *Ciências & Letras,* n. 25. Porto Alegre: FAPA, 2001.

FEITOSA, Susana Busato. Sob os caninos de Oswald. *Revista de Letras,* v. 40. São Paulo: UNESP, 2000.

FELIX, Loiva Otero. Alberto Torres: o político militante. *Revista do Instituto de Filosofia e Ciências Humanas da UFRGS, Ano IV.* Porto Alegre: UFRGS, 1976.

FERNANDES, Florestan. *Mudanças sociais no Brasil.* São Paulo: DIFEL, 1979.

FERNANDES, Maria Lúcia Outeiro. Os contrabandistas do pensamento, impasses da crítica literária brasileira no final do século XIX. *Revista de Letras,* n. 55. Curitiba: UFPR, 2001.

FERREIRA, Antônio Celso. *A epopeia bandeirante: letrados, instituições, invenção histórica (1870-1940).* São Paulo: Editora UNESP, 2002.

FIGUEIREDO, Carmem Lúcia Negreiros de. *Lima Barreto e o fim do sonho republicano.* Rio de Janeiro: Tempo Brasileiro, 1995.

FIGUEIREDO, Carmem Lúcia Negreiros de. *Trincheiras de sonho: ficção e cultura em Lima Barreto.* Rio de Janeiro: Tempo Brasileiro, 1998.

FIORI, José Luiz. O nó cego do desenvolvimentismo brasileiro. *Novos Estudos CEBRAP*, n. 45. São Paulo: CEBRAP, 1994.

FLORES, Maria Bernadete Ramos. Lobato na América: americanismo e tecnologia de seleção. *Estudos de História*, v. 12, n. 1. Franca: UNESP, 2005.

FRANCO, José Luiz de Andrade. Natureza do Brasil: ideias, políticas, fronteiras (1930-1932). In: SILVA, Luiz Sérgio Duarte da (Org.). *Relações cidade-campo: fronteiras*. Goiânia: Editora UFG, 2000.

FREIRE, Zélia Nolasco. *Lima Barreto: imagem e linguagem*. São Paulo: Annablume, 2005.

FREYRE, Gilberto. *Ordem e progresso*. Rio de Janeiro: José Olympio, 1959.

GALVÃO, Walnice Nogueira. Os sertões: etapas da gênese. In: AGUIAR, Flávio e LEITE, Ligia Chipani Moraes (Orgs.). *Civilização e exclusão: visões do Brasil em Érico Veríssimo, Euclides da Cunha, Claude Lévi-Strauss e Darcy Ribeiro*. São Paulo: Boitempo, 2001.

GALVÃO, Walnice Nogueira. O fascínio dos confins. In: ABDALA JÚNIOR, Benjamin & CARA, Salete de Almeida (Orgs.). *Moderno de nascença: figurações críticas do Brasil*. São Paulo: Boitempo, 2006.

GALVÃO, Walnice Nogueira. *Euclidiana: ensaios sobre Euclides da Cunha*. São Paulo: Companhia das Letras, 2009.

GARCIA, Simone. *Canudos: história e literatura*. Curitiba: HDP Livros, 2002.

GERMANO, Idalva. A moralidade brasileira no olhar do ficcionista, do ideólogo e do teórico. *Revista de Ciências Sociais*, v. 27, n. 1/2. Fortaleza: UFC, 1996.

GOMES, Ângela de Castro. *História e historiadores: a política cultural do Estado Novo*. Rio de Janeiro: Editora da FGV, 1996.

GONTIJO, Rebeca. Manoel Bomfim, "pensador da história na Primeira República". *Revista Brasileira de História*, v. 23, n. 45. São Paulo: ANPUH/Humanitas, 2003.

GONTIJO, Rebeca. História e historiografia nas cartas de Capistrano de Abreu. *História*, v. 24, n. 2. São Paulo: UNESP, 2005.

GONTIJO, Rebeca. O intelectual como símbolo da brasilidade: o caso Capistrano de Abreu. In: ABREU, Martha, SOHIET, Rachel, GONTIJO, Rebeca (Orgs.). *Cultura política e leituras do passado: historiografia e ensino do passado*. Rio de Janeiro; São Paulo: Civilização Brasileira; Fapesp, 2007.

GNERRE, Maria Lucia Abaupre. Roteiro do Maranhão ao Goyaz pela Capitania do Piauhy: um projeto nacional para o sertão inculto. *Estudos de História*, v. 12, n. 1. Franca: UNESP, 2005.

GRUNER, Clóvis. O espetáculo do horror: memória da loucura, testemunhos da clausura em *Diário do hospício* e *O cemitério dos vivos*. In: GRUNER, Clóvis e DENIPOTE, Ricardo (Orgs.). *Nas tramas da ficção: história, literatura e leitura*. Cotia: Ateliê, 2009.

GUMPLOWICZ, Luis. *La lucha de razas*. Buenos Aires: Editorial FAZ, 1944.

HAHNER, June E. *Pobreza e política: os pobres urbanos no Brasil: 1870-1920*. Brasília: Editora Universidade de Brasília, 1993.

HARDMAN, Francisco Foot. Estrelas indecifráveis, ou: um sonhador quer sempre mais. In: PAZ, Francisco Moraes (Org.). *Utopia e modernidade*. Curitiba: Editora UFPR, 1994.

HELENA, Lúcia. *Uma literatura antropofágica*. Fortaleza: Edições Universidade Federal do Ceará, 1983.

HELENA, Lúcia. Queremos a revolução caraíba: identidade cultural e construção discursiva. *Gragoatá*, n, 1. Niterói: EDUFF, 1994.

HELENA, Lúcia. Fabulações sobre a identidade brasileira: reflexões em torno do modernismo. *Acervo*, v. 19, n. 01/02. Rio de Janeiro: Arquivo Nacional, 2006.

HIDALGO, Luciana. *Literatura da urgência: Lima Barreto no domínio da loucura*. São Paulo: Annablume, 2008.

HOBSBAWM, ERIC. *Era do imperialismo (1875-1914)*. Rio de Janeiro: Paz e Terra, 1989.

IGLÉSIAS, Francisco. *Historiadores do Brasil: capítulos da historiografia brasileira*. Rio de Janeiro; Belo Horizonte: Nova Fronteira; Editora da UFMG, 2000.

IGLÉSIAS, Francisco. *História e literatura: ensaios para uma história das ideias no Brasil*. São Paulo: Perspectiva, 2009.

JACKSON, Kenneth D. *A prosa vanguardista na literatura brasileira: Oswald de Andrade*. São Paulo: Perspectiva, 1978.

JACKSON, Luiz Carlos. *A tradição esquecida: os parceiros do Rio Bonito e a sociologia de Antônio Cândido*. Belo Horizonte; São Paulo: Editora UFMG; FAPESP, 2002.

KONDER, Leandro. *A derrota da dialética: a recepção das ideias de Marx no Brasil até o começo dos anos 30*. São Paulo: Brasiliense, 1988.

KOSHIYAMA, Alice Mitika. *Monteiro Lobato: intelectual, empresário, editor*. São Paulo: Edusp; Com-Arte. 2006.

KROPF, Simone Petraglia. Manuel Bomfim e Euclides da Cunha: vozes dissonantes aos horizontes do progresso. *História, Ciências, Saúde-Manguinhos*, v. III, n. 1. Rio de Janeiro: FIOCRUZ, 1996.

LAMOUNIER, Bolivar. Formação de um pensamento autoritário na Primeira República. In: FAUSTO, Boris (Org.). *História geral da civilização Brasileira, t III. v. II*. São Paulo: DIFEL, 1983.

LEITE, Dante Moreira. *O caráter nacional brasileiro: história de uma ideologia*. São Paulo: Nacional, 1976.

LEITE, Sylvia Helena Telarollli de Almeida. *Chapéus de palha, panamás, plumas, cartolas: a caricatura na literatura paulista (1900-1920)*. São Paulo: Editora UNESP, 1996.

LIMA, A. Sabóia. *Alberto Torres e sua obra*. São Paulo: Nacional, 1935.

LIMA, Luiz Costa. *Terra ignota: a construção de* Os sertões. Rio de Janeiro: Civilização Brasileira, 1997.

LIMA, Antonio Carlos de Souza. Impérios coloniais e Estados pós-coloniais: perspectivas antropológicas para um diálogo Brasil-Portugal. *Revista Convergência Lusitana, n. 18*. Rio de Janeiro: Real Gabinete Português de Leitura do Rio de Janeiro, 2001.

LIMA, Alceu Amoroso. *Política*. Rio de Janeiro: Livraria Católica, 1932.

LINS, Álvaro. *Rio Branco*. São Paulo: Nacional, 1965.

LOBATO, Monteiro. As novas possibilidades das zonas cálidas. *Revista do Brasil, n. 7*. São Paulo: Propriedade de uma Sociedade Anônima, 1918a.

LOBATO, Monteiro. A nossa doença. *Revista do Brasil, n. 8*. São Paulo: Propriedade de uma Sociedade Anônima, 1918b.

LOBATO, Monteiro *A barca de Gleyre*. São Paulo: Brasiliense, 1951a.

LOBATO, Monteiro. *Mundo da lua e miscelânea*. São Paulo: Brasiliense- 1951b.

LOBATO, Monteiro. *Mr. Slang e o problema vital*. São Paulo: Brasiliense, 1951c.

LOBATO, Monteiro. *Prefácios e entrevistas*. São Paulo: Brasiliense, 1951d.

LOBATO, Monteiro. *A onda verde e o presidente negro*. São Paulo: Brasiliense, 1951e.

LOBATO, Monteiro. *Cartas escolhidas*. São Paulo: Brasiliense- 1959.

LOBATO, Monteiro. *América*. São Paulo: Brasiliense, 1964.

LOBATO, Monteiro. *Na antevéspera* São Paulo: Brasiliense, 1968a.

LOBATO, Monteiro. *Conferências, artigos e crônicas* São Paulo: Brasiliense, 1968b.

LOBATO, Monteiro. *Literatura do minarete* São Paulo: Brasiliense, 1969.

LOBATO, Monteiro. *Urupês* São Paulo: Brasiliense, 1982.

LUSTOSA, Isabel. *As trapaças da sorte: ensaios de história política e de história cultural*. Belo Horizonte: Editora da UFMG, 2004.

LUZ, Nícia Vilela. A década de 1920 e suas crises. *Revista do Instituto de Estudos Brasileiros*, n. 6. São Paulo: USP, 1969.

LUZ, Nícia Vilela. *A luta pela industrialização no Brasil*. São Paulo: Alfa-Ômega, 1975.

MACHADO, Maria Cristina. Gonzaga de Sá, um *flanêur* com "pés-de--chumbo": cidade e modernidade em Lima Barreto. *Sociedade e Estado*, v. XIII, n. 1. Brasília: Departamento de Sociologia da Universidade de Brasília, 1998.

MAGALHÃES, Couto de. *Viagem ao Araguaia*. São Paulo: Editora Três, 1974.

MAGALHÃES, Célia. *Os monstros e a questão racial na narrativa modernista brasileira*. Belo Horizonte: Editora UFMG: 2003.

MARSON, Adalberto. *A ideologia nacionalista de Alberto Torres*. São Paulo: Duas Cidades, 1979.

MARTINS, Wilson. *História da inteligência brasileira*. São Paulo: T.A. Queiroz, Editor, 1996.

MARTINS, Rubens de Oliveira. Belle Époque literária e modernismo: Oswald de Andrade, intelectual entre dois mundos. *Sociedade & Estado, vol. XV, num. 2*. Brasília: Departamento de Sociologia da Universidade de Brasília, 1986.

MARTINS, José de Souza. *Capitalismo e tradicionalismo*. São Paulo: Pioneira, 1975.

MATOS, Raimundo José da Cunha. *Itinerário do Rio de Janeiro ao Pará e Maranhão pelas províncias de Minas Gerais e Goiás*. Belo Horizonte: Instituto Cultural Amílcar Martins, 2004.

MATOS, Júlia Silveira. Alberto Torres e a reforma constitucional: o paradigma do autoritarismo X constitucionalismo na República Velha. *História: Debates & Tendências, v. 10, n. 1*. Passo Fundo: Universidade de Passo Fundo, 2010.

MATTOS, Ilmar Rohloff de. *O tempo saquarema: a formação do Estado Imperial*. Rio de Janeiro: Access, 1994.

MELO, José Osmar de. "O inventor e a aeronave": a alegoria da criação de M. J. Gonzaga de Sá, de Lima Barreto. *Scripta, v. 8, n. 15*. Belo Horizonte: PUCMG, 2004.

MELLO, Evaldo Cabral de. *Um imenso Portugal: história e historiografia*. Rio de Janeiro: Editora 34, 2002.

MELLO, Marcus André B. C. de. Municipalismo, nation-building e a modernização do Estado no Brasil. *Revista Brasileira de Ciências Sociais, n.23*. São Paulo: ANPOCS, 1993.

MIRANDA, Dilmar. Carnavalização e multiidentidade cultural: antropofagia e tropicalismo. *Tempo Social*, v. 9, n.2. São Paulo: USP, 1997.

MONTEIRO, Adolfo Casais. *Figuras e problemas da literatura brasileira contemporânea*. São Paulo: Instituto de Estudos Brasileiros, 1972.

MONTESQUIEU. *Do espírito das leis*. São Paulo: Abril Cultural, 1973.

MONZANI, Luiz Roberto. Símbolos e bandeiras. In: NOVAES, Adauto (Org.). *A crise da razão*. São Paulo: Companhia das Letras, 1999.

MORAES, Pedro Roberto Bodê de. O Jeca e a cozinheira: raça e racismo em Monteiro Lobato. *Revista de Sociologia e Política*, n. 8. Curitiba: UFPR, 1997.

MORAES FILHO, Evaristo de. A proto-história do marxismo no Brasil. In: MORAES, João Quartim de. (Org.) *História do Marxismo no Brasil, v. I. Os influxos teóricos*. Campinas: Editora da UNICAMP, 1995.

MOTA, Maria Aparecida Resende. *Sílvio Romero: dilemas e combates no Brasil da virada do século XX*. Rio de Janeiro: Editora FGV, 2000.

MOURA, Clóvis. *Introdução ao pensamento de Euclides da Cunha*. Rio de Janeiro: Civilização Brasileira, 1964.

MURARI, Luciana. *Brasil, ficção geográfica: ciência e nacionalidade no país d'Os sertões*. São Paulo; Belo Horizonte: Annablume; Fapemig, 2007.

NASCIMENTO, José Leonardo do. *Euclides da Cunha e a estética do cientificismo*. São Paulo: Editora UNESP, 2011.

NAVA, Pedro. *Balão cativo*. Rio de Janeiro: José Olympio, 1977.

NICOLAZZI, Fernando. O tempo do sertão, o sertão no tempo: antigos, modernos, selvagens. *Anos 90*, v. 17, n. 31. Porto Alegre: UFRGS, 2010.

NOGUEIRA, José Antônio. O ideal brasileiro desenvolvido na República. In: CARDOSO, Vicente Licínio (Org.). Á margem da história da República. Recife: Fundação Joaquim Nabuco; Editora Massangana, 1990.

NOVAIS, Fernando. *Aproximações*: estudos de história e historiografia. São Paulo: Cosacnaify, 2005.

NUNES, Ricardo. Monteiro Lobato: uma teoria do estilo. *Luso-Brazilian Review*, v. VII, n. 1. Madison: The University of Wisconsin Press, 1969.

NUNES, Benedito. Antropofagia ao alcance de todos. In: ANDRADE, Oswald de. *Do pau-brasil à antropofagia e às utopias*. Rio de Janeiro: Civilização Brasileira, 1978.

NUNES, Benedito. *Oswald canibal*. São Paulo: Perspectiva, 1979.

NUNES, Benedito. Cendrars, Oswald, In: FREITAS, Maria Teresa de et LEROY, Claude (Dir.). *Brésil: l'utopialand de Blaise Cendrars*. Paris: L'Harmattan. 1998.

NUNES, Benedito. *A clave do poético*. São Paulo: Companhia das Letras, 2009.

NUNES, José Horta. Manifestos modernistas: a identidade nacional no discurso e na língua. In: ORLANDI, Eni Dulcinelli (Org). *Discurso fundador (a formação do país e a construção da identidade nacional)*. Campinas: Pontes Editores, 1993.

ODÁLIA, Nilo. Formas do pensamento historiográfico. *Anais de História*, Ano 8. Assis: Instituto de Letras, História e Psicologia de Assis, 1976.

OLIVEIRA, Lúcia Lippi. *A questão nacional na Primeira República*. São Paulo: Brasilense, 1990.

OLIVEIRA, Irenísia Torres de. O estilo sob suspeita: preocupações modernas na obra de Lima Barreto. *Terceira Margem*, n. 16. Rio de Janeiro: 7 Letras, 2007.

OLIVEIRA, Irenísia Torres de. Lima Barreto, modernidade e modernismo no Brasil. *Terceira Margem*, n. 12. Rio de Janeiro: 7 Letras, 2005.

ORTIZ, Renato. *Cultura brasileira e identidade nacional*. São Paulo: Brasiliense, 1984.

PEDROSA, Célia. *Antônio Candido*: a palavra empenhada. São Paulo: EDUSP, 1994.

PEIXOTO. Renato Amado. O tempo do espaço e os espaços do tempo: a construção historiográfica do território brasileiro no século XIX. *Locus*, n. 18. Juiz de Fora: UFJF, 2004.

PEREIRA, Lúcia Miguel. *Prosa de ficção*. Rio de Janeiro: José Olympio, 1950.

PEREIRA, Pedro Paulo Gomes. Oswaldiando: notas sobre *Um Ciclone na Paulicéia*. *Revista Múltipla*, n. 11. São Paulo: UPIS, 2001.

PEREIRA, Daniel Mesquita e FELIPPE, Edgard Ferraz. Missivas que constroem limites: projeto internacional e projeto político nas cartas de Capistrano de Abreu. *Revista Brasileira de História*, v. 28, n. 52. São Paulo: ANPUH, 2008.

PESAVENTO, Sandra Jatahy. Da cidade maravilhosa ao país das maravilhas: Lima Barreto e o "caráter nacional". *Anos 90*, n.8. Porto Alegre: UFRGS, 1997.

PICCHIO, Luciana Stegnano. *História da literatura brasileira*. Rio de Janeiro: Nova Aguilar, 2004.

PIZA, Daniel. *Amazônia de Euclides: viagem de volta a um paraíso perdido*. São Paulo: Leya, 2010.

POLINÉSIO, Júlia Marchetti. *O conto e as classes subalternas*. São Paulo: Annablume, 2004.

PONCIANO, Nilton Paulo. O processo civilizador no sul do Mato Grosso: a colônia agrícola nacional de Dourados. *Analecta*, v. 2, n. 1. Guarapuava: UNICENTRO, 2001.

PRADO, Maria Emilia. Integração nacional e identidade nacional em Manoel Bomfim e Oliveira Vianna. *Acervo*, v. 19, n. 01/02. Rio de Janeiro: Arquivo Nacional, 2006.

PRADO, Antônio Armani. Cenário para um poeta: Ricardo Gonçalves. In: PRADO, Antônio Armani: (Org.). *Libertários no Brasil: memórias, lutas, culturas*. São Paulo: Brasiliense, 1986.

PRADO, Antonio Arnoni. *Trincheira, palco e letras*: literatura e utopia no Brasil. São Paulo: Cosac & Naify, 2004.

PROENÇA FILHO, Domício (Org.). *A poesia dos inconfidentes*. Rio de Janeiro: Nova Aguillar, 1996.

RABELLO, Sylvio. *Euclides da Cunha*. Rio de Janeiro: Civilização Brasileira, 1966.

RABELLO, Antonio Cláudio e SOUZA, Antonia Ribeiro de. O "despojo" amazônico e os projetos de nação. *Acervo: Revista do Arquivo Nacional*, v. 19, n. 1/2. Rio de Janeiro: Arquivo Nacional, 2006.

RAMA, Angel. *A cidade das letras*. São Paulo: Brasiliense, 1985.

RAMOS, Graciliano. *Linhas tortas*. Rio de Janeiro: Record, 1976.

RAMOS, Guerreiro. *Introdução crítica à sociologia brasileira*. Rio de Janeiro: Andes, 1957.

RAMOS, Guerreiro. *A crise do poder no Brasil (problemas da revolução social brasileira)*. Rio de Janeiro: Zahar, 1961.

REIS, José Carlos. *As identidades do Brasil*: de Varnhagen a FHC. Rio de Janeiro: Editora FGV, 2000.

REIS, José Carlos. *As identidades do Brasil 2: de Calmon a Bomfim: a favor do Brasil: direita ou esquerda?* Rio de Janeiro: Editora FGV, 2006.

REZENDE, Maria José de. Os sertões e os (des) caminhos da mudança social no Brasil. *Tempo Social*, v. 13, n.2. São Paulo: USP, 2001.

ROMERO, Silvio. *Martins Pena*. Porto: Chardron, 1901.

ROMERO, Silvio. *História da literatura brasileira*. Rio de Janeiro: José Olympio, 1943.

ROMERO, Silvio. *Obra filosófica*. Rio de Janeiro: José Olympio, 1969.

ROMERO, Silvio. *Estudos sobre a poesia popular no Brasil*. Petrópolis: Vozes, 1977.

ROMERO, Silvio. *Realidades e ilusões no Brasil*: parlamentarismo e presidencialismo e outros ensaios. Petrópolis: Vozes, 1979.

ROMERO, Silvio. *Machado de Assis*: estudo comparativo de literatura brasileira. Campinas: Editora UNICAMP, 1982.

ROMERO, Silvio. *Estudos de literatura contemporânea*. Rio de Janeiro; Aracaju: Imago; Universidade Federal de Sergipe, 2002.

RÓNAI, Paulo. *Encontros com o Brasil*. Rio de Janeiro: MEC; INL, 1958.

ROQUETTE-PINTO, E. *Ensaios brasilianos*. São Paulo: Nacional, 1940.

ROSENFELD, Anatol. *Letras e leituras*. São Paulo: Perspectiva; Editora UNICAMP, 1994.

ROUANET, Sérgio Paulo. *O mal-estar na modernidade*. São Paulo: Companhia das Letras, 2003.

SALDANHA, Nelson. Rui Barbosa e o bacharelismo liberal. In: CRIPPA, Adolpho Org.). *Ideias políticas no Brasil*. São Paulo: Convívio, 1979

SALLAS, Ana Luiza Fayet. Oswald de Andrade: as utopias de um homem sem profissão. In: PAZ, Francisco Moraes (Org.). *Utopia e modernidade*. Curitiba: Editora UFPR, 1994.

SANTANA, José Carlos. Barreto. de. *Ciência e arte: Euclides da Cunha e as ciências naturais*. São Paulo: HUCITEC; Feira de Santana: UEFS, 2001.

SANTIAGO, Silviano. *Vale quanto pesa: ensaios sobre questões político-culturais*. Rio de Janeiro: Paz e Terra, 1982.

ANTIAGO, Silviano. *Nas malhas da letra*. São Paulo: Companhia das Letras, 1989.

SANTIAGO, Silviano. *Ora (direis) puxar conversa! Ensaios literários*. Belo Horizonte: Editora UFMG, 2006.

SANTOS, Luis A. de Castro. O pensamento sanitarista na Primeira República. *Dados*, v. 28, n. 2. Rio de Janeiro: Campus, 1980.

SANTOS, Matilde Demétrio dos. *Ao sol carta é farol: a correspondência de Mário de Andrade e outros missivistas*. São Paulo: Annablume, 1998.

SANTOS, Ricardo Ventura. Os debates sobre mestiçagem no Brasil do início do século XX: *Os sertões* e a medicina-antropologia do Museu Nacional. In: LIMA, Nísia Trindade e SÁ, Dominichi Miranda de (Orgs.). *Antropologia brasileira: ciência e educação na obra de Edgard Roquette-Pinto*. Belo Horizonte: Editora UFMG, 2008.

SARAIVA, Arnaldo. *Modernismo brasileiro e modernismo português: subsídios para o seu estudo e para a história das suas relações*. Campinas: Editora da UNICAMP, 2004.

SARMIENTO, Domingos Faustino. *Política*. POMER, León (Ed.). São Paulo: Ática, 1983 .SCHNEIDER, Alberto Luiz. *Sílvio Romero, hermeneuta do Brasil*. São Paulo: Annablume, 2005.

SCLIAR, Moacyr. Policarpo Quaresma: triste fim, gloriosa permanência. In: MOTA, Lourenço Dantas & ABDALA JÚNIOR, Lourenço (Orgs.). *Personae: grandes personagens da literatura brasileira*. São Paulo: Editora SENAC, 2001.

Schwarcz, Lilia Moritz. Lima Barreto: termômetro nervoso de uma frágil República. In: BARRETO, Lima. *Contos completos* (Organização e introdução: Lilia Moritz Schwarcz). São Paulo: Companhia das Letras, 2010.

SCWHARTZ, Jorge. *Vanguarda e cosmopolitismo*: Oliverio Girondo e Oswald de Andrade. São Paulo: Perspectiva: 1983.

SEVCENKO, Nicolau. *Literatura como missão: tensões sociais e criação cultural na Primeira República*. São Paulo: Brasiliense, 1983.

SILVA, Zélia Lopes da. Imagens do trabalhador brasileiro nos anos 30. *História*, v. 12. São Paulo: UNESP, 1993.

SILVA, Maurício. Confrontos literários e linguísticos no pré-modernismo brasileiro: Lima Barreto versus Coelho Neto. *Boletim do Centro de Letras e Ciências Humanas*. Londrina: UEL, 1998.

SILVA, Kalina Vanderlei. O sertão na obra de dois cronistas coloniais: a construção de uma imagem barroca (séculos XVI-XVII). *Estudos Ibero-Americanos*, v. XXXII, n. 2. Porto Alegre: PUCRS, 2006.

SIMÕES. Teotônio. *Repensando Alberto Torres*. São Paulo: Semente, 1981.

SKIDMORE, Thomas E. Raízes de Gilberto Freyre. *Journal of Latin American Studies*, v. 34, p. 1. Cambridge: Cambridge University Press, 2002.

SOARES NETO, Porfirio. A concepção federal de Alberto Torres. *Revista do Brasil*, v. VI, n. 23. Rio de Janeiro, 1917.

SODRÉ, Nelson Werneck. *Raízes históricas do nacionalismo brasileiro*. Rio de Janeiro: ISEB, 1957.

SODRÉ, Nelson Werneck. *Introdução à Revolução Brasileira*. Rio de Janeiro: Civilização Brasileira, 1963.

SOUZA, Eneida Maria de. *Crítica cult*. Belo Horizonte: Editora UFMG, 2002.

SOUZA, Octavio. *Fantasia do Brasil: as identificações na busca da identidade nacional*. São Paulo: Escuta, 1994.

SUBIRATS, Eduardo. Viagem ao fim do paraíso. In: NOVAES, Adauto (Org.). *Oito visões da América Latina*. São Paulo: Editora SENAC, 2006.

TAVARES, José Nilo. *Autoritarismo e dependência: Oliveira Vianna e Alberto Torres*. Rio de Janeiro: Achiamé, 1979.

TÁVORA, Juarez. *Uma vida e muitas lutas*. Rio de Janeiro: José Olympio, 1974.

TIGRE, Bastos. *Instantâneos do Rio antigo*. Campinas; São Paulo: Mercado de Letras; FAPESP, 2003.

TORRES, Alberto. *As fontes da vida no Brasil*. Rio de Janeiro: Papelaria Brasil, 1915.

TORRES, Alberto. A formação brasileira e o desenvolvimento da economia nacional . *Cultura Política*, n. 7. Rio de Janeiro: 1941.

TORRES, Alberto. *A organização nacional*. Brasília: Editora da Universidadede Brasília, 1982a.

TORRES, Alberto. *O problema nacional brasileiro*. Brasília: Editora da Universidade de Brasília, 1982b.

TORRES, Antonio. *Pasquinadas cariocas*. Rio de Janeiro: Castilho, 1921.

TOTA, Antônio Pedro. *O imperialismo sedutor: a americanização do Brasil na época da Segunda Guerra*. São Paulo: Companhia das Letras, 2000.

TRINDADE, Helgio. *O integralismo brasileiro*. São Paulo: DIFEL, 1979.

VASCONCELOS, Eliane. Lima Barreto: misógino ou feminista? Uma leitura de suas crônicas. In: CANDIDO, Antonio et al. *A crônica: o gênero, sua fixação e suas transformações no Brasil*. Campinas; Rio de Janeiro: Editora UNICAMP; Fundação Casa de Rui Barbosa, 1992.

VECCHI, Roberto. A insustentável leveza do passado que não passa: sentimento e ressentimento do tempo dentro e fora do cânone modernista. In: BRESCIANI, Stella e NAXARA, Márcia (Orgs.). *Memória e (res)sentimento: indagações sobre uma questão sensível*. Campinas: Editora UNICAMP, 2004.

VELHO, Otávio Guilherme. *Capitalismo autoritário e campesinato*. São Paulo: DIFEL, 1976.

VENTURA, Roberto. A "Nossa Vendéia": Canudos, o mito da Revolução Francesa e a formação da identidade cultural no Brasil (1897-1902). *Revista do Instituto de Estudos Brasileiros*, n. 31. São Paulo: USP, 1990.

VENTURA, Roberto. *Estilo tropical: história cultural e polêmicas literárias no Brasil*. São Paulo: Companhia das Letras, 1991.

VENTURA, Roberto. Euclides da Cunha na urbs monstruosa. In: ABDALA JUNIOR, Benjamin e ALEXANDRE, Isabel (Orgs.). *Canudos: palavra de Deus, povo da terra*. São Paulo: Editora SENAC; Boitempo, 1997.

VENTURA, Roberto. Manoel Bomfim. A América Latina: males de origem. In: MOTA, Lourenço Dantas (Org.). *Introdução ao Brasil. Um banquete no trópico*. Vol.2. São Paulo: Editora SENAC, 2002.

VENTURA, Roberto. *Retrato interrompido da vida de Euclides da Cunha*. São Paulo: Companhia das Letras, 2003.

VIANNA, Oliveira. *Problemas de política objetiva*. São Paulo: Nacional, 1947.

VIANNA, Luis Werneck. *Liberalismo e sindicato no Brasil*. Rio de Janeiro: Paz e Terra, 1978.

VIEIRA, Evaldo. *Autoritarismo e corporativismo no Brasil*. São Paulo: Cortez, 1981.

VILLAS BOAS, Gláucia. Cada Grande e terra grande, sertões e senzala: a sedução das origens. In: KOSMINSKY, Ethel Volfzon, LÉPINE, Claude, PEIXOTO, Fernanda Arêas (Orgs.). *Gilberto Freyre em quatro tempos*. Bauru; São Paulo: EDUSC; Editora UNESP, 2003.

WASSERMAN, Cláudia. Identidade nacional: o Brasil para seus intelectuais. *Acervo*, v. 19, n. 01/02. Rio de Janeiro: Arquivo Nacional, 2006.

WEFFORT, Francisco Correa. As escritas de Deus e as profanas: notas para uma história das ideias no Brasil. *Revista Brasileira de Ciências Sociais*, v. 20, n. 57. São Paulo: ANPOCS, 1986.

ZALUAR, Augusto Emílio. *Peregrinação pela província de São Paulo (1860-1861)*. São Paulo: Martins, 1953.

Alameda nas redes sociais:
Site: www.alamedaeditorial.com.br
Facebook.com/alamedaeditorial/
Twitter.com/editoraalameda
Instagram.com/editora_alameda/

Esta obra foi impressa em São Paulo no outono de 2018. No texto foi utilizada a fonte Adobe Jenson Pro em corpo 10,5 e entrelinha de 15,75 pontos.